TURBAMENTO A FIRENZE

L'INQUIETUDINE DELLA CITTÀ TRA PERCEZIONE E REALTÀ

Indagine urbanistica sulle correlazioni esistenti tra
la presenza di crimini, la struttura urbana e la percezione di paura

MARINA VISCIANO

Codice ISBN: 979-12-210-7082-8

Agli animi inquieti.

Indice

"L'essere che, sotto il letto, aspetta di afferrarmi la caviglia non è reale. Lo so. E so anche che se sto bene attento a tenere i piedi sotto le coperte, non riuscirà mai ad afferrarmi la caviglia."

Stephen King

Prefazione

Questo libro è il frutto di un lavoro lungo tre anni, il risultato di una tesi di dottorato condotta presso la Scuola di Architettura dell'Università di Firenze e discussa a Marzo 2022.

Ho iniziato questo percorso verso la fine del 2018, quando la mia vita seguiva ancora un andamento lineare ed ero inconsapevole del fatto che, per ragioni esterne all'ambiente accademico, quella stessa linearità sarebbe stata totalmente stravolta.

Il dottorato è un percorso lungo e tortuoso: è difficile accedervi, ma lo è ancora di più restarci e portarlo a termine.

Sono tanti i fattori in gioco: l'università che scegli, il tutor che ti segue, il tipo di tema che vuoi affrontare, la possibilità o meno di ricevere una borsa di ricerca.

Io ho accettato un posto senza borsa, il che vuol dire dedicarti per tre anni ad una ricerca per cui non sarai retribuita e che dovrai necessariamente portare avanti lavorando.

Una scelta ardua, mossa dalla passione per lo studio, dal bisogno di andare oltre, di saperne di più. Una scelta che se tornassi indietro, non so se rifarei.

Tre anni sono lunghi e i momenti di sconforto sono tanti, soprattutto a queste condizioni e se nel mentre, in più, devi ricostruire la tua vita da capo.

Alla fine del primo anno accademico avevo quasi deciso di mollare, nonostante ci avessi messo quasi tre anni per superare il concorso. Ho avuto molte persone intorno che mi hanno davvero incoraggiata: la mia famiglia, i miei compagni di università più vicini e il mio tutor di dottorato, Iacopo Zetti, una guida meravigliosa che tengo particolarmente a citare.

Mi sono rimboccata le maniche e, piano, piano, ho raccolto tutti i pezzi della mia vita in frantumi e li ho ricomposti.

Non riesco a vedere questo lavoro solo come una ricerca scientifica.

È un testo che per me ha un valore inestimabile, è il simbolo materiale della forza, della tenacia e della resilienza che ognuno di noi ha dentro, anche se non lo sa.

Dal punto di vista accademico, complessivamente la tesi è stata giudicata positivamente: i valutatori esterni l'hanno definita complessa, articolata e originale.

Sebbene abbia ormai abbandonato il mondo accademico, ciò che ho acquisito durante il dottorato è una ricchezza mentale incredibile che mi accompagna ogni giorno, nel lavoro e nella vita.

Questo libro è dedicato a tutti quei dottorandi che vogliono abbandonare il loro percorso. Andate avanti, come potete, come riuscite, fin dove arrivate.

È un vostro traguardo, una vostra vittoria, e se per gli altri non è significativo non importa, lo sarà per voi.

Andate avanti, prendetevi ciò che è vostro.

Premessa

La ricerca nasce dal desiderio di voler studiare e approfondire un tema in cui qualsiasi lettore possa in un certo senso rivedersi, riscoprirsi.

Quando stilai il progetto di ricerca per l'ammissione al dottorato ci vennero richiesti una serie di contenuti da definire.

Obiettivi, metodologia, bibliografia e tanti altri.

Tra questi uno in particolare mi colpì: "interesse sociale e culturale della ricerca".

Ho riflettuto a lungo sul senso di questo punto.

Perché voglio approfondire proprio questo tema? A cosa serve questo studio? A chi potrebbe interessare?

Ho apprezzato molto il fatto che ci fosse stato richiesto uno sforzo di riflessione sulla valenza collettiva del nostro studio.

La ricerca, un po' come l'arte, talvolta rischia di diventare una celebrazione di sé stessi, qualcosa che vorremmo che ci identificasse e ci distinguesse dal resto.

Penso che sia importante invece mantenere saldo il valore collettivo della curiosità, dello studio e dell'innovazione, grazie a cui il mondo possa continuare ad evolvere, si spera, sempre nel migliore dei modi.

Allora mi sono chiesta: cos'è che può accomunarci davvero tutti? Qual è quella cosa senza tempo, che non ha età, etnia, religione o ceto sociale? Cosa rende davvero uguali gli uomini di fronte alla vita?

La risposta mi apparve nitida, chiara.

La paura.

Tutti abbiamo paura, per cui sì, ho pensato che questo potesse essere un argomento di interesse collettivo.

La paura è un tema immenso e fortemente interdisciplinare di cui a livello teorico non sapevo assolutamente niente prima di iniziare questo lavoro.

Sono partita da zero scoprendo l'esistenza di un mare di letteratura scientifica sul tema in cui, soprattutto all'inizio, nuotavo in modo impacciato sperando di capirci qualcosa.

È stato molto frustrante scoprire che non basterebbe una vita per saperne abbastanza.

Veniamo poi agli obiettivi della ricerca, la parte più difficile da definire.

I quesiti che ti vengono posti in fondo sono: come ti collochi nel dibattito scientifico internazionale sul tema? Cosa vuoi dimostrare con questo studio?

Ammesso e concesso che ognuno di noi vorrebbe lasciare traccia del proprio passaggio sulla Terra, la scelta degli obiettivi del mio lavoro in realtà si è molto ridimensionata nel tempo.

Si inizia con grande entusiasmo e buoni propositi, per poi scoprire che quello che vorresti dimostrare in realtà è quasi sempre già stato dimostrato da qualcun'altro, che il tempo che riesci a dedicare allo studio non è mai abbastanza, che i dati che cerchi non sono poi così facili da ottenere e che tutto sommato le conclusioni che trarrai probabilmente saranno anche un po' prevedibili.

In merito agli obiettivi, quindi, la vera domanda che ti viene posta in realtà è: qual è il tuo contributo?

Gran bella domanda.

Devo pensare di essere abbastanza brava da poter fare la differenza, oppure devo essere abbastanza umile da capire che in fondo, nel mosaico scientifico, il mio contributo sarà davvero un tassello infinitamente piccolo, tendente al superfluo?

Ho iniziato a pensare a ciò che mi sembrava più tangibile: quale lato di questo tema mi interessa davvero approfondire e in che modo?

La formazione da urbanista mi ha indubbiamente portato ad essere affascinata dagli aspetti più spaziali della paura.

L'esperienza della vita quotidiana del corpo di una donna immerso nella città mi ha reso incline ad indagare su come la paura si relazionasse nello specifico allo spazio urbano.

Devo passare da quella strada perché impiego meno tempo anche se mi fa paura? Devo camminare più veloce.

Questo sottopassaggio è pericoloso come sembra? Meglio che abbasso il volume della musica nelle cuffie.

In questa piazza mi sento tranquilla, è una sensazione vera o in realtà sono in pericolo e non me ne rendo conto?

Sono molte le domande che hanno dato spunto alla mia ricerca.

Ma veniamo ora alla parte più interessante di questo percorso: la metodologia.

Se è vero che è importante cercare di ottenere risultati validi e diffondibili o pubblicabili, credo che l'aspetto più prezioso della ricerca stia proprio nel metodo.

Quanti modi esistono per raggiungere uno stesso obiettivo? Quale sarebbe il migliore? E soprattutto, quale sono in grado di applicare?

Scegliere il metodo più valido e allo stesso tempo il più realizzabile è forse il mio obiettivo più grande di questo percorso: essere capace di individuare il meccanismo giusto per avviare la macchina delle risposte.

E se la risposta che cerchi, la stessa per cui hai creato la macchina, non arrivasse quando vorresti?

Beh, non saprei.

Io penso che la vera domanda da porsi sia: ma la macchina, funziona?

Introduzione

Il contesto di riferimento

La (in)sicurezza urbana è oggi uno dei principali aspetti della crisi della società contemporanea, amplificata dall'azione dei media, della politica e del mercato[1]. Il sentimento di insicurezza, infatti, è "il risultato di una molteplicità di fattori, tra cui [...] i toni del dibattito mediatico e politico, [...] i diversi processi sociali di indebolimento del tessuto sociale (crescita della polarizzazione sociale, destabilizzazione dei riferimenti comunitari locali, etc.), [...] [e i] fattori di degrado dell'ambiente urbano (in particolare, relativi ad una scarsa qualità progettuale degli spazi pubblici o ad elevati livelli di congestione/inquinamento)" (Mela, 2003, p.173-174).

In particolar modo, negli ultimi vent'anni è aumentata la percezione della paura in relazione a problematiche come la segregazione sociale, la microcriminalità, il vandalismo, il degrado urbano e le questioni connesse all'immigrazione (Mazza, 2005). "Il sentimento di insicurezza, dunque, non è necessariamente legato all'oggettiva pericolosità di una determinata situazione, piuttosto, può variare in funzione di diversi fattori quali la condizione demografica, il contesto in cui si vive, la tematizzazione, la mediatizzazione e la percezione degli effetti dell'attacco" (Totaforti, 2010, p. 37). Diversi studi hanno infatti dimostrato che l'insicurezza percepita non è sempre legata a reali minacce[2], quanto alla 'stigmatizzazione' di particolari aree o categorie di abitanti della città che però si riflette negativamente nel modo di vivere contemporaneo (Mela, 2003). Come scrive Bauman, "la paura [...] orienta il comportamento dell'essere umano, dopo aver modificato la sua percezione del mondo e le aspettative che ne guidano le scelte" (Bauman, 2008, p.5). Ciò sta infatti contribuendo alla formazione di un tessuto sociale sempre più sfrangiato, in cui si costruiscono barriere 'fisiche e mentali' che limitano la fruibilità degli spazi pubblici e quindi la loro libertà d'uso (Mazza, 2005). "La città che vive senza mai fermarsi, la città *'around the clock'*, produce un fabbisogno aggiuntivo di sicurezza, così come problemi maggiori di sicurezza vengono generati dal desiderio crescente di frequentare in ogni ora zone della città che una volta erano considerate *off limits*" (Mazza, 2005, p.4).

Con il Rapporto Bonnemaison (Parigi, 1982) l'insicurezza urbana viene riconosciuta per la prima volta, distintamente dal pericolo, come un'emergenza di carattere nazionale.

---

[1] Per esempio l'industria della sicurezza sempre più in crescita.

[2] "L'insicurezza assedia la quotidianità di ognuno di noi e poco importa se questa narrazione è suffragata o meno da rivelazioni che attestino l'oggettività di situazioni di rischio. Ciò che conta è che vi sia un sentimento squisitamente soggettivo come la paura, invocata a fondamento e legittimazione di una produzione discorsiva che si presenza con tutte le apparenze dell'ovvio e dell'indiscutibile" (Amendola, 2011, p.46).

Il rapporto la pone al pari della disoccupazione e in posizione antecedente a inflazione e disuguaglianze sociali.

Ciò comporta la necessità di affrontare il problema con strumenti specifici e adeguati (Macchione 2006). "L'analisi dei fenomeni relativi all'insicurezza urbana si è sviluppata prevalentemente in due direzioni: da un lato vi sono le inchieste sul rischio di vittimizzazione, mentre dall'altro lato troviamo ricerche sulla paura della criminalità. Insieme, le due direzioni di ricerca costituiscono 'gli architravi scientifici dei discorsi sulla sicurezza' (Pitch 2001[3])" (Amendola, 2011, p.42). L'attenzione della pianificazione al tema della sicurezza urbana ha oggi come obiettivo quello di dare alla collettività il 'diritto alla sicurezza', cercando di gestire cause ed effetti della diffusa percezione di pericolo dovuta ai profondi mutamenti in atto nella struttura sociale e fisica delle nostre città (Amendola, 1997). Diritto alla sicurezza e diritto alla città (Lefebvre, 1970) sono quindi fortemente interrelati.

L'interesse collettivo della ricerca nasce dall'esigenza di indagare e conoscere le dinamiche che influiscono sulla sicurezza reale e percepita degli abitanti per poter progettare città più condivise, più sicure.

Obiettivo e domande della ricerca

L'ambizione della ricerca è quella di studiare le relazioni che intercorrono tra le caratteristiche della struttura urbana, l'effettiva presenza di reati e la percezione di paura in ambito urbano. La ricerca è stata applicata ad un caso studio, che è la città di Firenze.

In particolare, le domande a cui lo studio vuole dare risposta sono:

1. Qual è la relazione, se esiste, tra la morfologia urbana e la criminalità?
2. I luoghi che hanno una 'cattiva reputazione' in termini di sicurezza urbana, sono davvero pericolosi?

In quest'ottica, la ricerca non è finalizzata alla definizione di politiche securitarie volte al controllo degli spazi, ma segue un approccio ed una lettura del tema che punta a dimostrare l'importanza di progettare spazi che contribuiscano alla costruzione di un modello di partecipazione sociale attiva.

---

[3] Pitch T. (2001) "Sono possibili politiche democratiche per la sicurezza?", Rassegna Italiana di Sociologia, XLII(1): 137-157.

Le fasi della ricerca

Il caso studio trova il suo punto di partenza nella tesi *"Paura e criminalità a Firenze"* del Dott. Claudio Catapano del corso di Pianificazione della città, del territorio e del paesaggio dell'Università degli studi di Firenze (a.a. 2018/2019). L'elaborato, che ha come area di studio Firenze, consiste in una proposta metodologica per lo studio dei due fenomeni (paura e criminalità) e delle loro correlazioni. La tesi si è rilevata preziosa soprattutto nello stadio embrionale della ricerca, costituendo un significativo quadro conoscitivo di partenza, nonché la base per sviluppare l'impostazione metodologica della ricerca.

La tesi è stata sviluppata in tre parti: la prima è dedicata all'analisi e alla sistematizzazione dello stato dell'arte del tema d'indagine; la seconda e la terza, di natura applicativa, sono finalizzate a sperimentare un metodo di indagine sul caso studio della città di Firenze.

La prima fase ha preso avvio con la redazione di una *survey* bibliografica sui principali riferimenti teorici del tema di ricerca e sui metodi di indagine messi in campo nel contesto internazionale. A tal fine sono stati utilizzati anche specifici software (google scholar, Web of Science, EBSCOhost, etc.) su cui effettuare una ricerca per parole chiave sul tema interessato con una successiva selezione di quei contributi attinenti agli studi sociali e all'ambito urbanistico.

I principali fondamenti teorici su cui è stato approfondito lo studio sono: *Gli occhi sulla città*, Jane Jacobs (1961); *Panopticon*, Bentham (1791); *Defensible space*, Newman (1972); *Routine Activity Theory*, Cohen e Felson (1979); *Crime mapping e teoria del gradiente*, Park, Burgess e McKenzie (1925); *Rational Choice Theory*, Cornish e Clarke (1986); *Crime Opportunity Theory*, Felson e Clarke (1998), *Broken windows*, Wilson e Kelling (1982). Lo studio comparativo delle sopracitate teorie è stato finalizzato a restituire un quadro storicizzato delle metodologie d'indagine e delle risposte che si è cercato di dare alle problematiche di sicurezza riscontrate in ogni fase storica, dagli albori fino a oggi.

In un secondo momento, si è proceduto con la scelta di casi studio internazionali: grazie ai risultati emersi dalla ricerca bibliografica sono state individuate esperienze di indagine della percezione di paura in ambito urbano, realizzate o in corso d'opera, con particolare riferimento agli approcci di matrice sociologica e ambientale. Sono state inoltre individuate le principali sperimentazioni di *crime mapping*, prevalentemente americane. Non sono stati pertanto presi in considerazione i casi relativi al filone della pubblica sicurezza, intesa come "organizzazione delle forze dell'ordine e della giustizia" (Mazza, 2005, p.4) e dell'utilizzo di tecnologie specializzate (videosorveglianza, etc.), in quanto considerati meno affini alla disciplina urbanistica e all'approccio scelto per lo studio. I contributi scientifici ritenuti più significativi a livello internazionale sono stati sistematizzati in una schedatura (Allegato A1).

Per quanto concerne invece gli studi più rilevanti a livello nazionale, si è provveduto alla realizzazione di interviste in profondità agli esponenti dei centri di ricerca presenti in Italia che si occupano della materia oggetto di studio[4].

Il quadro teorico è stato completato dall'analisi comparativa di tre casi studio europei di progettazione urbana in cui sono stati considerati gli aspetti legati alla sicurezza: La Duchère a Lione, Oud Oefenplein a Mechelen e Divis Flats a Belfast.

La seconda fase è quella che riguarda il caso studio: la città di Firenze.

L'area scelta è stata ritenuta la più idonea per l'applicazione della ricerca per i seguenti motivi:

1. le caratteristiche dell'insediamento, in particolare la dimensione medio-grande di un capoluogo di provincia come Firenze, che presenta un grado di complessità tale da ospitare fenomeni interessanti per la ricerca, seppur gestibile con i tempi e le risorse a disposizione;
2. la possibilità di reperire dati e informazioni utili, sia grazie alla disponibilità di amministrazioni e associazioni locali a collaborare alla ricerca (in particolare la Prefettura e le forze dell'ordine, il Comune e la Caritas di Firenze), sia alla presenza di un database georiferito *open access* scaricabile direttamente dal sito web del Comune;
3. la conoscenza della città e dei luoghi specifici di interesse della ricerca, elemento fondamentale per poter comprendere meglio i fenomeni analizzati.

La fase ha preso avvio con la costruzione del quadro normativo di riferimento, attraverso una ricognizione delle principali norme europee e nazionali in materia di sicurezza urbana.

Successivamente, sono state descritte le tendenze evolutive della criminalità con un'analisi dei dati su scala nazionale, per poi culminare in un approfondimento sul caso specifico di Firenze.

Una volta definite le basi operative, è stata avviata la parte applicativa della ricerca, impostata su tre assi tematici: spazi urbani (in)sicuri, (in)sicurezza oggettiva e (in)sicurezza percepita.

Nel primo il focus è lo spazio urbano, inteso come luogo materiale in cui si verificano fenomeni criminosi e si generano percezioni e sensazioni nella mente di chi lo attraversa.

L'area di studio è analizzata dal punto di vista della morfologia urbana, con la redazione di mappature e abachi volti a definire le peculiarità fisiche dello spazio urbano (dimensioni, proporzioni, forme).

Una volta individuati i tessuti urbani, si è proceduto con una caratterizzazione degli stessi, andando ad analizzarne gli aspetti socio-demografici (età, sesso, nazionalità, livello di istruzione, etc.), nonché quelli legati al sistema della mobilità e delle funzioni urbane (direzionali, commerciali, culturali, sportive, servizi, etc.).

---

[4] I soggetti menzionati sono il Dott. Gabriele Baratto del centro di ricerca eCrime UniTrento e l'Arch. Umberto Nicolini del LabQus Politecnico di Milano.

L'analisi si completa infine di un approfondimento sui valori immobiliari e sui sistemi di videosorveglianza dei vari tessuti.

Nel secondo asse tematico riguardante l'insicurezza oggettiva lo studio è stato incentrato sulla distribuzione delle diverse tipologie di reati predatori in ambito urbano.

Per la definizione dei criteri e degli elementi da tenere in considerazione per svolgere l'analisi dei fenomeni criminali mi sono avvalsa di interviste in profondità a figure esperte afferenti agli organi competenti in materia di sicurezza e ordine pubblico in città (prefettura, questura, comando dei carabinieri e di polizia).

Successivamente, attraverso la georeferenziazione dei reati verificati in ambito urbano a Firenze nel 2019 sono state redatte delle *crime map*. Per la natura sensibile dei dati raccolti e per una maggior comprensione da parte del lettore dei fenomeni rappresentati è stato mantenuto un livello di localizzazione più indeterminato, attraverso la realizzazione di mappe di concentrazione.

Infine, in merito al terzo asse tematico, per l'approfondimento degli aspetti percettivi la ricerca è stata organizzata in due parti:

a. *studio della paura amplificata: la narrazione della criminalità*

La ricerca si è avvalsa di un' analisi quali-quantitativa della rassegna stampa locale relativa all'anno 2019 volta ad individuare i luoghi che i media pongono 'sotto i riflettori' dal punto di vista dell'insicurezza e della manifestazione di reati. I risultati emersi sono stati restituiti con una mappatura dei luoghi citati. L'analisi della rassegna stampa è stata integrata con la raccolta di atti di indirizzo e controllo prodotti dal consiglio comunale di Firenze nel 2019 (mozioni, interrogazioni, domande di attualità, *question time*, ordini del giorno, etc.).

b. *studio della paura soggettiva e collettiva: la percezione della criminalità*

Per questa fase, il progetto prevedeva inizialmente la realizzazione di un'indagine statistica attraverso la somministrazione di questionari e interviste alla popolazione. Sebbene questo sistema sia molto efficace per le analisi percettive, la mancanza delle risorse necessarie (umane ed economiche) da impiegare nel progetto e le restrizioni dovute all'emergenza Covid-19 non hanno reso possibile la piena realizzazione di questa parte della ricerca.

Al fine di non escludere totalmente dal percorso di ricerca questo tipo di analisi, considerata di notevole importanza, è stato redatto un questionario online diffuso tramite la pubblicazione sui principali canali social (Linkedin, Facebook, Instagram, etc.) e via mail ai principali *stakeholder* locali (comitati di quartiere, associazioni, etc.); a tal fine è stata redatta una mappa degli attori (Allegato A3).

La terza e ultima parte, infine, è stata dedicata all'indagine vera e propria sulle correlazioni - esistenti o meno - tra la morfologia urbana, la presenza di reati e la reputazione dei luoghi. Partendo da una fase di osservazione delle diverse mappature realizzate nelle fasi precedenti, è stato possibile formulare delle ipotesi da sottoporre a verifica nel corso della sperimentazione. La consistente quantità di dati da organizzare e sistematizzare, nonché l'elevata complessità dei fattori che incidono sulla sicurezza urbana, hanno reso questa fase di non facile realizzazione.

Gli attori coinvolti

Al fine di dare un valore aggiunto della ricerca è stato ritenuto di fondamentale importanza avvalersi del coinvolgimento – e dove possibile della collaborazione - di attori competenti in materia che studiano e operano nel campo d'indagine. Lo scopo è stato quello di contribuire a ridurre la settorialità della materia, basandosi su uno scambio continuo di informazioni e sulla contaminazione scientifica.

Gli attori prevalentemente coinvolti, a cui si rivolge un grande ringraziamento, sono stati:

- la Prefettura, la Questura e il Comando dei Carabinieri di Firenze, per il reperimento dei dati sui crimini;
- l'Ufficio Stampa del Comune di Firenze, per ottenere i dati sulla rassegna stampa locale;
- la Caritas di Firenze, per avere le informazioni utili alla redazione della mappa dei 'luoghi della povertà';
- i centri di ricerca principali in materia di sicurezza in ambito nazionale, eCrime UniTrento e LabQus del Politecnico di Milano, per indagare sulle principali metodologie messe in campo e sui risultati ottenuti.

PRIMA PARTE

IL QUADRO TEORICO

Capitolo I

La (in)sicurezza reale: principali teorie, approcci e metodi in materia di sicurezza

Il seguente capitolo presenta una rassegna dei principali riferimenti teorici ritenuti di estrema rilevanza per il contributo che hanno portato al campo della ricerca trattata. A partire dal concetto di sicurezza urbana e dai principali approcci al tema, il capitolo esplora lo stato dell'arte in materia focalizzandosi sull'evoluzione degli studi ecologici della Scuola di Chicago, nonché sulla relazione tra la criminalità e gli aspetti spaziali della città. Gli studi riguardano principalmente contesti americani ed europei, con particolare riferimento alla Francia e all'Inghilterra. A tal proposito, si ritiene fondamentale sottolineare che, soprattutto per quanto riguarda gli autori americani, i contesti in cui sono state sviluppate le varie teorie presentano condizioni molto diverse da quelle europee, dovute alle differenti condizioni storico-ambientali che hanno portato alla nascita della città moderna[5] (Guidicini, 1998). I risultati ottenuti dai vari studi non sono stati pertanto considerati in termini assoluti, ma in relazione al contributo scientifico che hanno portato nel contesto spazio-temporale in cui sono stati sviluppati.

[5] Per esempio, in particolar modo risulta evidente la differenza del ruolo delle aree periferiche che si sono sviluppate di recente nei due contesti, americano ed europeo. Nel primo caso, esse si presentano come le fasce che accolgono la popolazione con alto reddito, mentre in quello europeo vi risiedono prevalentemente le persone meno abbienti. Sono presenti comunque, anche in Europa, forme di sviluppo simili a quelle americane, verificatesi per esempio a Londra e a Berlino (Guidicini, 1998).

Cos'è la sicurezza urbana

In Italia il decreto del Ministro dell'Interno del 5 agosto 2008 *'Incolumità pubblica e sicurezza urbana: definizione e ambiti di applicazione'*[6] definisce per la prima volta la sicurezza urbana un bene pubblico da tutelare. La sicurezza si differenzia dall'incolumità pubblica - l'integrità fisica della popolazione - poiché comprende al suo interno tutti quegli aspetti legati al miglioramento delle condizioni di vivibilità dei centri abitati, la convivenza civile e la coesione sociale (D.M. 5 agosto 2008, art.1). Il concetto di sicurezza urbana è quindi portatore di una complessità che non considera soltanto i reati predatori (rapine, furti, scippi), le aggressioni e i fenomeni delinquenziali o di microcriminalità, ma anche gli episodi di vandalismo, le piccole infrazioni (per esempio del codice della strada), nonché le cosiddette *incivilities*, ovvero atti di inciviltà quali lo scrivere sui muri, rompere bottiglie per strada, disturbare la quiete pubblica, etc.[7] (Calaresu, 2013; Chiesi, 2004). Rientrano infine tra gli aspetti più rilevanti in materia di sicurezza urbana "il degrado, l'assenza di adeguati servizi alla persona [e] la cattiva progettazione urbana" (Battistelli, 2008, p.62), oltre che "la riqualificazione delle periferie, dei centri storici e dei quartieri popolari, la prevenzione e l'assistenza alle vittime" (Calaresu, 2013, p.37). La sicurezza urbana si differenzia pertanto dal concetto di sicurezza pubblica, che si occupa di tutelare l'ordine pubblico e l'incolumità delle persone. È un tema che riguarda il governo complessivo degli insediamenti (Pavarini, 2006; Totaforti 2010), finalizzato al miglioramento della vivibilità urbana e della qualità della vita nelle città (Calaresu, 2013). Il concetto di sicurezza urbana comprende quindi anche gli aspetti percettivi della vita urbana, come l'assenza di timore di subire aggressioni e la consapevolezza che la propria integrità fisica venga rispettata (Arriagada, 2000). La sicurezza urbana riveste infine un importante valore culturale, costituendo un diritto (Amendola, 1997) degli abitanti della città, in termini di libertà di movimento e di uguaglianza della vita sociale (Arriagada, 2000), la possibilità di "vivere la città senza vincoli e paure" (Amendola, 2003, p. 35). Garantire la sicurezza non significa soltanto ridurre o eliminare le minacce all'incolumità personale, ma comprende anche "un'attività positiva di rafforzamento della percezione pubblica della sicurezza stessa" (Selmini, 2003, p.82).

---

[6] GU Serie Generale n.186 del 09-08-2008.

[7] "Il problema delle *incivilities* è di estrema importanza e delicatezza perché per un verso rappresenta, soprattutto nelle grandi città e nei quartieri periferici, uno dei maggiori fattori ansiogeni e per l'altro è il varco attraverso il quale possono indifferentemente, passare o soluzioni a vasto raggio di recupero dell'ambiente e della vivibilità urbana o politiche securitarie come quelle classificate "tolleranza zero" (Amendola, 2003, p. 39).

Tre approcci al tema

In ambito internazionale, le ricerche e le politiche relative al tema della sicurezza urbana seguono tre approcci fondamentali.

Il primo è quello legato al concetto di ordine pubblico, basato principalmente sulla centralità del controllo in termini di norme e organizzazione delle forze dell'ordine e della giustizia (Mazza, 2009; Commissione Europea, 2007).

Il secondo pone alla base della prevenzione del crimine l'aspetto sociale, puntando a ridurre le condizioni di svantaggio della componente più disagiata della popolazione come la disoccupazione, la solitudine, il disagio mentale, l'esclusione, etc. (Mazza, 2009; Commissione Europea, 2007).

Infine, il terzo approccio è quello ambientale che agisce sullo spazio fisico della città ponendo attenzione a tutti quegli elementi che in un determinato contesto possono influire sul verificarsi o meno di comportamenti criminali (Mazza, 2009; Commissione Europea, 2007). Rientrano inoltre in questo tipo di approccio tutti quegli interventi di pianificazione e progettazione urbanistica volti a migliorare la qualità e la vivibilità dello spazio urbano, nonché la percezione di sicurezza.

"In passato, questi tre approcci erano generalmente considerati alternativi; oggi, invece, sembra che si sia affermata la convinzione opposta. Le esperienze più recenti mostrano come l'integrazione dei tre approcci sia necessaria per produrre un effetto cumulativo e ottenere risultati duraturi" (Commissione Europea, 2007, p.3).

La presente ricerca segue in particolar modo l'approccio ambientale, nonché il più affine alla disciplina urbanistica, che si fonda su tre concetti principali: "ambiente fisico, inteso come insieme degli elementi che formano lo spazio urbano quali strade, piazze, parcheggi, case, etc; crimine, ossia l'insieme dei reati a carattere spaziale, classificabili come reati di tipo predatorio, *soft crimes* e atti vandalici; senso di insicurezza, inteso come timore di subire violenze, sensazione di disagio che si avverte nell'attraversare lo spazio urbano in presenza di degrado fisico e sociale dello stesso" (Fasolino et.al. 2018, p. 15).

Alle radici degli studi ecologici: criminologia sociale e crime mapping

La criminologia sociale ha origine in Europa nel periodo di sviluppo delle scienze sociali (XIX secolo), in particolar modo in Francia e in Belgio, dove vennero istituite delle sistematiche statistiche criminali; la raccolta di questi dati pose le basi per lo studio del delitto come fenomeno sociale (Marotta, 2004). Le prime analisi sociologiche sui crimini furono impostate dagli studiosi **André-Michel Guerry** e **Adolphe Quételet**, che nella Francia nel XIX secolo portarono avanti numerosi studi statistici sulla relazione tra delitti e condizioni socio-ambientali. Quételet riscontrò nei suoi studi una certa regolarità nelle statistiche criminali arrivando a formulare una legge sulla 'costanza del crimine'[8]. Nella sua opera *Physique Sociale* (1869) l'autore afferma:

"In tutto ciò che si riferisce ai delitti, i numeri stessi si riproducono con tale perseveranza che sarebbe impossibile disconoscerla [...]. La costanza con la quale si riproducono nel medesimo ordine e in simili quantità è uno dei più singolari fatti che le statistiche dei tribunali ci insegnano".

Guerry e Quételet furono inoltre tra i primi studiosi ad utilizzare la tecnica del *crime mapping*, l'analisi della distribuzione spaziale degli atti illeciti redatta applicando tecniche di statistica-geografica. Nel 1829 Guerry pubblicò delle mappe dei crimini violenti e dei furti nelle abitazioni nei vari *départements* della Francia" (Ummarino, 2013).

Tra le sue opere di maggior rilievo vi è quella intitolata *Statistica morale*, pubblicata nel 1833, che riguardava la redazione di una "cartografia sociale della criminalità" (Bravo, 2014, p.39). Nella mappatura vennero geolocalizzati i dati relativi allo sviluppo e alla ricchezza dei vari dipartimenti francesi, successivamente interrelati con i risultati di diverse statistiche relative alla criminalità. La correlazione delle due tipologie di dati dette risultati interessanti: si rilevò infatti che "non sussisteva tanto un rapporto tra criminalità e povertà, quanto tra criminalità e disuguaglianza di sviluppo; inoltre [...] anche il luogo comune dell'associazione tra ignoranza e criminalità veniva abbandonato" (Melossi, 2002, p. 56).

Lo studio di Guerry fu inspiratorio per lo statista William Greg, membro del Manchester Statistical Society, che nel 1835 pubblicò cinque mappe in cui vennero confrontate le distribuzioni di furti, stupri, crimini violenti e omicidi nei Paesi Bassi con quelle della Francia e dell'Inghilterra (Palsky, 2008).

Le mappe dei crimini vennero utilizzate anche dallo statista inglese **Rawson W. Rawson**, che nel 1839 indagò sulle correlazioni esistenti in Inghilterra tra la presenza di reati e la distribuzione di età e sesso della popolazione.

---

[8] "È un fatto che l'omicidio è commesso con tanta regolarità ed in rapporto così uniforme con alcune circostanze conosciute, come lo sono i movimenti delle maree e le rotazioni delle stagioni" (Quételet, 1869, p. 46).

Nello studio, il territorio inglese venne suddiviso in quattro categorie: aree agricole, aree industriali, miniere e metropoli.

Rawson dedusse dai suoi studi che vi fosse un legame tra la densità della popolazione e la presenza di reati, escludendo invece la relazione tra questi e il livello di educazione degli abitanti (Weisburd et.al., 2009).

Tra le più rilevanti applicazioni di *crime mapping* è importante citare lo studio del giornalista **Henry Mayhew** che nel 1862 pubblicò, insieme a John Binny, un'opera intitolata *The Criminal Prisons of London*. Il lavoro proponeva la "definizione geografica di 'quartieri ladri'. La classificazione del territorio fatta da Mayhew nel 1862 contribuì alla riorganizzazione della polizia locale londinese che tuttora si basa su quella particolare struttura.

Il lavoro di Mayhew è uno dei primi esempi di *crime mapping* inteso nella sua accezione più moderna: uno strumento di lavoro delle scienze sociali applicate" (Ummarino, 2013, p.148). Un altro studio pubblicato dallo stesso Mayhew fu *Those Who Will Not Work*, una raccolta di quindici mappe che rappresentavano, oltre alla densità degli abitanti, le concentrazioni di criminalità, con particolare riguardo a stupri e furti, la distribuzione degli analfabeti e dei figli illegittimi (Ummarino, 2013).

Gli studi sul *crime mapping* in Europa diminuirono sempre di più verso la fine del XIX secolo lasciando all'America, nel secolo successivo, il primo posto nella sperimentazione di nuovi approcci metodologici.

La Scuola di Chicago: fattori ambientali e comportamenti sociali

Gli studi cartografici precedentemente descritti, in particolar modo quelli di Guerry sull'andamento della criminalità nelle aree geografiche della Francia e dell'Inghilterra, possono essere considerati i precursori delle ricerche del gruppo di studiosi afferenti all'Università di Chicago, conosciuto come la 'Scuola di Chicago' (Bravo, 2014; Marotta, 2014).

Il principio cardine su cui si fondava la Scuola consisteva nella 'teoria ecologica', "sull'idea cioè che il tipo di comportamento prevalente all'interno di un gruppo sociale sia largamente determinato dall'ambiente socio-culturale nel quale tale gruppo viene a collocarsi. Le caratteristiche dell'ambiente, a loro volta, sono strettamente connesse a fattori che sono al tempo stesso socio-economici e di ordine storico-culturale" (Melossi, 2002, p. 130).

Il gruppo, guidato da Robert Park, cominciò infatti nei primi decenni del Novecento ad utilizzare in maniera sistematica la cartografia in ambito criminologico (Bravo, 2014). Tra i suoi allievi vi furono Henry McKay e Clifford Shaw, i cui studi possono essere considerati il "punto di partenza delle moderne ricerche in tema di criminalità in ambiente urbano" (Bandini et. al., 2004, p.257).

Nei loro lavori, McKay e Shaw misero in stretta relazione la struttura dello spazio della città di Chicago con le caratteristiche demografiche e con alcuni indicatori di 'patologie sociali', quali il tasso di criminalità e il tasso di malattie mentali (Melozzi, 2002; Bravo 2014).

Negli anni '40, McKay e Shaw svilupparono, a partire dalla teoria di Park, Burgess e McKenzie (1925) sull'espansione concentrica della città, quella che venne definita come la 'teoria del gradiente'. Secondo questa teoria la città tende a svilupparsi per zone concentriche dove "man mano che ci si allontana dal centro [...], il livello socio-economico della popolazione residente si eleva e il tasso di criminalità diminuisce, [...] [poiché] all'aumentare del livello socio-economico si accompagna una rete di relazioni sociali più stabile" (Melossi, 2002, p. 130). Dalla lettura delle cartografie emerse inoltre un altro aspetto interessante che consisteva nella presenza di deterioramento urbano nelle aree connotate dai più alti tassi di delinquenza giovanile e di criminalità adulta (Bravo, 2014).

In linea con l'idea ecologica della Scuola di Chicago, i risultati della ricerca condussero McKay e Shaw ad elaborare il concetto di 'disorganizzazione sociale', ovvero che "le forme di 'patologia sociale' non [derivano] tanto da qualità proprie degli individui, ma [sono] piuttosto attributi della zona socio-culturale in cui questi vivono" (Melossi, 2002, p.130) .

L'ipotesi della relazione tra disorganizzazione sociale e devianza (o criminalità) è stata successivamente approfondita da McKay e Shaw e confermata dagli esiti ottenuti da una ventina di studi realizzati nelle città americane, compresa Chicago (Bravo, 2014). Il lavoro si focalizzò sulla ricerca di quei "fattori ambientali, esterni all'individuo, che inducono i singoli a commettere atti delinquenziali o criminali. L'attenzione venne posta, inter alia, agli scarsi livelli di istruzione, alla disoccupazione, al deterioramento urbano, il sovraffollamento, le cattive condizioni di vita nelle città, nonché la trasmissione dei valori delinquenziali attraverso il gruppo dei pari e l'associazione con ragazzi di età superiore" (Bravo, 2014, pp.42-43; Bandini et. al., 2002). Inoltre, gli studi della Scuola di Chicago non si limitavano ad una mera analisi della criminalità urbana; le ricerche puntavano a dare una risposta alle problematiche emerse dagli studi attraverso proposte di programmi di intervento di prevenzione della criminalità - nonché politiche sociali strutturali - denominati *Chicago Area Program* o *Chicago Area Project* (Bandini et. al., 2002; Bravo, 2014).

Prima fase di sviluppo: un cambiamento di metodo

Dal punto di vista metodologico, la Scuola di Chicago, incentrava gli studi della criminalità urbana sul luogo di residenza dei soggetti che commettevano i reati, sia per la redazione delle cartografie degli eventi criminosi che per la costruzione dei tassi di delinquenza (*delinquency rate*)[9]. I dati utilizzati da McKay e Shaw, infatti, facevano riferimento alla distribuzione di minori giudicati per inadempienza scolastica (*school truants*), delinquenti maschi e femmine (*delinquent boys* e *delinquent girls*), minori autori di delitti di competenza (*felony charges*), adulti presenti nelle prigioni locali (*jail*), etc. (Bravo, 2014).

Le basi geografiche utilizzate per la redazione delle cartografie erano aree di un miglio quadrato (*square mile area*) ottenute con la combinazione delle zone censuarie (*census tracts*) (Bandini et. al., 2002). Shaw e McKay realizzarono quattro tipi di mappe: "(i) le mappe dei casi, nelle quali ogni 'punto' rappresenta nello spazio la residenza di un singolo autore di reato; (ii) le mappe dei tassi di delinquenza ottenuti nelle singole *square mile areas*; (iii) le mappe radiali, su cui sono stati rappresentati i tassi di delinquenza calcolati per ciascuna delle cinque zone concentriche elaborate da Burgess; (iv) le mappe zonali, nelle quali sono state prese in considerazione sezioni più ampie all'interno della divisione concentrica stessa" (Bravo, 2014, p.21; Bandini et. al., 2002).

I lavori della Scuola di Chicago vennero pubblicati da Shaw in un'opera nel 1929, la quale costituì il punto di partenza per lo sviluppo di nuove applicazioni della ricerca. In particolare, gli studi successivi si caratterizzarono per l'introduzione di un nuovo aspetto metodologico che non venne considerato fino a quel momento nei lavori precedenti, ovvero l'importanza del luogo in cui viene commesso il reato. A tal proposito, tra i contributi più rilevanti vi è quello di **Andrew William Lind** (1930), che in uno studio sulla città di Honolulu, mise in relazione il luogo di residenza dell'autore del reato con quello in cui quest'ultimo veniva commesso. Lind individuò due tipi di reati commessi in gruppo (*pattern*) che classificò come 'triangolazione del vicinato' (*neighborhood triangle of delinquency*) e 'triangolazione della mobilità' (*mobility triangle of delinquency*) (Morris, 1958; Crime Commission U.S.A., 1967).

Il primo caso rappresenta la situazione in cui il luogo di residenza di due o più delinquenti corrisponde a quello del reato. Questo tipo di fenomeno è stato registrato prevalentemente negli *slum* (Davis, 2006), dove il controllo sociale - o "l'occhio sulla strada" della sociologa **Jane Jacobs** (1961) - è più debole e le opportunità di commettere crimini sono più alte.

La triangolazione della mobilità, invece, è il *pattern* in cui due o più delinquenti (*delinquents*) non risiedono nello stesso luogo in cui commettono i reati, poiché vi sono maggiori condizioni di controllo (Morris, 1958; Crime Commission U.S.A., 1967).

---

[9] I tassi di delinquenza si ottenevano "calcolando il rapporto fra il numero di delinquenti residenti nell'area e l'insieme della popolazione del medesimo sesso all'interno della corrispondente fascia di età" (Bandini et. al., 2002, p.259).

Sullo stesso filone di ricerca, un altro contributo rilevante è stato quello di **Clyde White** (1932), il cui studio era volto ad esaminare la distribuzione della criminalità adulta nella città di Indianapolis. Il lavoro di White confermò la teoria del gradiente di Shaw e McKay, non solo in riferimento al luogo di residenza del soggetto che aveva commesso il crimine, ma anche al *locus commissi delicti* (Bravo, 2014).

Inoltre, "White rilevò [...] che i tassi relativi ai delitti diminuivano meno bruscamente, allontanandosi dal centro della città, rispetto a quelli relativi alla residenza dei delinquenti, e spinse quindi la sua indagine allo studio della distanza fra luogo del delitto e residenza" (Bandini et. al., 2002, p.264)[10].

Negli anni '50 un ulteriore contributo fu dato da **Terence Morris** che avanzò alcune teorie secondo le quali aree diverse possono presentare differenti opportunità di commettere reati (Morris, 1958; Bravo 2014). In linea con questo approccio vi furono gli studi di **Stuart Lottier** (1938) e successivamente di **Sarah L. Boggs** (1965). In primo luogo, Lottier impostò il calcolo dei tassi delinquenziali non più sulla popolazione, ma sulle diverse opportunità presenti nell'area in relazione all'oggetto dei reati. I risultati ottenuti "si conformavano all'ipotesi del gradiente. In quest'ottica, la teoria del gradiente viene spiegata attraverso il maggior numero di opportunità differenziali presenti al centro della città" (Bandini et al. p. 265; Lottier, 1938).

Negli anni '60, Boggs si focalizzò sul calcolo dei tassi di 'opportunità ambientali'[11] che favoriscono la commissione di un crimine, come riscontrato nella distribuzione ecologica dei 'bersagli' (*target)*, che siano persone, auto, casse, casseforti, etc. (Andresen et. al., 2010). Attraverso l'analisi fattoriale, Boggs scoprì che vi è una correlazione tra le tipologie di crimine e i luoghi in cui essi vengono commessi. I crimini commessi in aree residenziali, corrispondono spesso alla zona di residenza dell'autore del reato e si riferiscono principalmente a omicidi, aggressioni e furti con scasso in abitazione; ciò è dovuto alla familiarità dell'autore del reato con la vittima o con l'obiettivo del crimine (l'abitazione).

Per quanto riguarda invece i reati commessi in aree industriali o commerciali, i crimini avvengono in zone diverse da quelle in cui risiedono i soggetti che commettono i reati; in questo caso i tipi di reati che si verificano (rapina, furto con scasso in edifici non residenziali, furti) sono relazionati ad una localizzazione considerata redditizia per compiere atti criminali (Andresen et. al., 2010).

---

[10] "In genere, i delitti contro la persona erano caratterizzati da una distanza minore, mentre quelli contro la proprietà avvenivano ad una distanza maggiore (in ordine di distanza crescente, troviamo prima i furti, poi le truffe e le frodi, ed infine le rapine). Il piccolo furto era il solo fra i delitti contro la proprietà che veniva compiuto ad una distanza relativamente vicina alla residenza dell'autore" (Bandini et. al., 2002, p.264).

[11] Gli studi sulle opportunità come principali cause di commissione di un reato vennero approfondite circa venti anni dopo con l'elaborazione delle teorie razionali, descritte nel paragrafo successivo.

Un'ulteriore evoluzione metodologica si ebbe con il contributo di **Eshref Shevky** e **Wendell Bell** (1955), che proposero la "*Social Area Analysis*", al fine di studiare le trasformazioni sociali della popolazione. Lo studio era incentrato sulla costruzione, per ogni area urbana, di tre dimensioni: lo *status* familiare, lo *status* etnico e lo *status* economico. Il primo esprimeva "le caratteristiche delle famiglie dell'area in rapporto al processo di urbanizzazione [...], [definito considerando come variabili] la percentuale di occupazione femminile, il tasso di fertilità e la presenza di abitazioni unifamiliari nell'area" (Bandini et al., 2002, p. 274).

Il secondo *status* era riferito alla percentuale di abitanti appartenenti alle minoranze etniche e veniva calcolato in base al numero di presenze. Infine, il terzo *status* riguardava il livello socio-economico dell'area e veniva definito in base ai livelli di occupazione e istruzione dei residenti (Bandini et al., 2002).

I tre *status* venivano "calcolati in base a diversi indici e quantificati per mezzo di tre scale appositamente costruite. [...] Le differenti aree ecologiche venivano classificate, quindi, in base al punteggio ottenuto sulle differenti scale, mentre i punteggi venivano correlati al tasso di delinquenza" (Bandini et al., 2002, p. 274).

Seconda fase di sviluppo: la criminologia ambientale

Negli anni '70 gli studi ecologici subiscono ulteriori notevoli sviluppi e interpretazioni, aprendo nuovi campi di ricerca. Tra i principali contributi vi è quello di **Paul L. e Patricia J. Brantingham** che svilupparono il concetto di criminologia ambientale (*environmental criminology*) definendolo come "un campo in continua espansione che esplora come gli eventi criminali derivino dall'interazione fra motivazioni e fattori sociali, economici, giuridici e fisici" (Bandini et. al., 2002, p.277). Gli stessi studiosi furono i fautori della "*Crime Pattern Theory*", ovvero la teoria del comportamento spaziale criminale (Bianchini, Sicurella, 2012) secondo cui la criminalità è il "risultato delle interazioni di persone (autori e vittime potenziali) e di movimenti che avvengono in un contesto urbano nello spazio e nel tempo"[12] (Caneppele, 2009, p.139).

Nei loro studi, i fratelli Brantingham misero in relazione il potenziale autore di reato e l'ambiente fisico attraverso l'analisi della distribuzione geografica dei crimini e delle attività quotidiane. Secondo i due autori, l'analisi dei tracciati criminali permetteva di individuare i modelli comportamentali degli *offender* e quindi di poterli contrastare (Fasolino et.al., 2018).

---

[12] I loro studi si focalizzano sia sui movimenti dei possibili soggetti che commettono reati che su quelli delle potenziali vittime (Bravo, 2014).

In una ricerca condotta nel 1975 sulla città di Tallahassee, in Florida, i fratelli Brantingham misero in relazione i dati dei furti residenziali noti alla polizia con una suddivisione della città (gruppi di isolati definiti '*block*') redatta in base al valore degli affitti; da qui calcolarono i tassi di incidenza dei delitti per ogni area. Vennero individuati dei *pattern ecologici*, ovvero dei fenomeni secondo cui a determinate condizioni spazio-temporali corrispondono specifici tassi di vittimizzazione. In particolare, i fratelli Brantingham "rivelarono che gli isolati che si trovano al confine di ciascuna area hanno tassi di vittimizzazione molto superiori a quelli collocati nel centro. Quello che emerse dalla ricerca fornì agli autori la possibilità di proporre ai pianificatori urbani la struttura da 'dare' ai quartieri, cioè quella di minimizzare la dimensione dei loro confini, allo scopo preciso di diminuire il rischio di vittimizzazione" (Bianchini, Sicurella, 2012, p.79). In relazione ai risultati ottenuti, i Brantingham proposero come modello di città sicura un insediamento avente "una struttura spaziale a 'mosaico', le cui vie penetrano creando vicoli ciechi riducendo così le opportunità criminali (evitando, ad esempio, la fuga di un criminale), le quali, al contrario, aumentano grazie ad uno sviluppo urbano che si dirama lungo le grani vie di comunicazione" (Bianchini, Sicurella, 2012, p.80, Bandini et. al., 2002, p. 277).

Principali teorie criminologiche alla base dell'approccio ambientale

L'approccio ambientale si basa sulle teorie razionali, fondate "sul presupposto che il crimine derivi dalla presenza di un autore motivato e fattori che creino o facilitino, in qualche modo, le opportunità di commettere un reato" (Fasolino et.al., 2018, p. 41). David Garland (1996) definisce tali teorie anche come "criminologie della vita quotidiana, mettendone in rilievo il comune denominatore della normalità degli eventi criminosi, che non richiedono particolari motivazioni o predisposizioni, ma sono caratteristici della *routine* della vita contemporanea" (Marotta, 2004, p.196). A tal proposito, tra i principali contributi vi è quello della Teoria delle Attività Routinarie (*Routine Activity Theory*) sviluppata da **Lawrence Cohen** e **Marcus Felson** (1979).

Gli studiosi partono dal presupposto che, per far sì che si compia un reato, devono essere presenti contemporaneamente nello stesso luogo tre elementi: un bersaglio (*target*) appetibile, che sia una persona, un oggetto o un luogo; l'assenza di un guardiano capace di prevenire l'atto criminale; una persona motivata a compiere un delitto.

È possibile prevenire l'attuazione del reato se viene a mancare anche solo una delle tre condizioni (Marotta, 2004; Bisi, 2013). Secondo questa teoria sono proprio le attività di routine (abitudini ricorrenti) a creare "una sorta di convergenza spazio-temporale tra aggressori fortemente motivati, obiettivi appetibili ed assenza di controllo" (Bisi, 2013, p. 205).

Una riflessione interessante riguarda l'approccio della Teoria delle Attività Routinarie, che "guarda al crimine dal punto di vista dell'aggressore. Un crimine sarà commesso solamente se un potenziale aggressore ritiene che un bersaglio sia adeguato e un controllore efficace sia assente. È la valutazione della situazione da parte dell'aggressore che determina se il crimine avrà luogo"[13].

Sulla stessa linea del concetto espresso da Cohen e Felson vi è la Teoria degli stili di vita introdotta da **Michael J. Hindelang**, **Michael R. Gottfredson** e **James Garofalo** (1978). La loro riflessione si basa sul fatto che il rischio di vittimizzazione di alcune persone sia maggiore rispetto a quello di altre dipendentemente dalla combinazione di tre fattori: ruolo sociale, posizione nella struttura sociale e componente razionale dell'agire (Marotta, 2004; Bisi, 2013). A titolo esemplificativo, "se un soggetto occupa una posizione modesta, riveste perciò un ruolo sociale irrilevante e presenta una componente razionale dell'agire spregiudicata, allora il rischio di essere vittimizzato sarà più elevato" (Marotta, 2004, p.197). Secondo questa teoria quindi, "a partire dalle aspettative degli altri, ognuno di noi adotta un determinato comportamento che può lasciare maggiore o minore spazio al rischio di vittimizzazione" (Bisi, 2013, p.205).

Nella metà degli anni '80, la componente razionale trova la sua massima considerazione nella Teoria della scelta razionale (*Rational Choice Theory*) di **Derek Cornish** e **Ronald V. Clarke** (1986), secondo cui la decisione di commettere un crimine si basa su un'analisi costi-benefici in cui si ha il miglior rapporto tra rischio e guadagno (Amendola, 2003). Il crimine è dunque il risultato di una serie di decisioni e processi attuati dall'autore del reato in base ad una molteplicità di fattori di natura personale (bisogno di denaro, di vendetta, di eccitazione e di piacere, etc.) o situazionale (livelli di controllo dell'area, facilità di fuga, grado di efficienza della polizia locale, etc.)[14] (Bisi, 2013; Bravo, 2014).

Le Teorie delle Attività Routinarie e della Scelta Razionale vengono definite da **Felson** e **Clarke** (1998) come "nuove teorie dell'opportunità" (*Crime Opportunity Theory*).

Nell'opera intitolata *Opportunity Makes the Thief: Practical Theory for Crime Prevention* i due autori definiscono dieci principi secondo cui l'opportunità è considerata la "causa alla radice del crimine"[15].

I primi quattro punti illustrano le caratteristiche delle opportunità, ovvero: hanno un ruolo nell'origine di tutte le tipologie di reato, non solo quella predatoria; hanno una natura fortemente specifica; sono concentrate in un determinato tempo e spazio; dipendono dagli spostamenti abituali di autori e vittime.

---

[13] *www.fisu.it/2017/05/08/teoria-delle-attivita-routinarie-2*

[14] *www.fisu.it/2017/05/08/teoria-della-scelta-razionale*

[15] *www.fisu.it/2014/07/27/teoria-dellopportunita*

Il quinto, il sesto e il settimo principio riguardano invece i fattori che danno origine alle opportunità, come: il verificarsi di un crimine, che può produrre le opportunità per un altro; la natura di alcuni prodotti, che per le loro caratteristiche risultano più appetibili di altri (prodotti caldi); i cambiamenti sociali e tecnologici, che rendono i prodotti più vulnerabili nelle fasi in cui sono appena stati immessi sul mercato, o sono oggetti di consumo di massa, in quanto la domanda per essi è all'apice ("la maggior parte dei prodotti raggiungerà nel tempo un grado di 'saturazione' e la probabilità che vengano rubati diviene minima")[16].

Gli ultimi tre punti[17] riguardano le misure per ridurre le opportunità - quindi per prevenire il crimine - e gli effetti dell'attuazione di tali strategie. Felson e Clarke affermano che la realizzazione di interventi dissuasivi generalmente non comporta il *displacement* delle opportunità, ovvero il rischio di spostamento del fenomeno da un contesto ad un altro. Infine, "la riduzione mirata delle opportunità può portare ad una significativa diminuzione dei reati: talvolta gli effetti positivi di un intervento possono portare ad una riduzione in un'altra area limitrofa, ossia a una 'diffusione dei benefici'."[18]

Nel saggio *Diffusion of crime control benefits: Observations on the reverse of displacement* (1994) Clarke e Weisburd classificano la diffusione dei benefici in due processi: la deterrenza e lo scoraggiamento.

Nel primo caso, "i criminali possono sovrastimare il raggio d'azione delle misure di controllo del crimine e credere di correre un rischio d'arresto maggiore di quanto non sia" (Braga, 2002, p.29).

---

[16] *www.fisu.it/2014/07/27/teoria-dellopportunita*

[17] Si riportano di seguito gli ultimi tre principi (8-10):

"8. Il crimine può essere prevenuto riducendo le opportunità: ad esempio le strategie riconducibili alla Prevenzione Situazionale, che riguardano i diversi contesti della vita quotidiana, ma che, per una maggiore efficacia, necessitano di adeguamento ai contesti specifici di intervento.

9. Ridurre le opportunità solitamente non sposta il crimine: il fenomeno del *displacement* (cioè del rischio di spostamento del fenomeno da un contesto ad un altro, in seguito ad un intervento dissuasivo) è sempre da tenere in considerazione quando si mettono in atto strategie di prevenzione. Lo spostamento di massa e generalizzato è tuttavia un fenomeno molto raro e spesso governabile.

10. La riduzione mirata delle opportunità può portare ad una significativa diminuzione dei reati: talvolta gli effetti positivi di un intervento possono portare ad una riduzione in un'altra area limitrofa, ossia a una "diffusione dei benefici". Questo per il fatto che i potenziali aggressori possono sovrastimare la portata delle misure messe in atto" (https://www.fisu.it/2014/07/27/teoria-dellopportunita).

[18] *www.fisu.it/2014/07/27/teoria-dellopportunita*

Questo accade perché i criminali non sempre hanno percezione di "quanto vasto sia il rischio" (Poyner, 1988, p.50)[19].

Per quanto concerne lo scoraggiamento, questo processo avviene in seguito ad una valutazione costi-benefici da parte dei criminali: se lo sforzo richiesto per commettere il reato viene valutato maggiore rispetto al guadagno, i delinquenti saranno scoraggiati a commettere il crimine (Braga, 2002).

Prevenzione Situazionale e *Crime Prevention Environmental Design* (CPTED)

La cornice teorica che sta alla base dell'approccio ambientale non può prescindere da un inquadramento delle diverse tipologie di prevenzione del crimine. A tal fine si riporta la classificazione descritta dai ricercatori Fasolino, Coppola e Grimaldi nel testo *La sicurezza urbana degli insediamenti* (2018).

Si distinguono quattro modalità di prevenzione:

- **situazionale**, che include, oltre al "controllo formale degli spazi esercitato mediante videosorveglianza, il controllo informale e tutti gli interventi di natura urbanistica e architettonica volti alla tutela di beni e persone e alla riduzione della vulnerabilità dello spazio urbano" (p.41);
- **comunitaria**, basata sulla promozione della sorveglianza informale, nonché sul miglioramento delle condizioni sociali e abitative;
- **sociale**, che riguarda azioni volte a ridurre i fattori che possono indurre a compiere reati. In questo caso viene data attenzione alla predisposizione di un soggetto ad adottare comportamenti criminosi;
- **precoce** o *risk focused*, strettamente legata alla precedente, che si propone di "agire sui fattori scatenanti i comportamenti criminali, intervenendo nelle varie fasi di crescita dei soggetti a rischio e in differenti contesti (familiare, scolastico, comunitario)" (p.42).[20]

La Prevenzione Situazionale si sviluppa verso la fine degli anni '70 in Inghilterra, un nuovo approccio al crimine considerato innovativo per l'importanza attribuita al contesto in cui si verifica un determinato reato.

---

[19] "La valutazione di Poyner (1988) sull'uso delle telecamere a circuito chiuso per combattere il vandalismo e i graffiti su una flotta di 80 autobus a due piani nel nord Inghilterra, ha riportato che il vandalismo e i graffiti sono diminuiti sull'intera flotta anche se solo due bus erano protetti da videocamere e tre bus erano dotati di telecamere finte" (Braga, 2002, p.29). Nell'opera *Video Cameras and Bus Valndalism* (1988) Poyner afferma: "i ragazzi hanno imparato...che le telecamere fanno in modo che i comportamenti individuali non conformi vengano scoperti e che verranno addottati provvedimenti sanzionatori. Comunque, quello che essi non conoscono è quanto vasto sia il rischio. Essi sembrano credere che la maggior parte dei bus siano dotati di telecamera, o almeno, sono incerti su quali bus abbiano la telecamera" (p. 50).

[20] La combinazione di azioni di prevenzione sociale e situazionale determina una maggior efficacia delle strategie messe in campo; in tal senso si parla di politiche di prevenzione integrata (Fasolino et.al., 2018).

Secondo il criminologo **Ronald V. Clarke** (1997) "la prevenzione situazionale si distingue radicalmente dalla maggior parte della criminologia per il suo orientamento. Partendo da un'analisi delle circostanze che danno origine a specifiche forme di reato, introduce dei cambiamenti gestionali e/o ambientali per ridurre le opportunità dei reati che accadono. In questo modo si concentra sul contesto in cui avviene il reato, piuttosto che su coloro che commettono atti criminali: cerca di prevenire che un reato avvenga, piuttosto che identificare e sanzionare l'autore del reato. Non cerca di eliminare le tendenze criminali attraverso il miglioramento della società e delle sue istituzioni, ma semplicemente vuole rendere i comportamenti criminali meno appetibili per gli autori di reato" (Clarke, 1997, p.2; Lombardi, 2007, p. 39).

Le misure di riduzione delle opportunità relative alla prevenzione situazionale "si concentrano esclusivamente sulle circostanze e sul contesto del reato, trascurando gli aspetti sociali" (Fasolino et.al., 2018, p. 41) e si caratterizzano per: essere dirette a forme altamente specifiche di reato; avere un approccio gestionale e progettuale dell'ambiente il più sistematico e permanente possibile; rendere il reato più difficile e rischioso (Lombardi, 2007).

In linea con l'approccio della prevenzione situazionale, negli stessi anni si sviluppò un campo di ricerca ancora oggi oggetto di studio e che riguarda il *design* ambientale (*Crime Prevention Environmental Design*, CPTED).

Il CPTED è stato introdotto dal criminologo **Charles Ray Jeffery** (1971) e si basa sull'identificazione di quelle condizioni dell'ambiente fisico e sociale capaci di favorire o accelerare gli atti criminali.

Nella sua opera "*Crime Prevention through Environmental Design*" Jeffery afferma: "il modo in cui noi progettiamo l'ambiente urbano determina il tasso di criminalità e il tipo di reati in larga misura, e inoltre, a parer mio, non abbiamo mai considerato la prevenzione della delinquenza come parte integrante della pianificazione urbanistica. In definitiva, abbiamo incominciato a considerare l'educazione, i trasporti, il tempo libero, l'inquinamento e il commercio come variabili con cui ogni pianificatore urbanistico doveva lottare, ma la sicurezza delle persone e delle proprietà non è ancora un elemento preso in considerazione quando progettiamo e costruiamo una città"[21].

L'obiettivo del *design* ambientale è quello di dare un contributo all'abbattimento dei tassi di criminalità attraverso soluzioni urbanistiche e architettoniche volte a ridurre le opportunità di commettere reati (Bravo, 2014).

Alcuni studi riflettono per esempio sugli effetti della zonizzazione in aree funzionali omogenee, da cui è emerso che "la monotonia della struttura di [un] insediamento è in stretta relazione con l'insorgere di comportamenti devianti, in particolare violenti" (Marotta, 2004, p.200).

A tal proposito è rilevante riportare alcune osservazioni di Jacobs raccolte nella celebre opera *"The Death and Life of Great American Cities"* (1961).

---

[21] Citazione riportata in Marotta, 2004, p.202.

La sociologa propose di "diversificare l'uso del territorio potenziando l'attività 'di strada', in modo da stimolare controlli informali e accrescere la possibilità di sorveglianza" (Marotta, 2004, p.200).

Negli stessi anni, l'urbanista **Shlomo Angel** pubblica un'opera intitolata *Discouraging Crime Through City Planning* (1968), in cui introduce il concetto di "zone con intensità critica".

Egli afferma che la pericolosità delle aree pubbliche non dipende solo dall'attenzione che le persone circolanti possono suscitare ai potenziali criminali, ma anche dalla mancanza di condizioni favorevoli al controllo dello spazio (flussi pedonali limitati, trasporti pubblici carenti, poche attività commerciali, etc.).

Angel propone delle soluzioni che, agendo sugli aspetti ambientali, possano favorire la sorveglianza degli spazi, riducendo le condizioni che portano alla formazione di 'intensità critica' (Marotta, 2004; Bravo, 2014).

Un ulteriore sviluppo della teoria di Angel si ha con il contributo dell'architetto **Oscar Newman** (1972).

Egli critica l'impostazione di Angel incentrata sulla sorveglianza poiché le soluzioni proposte potrebbero portare semplicemente a "un dislocamento della criminalità in altre aree e [...] [aggiunge che le] persone di passaggio, non residenti, non avrebbero alcuna motivazione per intervenire in caso di reato" (Marotta, 2004, p. 200), non risolvendo pertanto il problema dell'insicurezza.

Newman propone così un approccio più architettonico e urbanistico al tema, un programma di prevenzione della criminalità mediante strutture ambientali che scoraggino gli eventi criminosi.

L'ipotesi di partenza è che "lo spazio costruito abbia la capacità, per le sue caratteristiche formali, funzionali e simboliche, di favorire il crimine o di contrastarlo"[22] (Amendola, 2003, p. 30).

La teoria di Newman si basa quindi sull'idea di 'spazio difendibile' (*Defensible Space*), secondo cui le persone sarebbero incoraggiate "dalla struttura architettonica ad aumentare il loro senso di responsabilità per la cura, la protezione e la sicurezza dello spazio sociale circostante" (Marotta, 2004, p. 201).

Newman ritiene quindi che la progettazione urbana possa contribuire a ricreare un senso di appartenenza e di comunità[23], incrementando il controllo sociale informale ed evitando la realizzazione di alcune soluzioni abitative aventi effetti stigmatizzanti sui residenti (Marotta, 2004; Bravo, 2014).

---

[22] Una ricerca svolta in Gran Bretagna del 1985 su un campione di 8000 alloggi dimostrò l'incidenza delle forme architettoniche ed urbanistiche sulla frequenza dei reati (Coleman, 1985).

[23] Si rimanda anche in questo caso alle teorie di Jane Jacobs che "considera come fattori essenziali per la prevenzione [del crimine] il senso di coesione comunitaria e i sentimenti di territorialità e responsabilità" (Marotta, 2004, p.200). L'antropologa riteneva infatti che la soluzione per contrastare l'insicurezza urbana risiedesse in un processo di rafforzamento del sentimento di appartenenza degli abitanti al luogo in cui vivono e del conseguente controllo spontaneo dello spazio urbano operato dagli abitanti (Jacobs, 1961).

Il recupero del controllo dello spazio urbano di vita è perseguibile secondo Newman attraverso la considerazione di quattro elementi:

- **territorialità**, intesa come senso di appartenenza al territorio e condivisione degli spazi per evitare l'effetto 'terra di nessuno' (Marotta, 2004). Questo sentimento può essere rafforzato "definendo chiaramente l'uso e le proprietà degli spazi, incoraggiando i cittadini a prendersene cura" (Fasolino et.al., 2018, p. 46).
  A tal fine lo spazio urbano dovrebbe essere suddiviso in quattro categorie d'uso: spazi pubblici, spazi semi-pubblici (cortili condominiali), privati e semi-privati (visibili dalle strade, ma appartenenti ad un unico proprietario) (Fasolino et.al., 2018);
- **sorveglianza naturale**, ovvero la visibilità dei percorsi e degli accessi alle abitazioni. Tale concetto è strettamente legato a quello di *occhi sulla strada* di J. Jacobs. In merito a questo aspetto, Newman avanza dei suggerimenti progettuali volti a favorire il controllo esercitato dai cittadini (Fasolino et.al., 2018) come per esempio quello "di collocare finestre e punti di affaccio in maniera da eliminare le zone cieche e non controllabili da parte dei residenti" (Amendola, 2003, p. 30).
  L'idea di Newman deriva in parte dall'influenza teorica del *Panopticon*[24] di **Jeremy Bentham** (1791);
- **imago o immagine urbana**, intesa come attenzione a quei dettagli fisici che possono indurre alla stigmatizzazione di alcune aree urbane, in particolare quelle popolari (Marotta, 2004; Fasolino et.al., 2018). Tale concetto nasce "da alcune problematiche riscontrate nell'edilizia residenziale pubblica, contraddistinta da edifici simili nell'aspetto esteriore, di scarsa qualità architettonica, relegati in zone ben precise della città ed etichettati in maniera negativa" (Fasolino et.al., 2018, p. 47). L'introduzione del concetto di 'immagine' tra gli elementi che influiscono sulla sicurezza urbana venne ripresa successivamente nella teoria delle finestre rotte (Broken windows theory) elaborata da **James Q. Wilson** e **George L. Kelling** (1982)[25];

---

[24] *Panopticon* è un modello architettonico progettato per le prigioni di massima sicurezza la cui struttura permette ad un unico soggetto di controllare una grande quantità di persone, senza che questi si accorgano di essere sorvegliati. *Panopticon* viene infatti descritto come un edificio ad anello con le celle disposte radialmente lungo il perimetro e un corpo di guardia circolare posto sull'asse centrale della struttura. Questa configurazione permetteva ad un unico vigilante di osservare prigionieri o operai, ma non viceversa (Ellin, 1997; Amendola, 2003). "Il principio base è l'idea che il controllo possa indurre nei sorvegliati comportamenti positivi persino quando esso è discontinuo. La società sicura, secondo questo modello, è quella dove vige il principio della trasparenza o, retoricamente, dove tutto avviene alla luce del sole. Solo eliminando angoli oscuri ed opachi, questa è la logica delle azioni e degli interventi progettuali ispirati al *Panopticon*, si può debellare il crimine e ridurre l'insicurezza (Amendola, 2003, p.28-29).

[25] Secondo gli studiosi, "se in un edificio non vengono riparati i vetri rotti, alcuni vandali potranno romperne altri, sino ad arrivare ad occupare l'edificio e a compiere altri atti delinquenziali (come danneggiarne gli interni, appiccare incendi).

- **ambiente e diversità d'uso**, intesi come vitalità dello spazio grazie ad un'adeguata *mixitè* funzionale ottenuta con un'attenta scelta e localizzazione delle attività da inserire (Marotta, 2004; Fasolino et.al., 2018).

I principi descritti fino a ora fanno parte della prima generazione di CPTED, al quale è stato dato un ulteriore importante contributo dal criminologo **Timothy Crowe** (1991). L'autore mette a punto il *Three-D Approach* o *Approccio delle Tre D*, un metodo che permette di interpretare la conformazione e gli usi degli spazi analizzati e di valutare se gli stessi siano o meno utilizzati in linea con i criteri dell'approccio ambientale (Fasolino et.al., 2018). Secondo questo approccio, l'analisi degli spazi dovrebbe basarsi sulla ricerca di informazioni inerenti tre elementi fondamentali:

- ***designation***, con cui si intende "la necessità di un chiaro riconoscimento degli usi principali designati per uno spazio e la legittimità, o meno, dei comportamenti dei suoi fruitori, in relazione agli scopi originari per cui lo spazio era stato pensato" (Fasolino et.al., 2018, p.54);
- ***definition***, riferito all'assetto fisico, legale e socio-culturale di un determinato spazio che definisce quali comportamenti siano ammessi o meno;
- ***design***, con cui si intendono le caratteristiche fisiche che ogni spazio deve possedere per favorire gli usi cui è adibito (Fasolino et.al., 2018).

2nd generation CPTED e Safe City

Negli anni '90 l'approccio del CPTED subisce un'evoluzione che gli studiosi **Gregory Saville e Gerry Cleveland** (1997) definiscono con il termine *2nd generation CPTED*.

Questo approccio nasce dalla volontà di ampliare il ventaglio di variabili da considerare per generare condizioni di sicurezza urbana, in particolare quelle sociali, non limitandosi esclusivamente alla progettazione fisica degli spazi. Si passa così ad un approccio integrato che, oltre ad agire sulla modellazione dello spazio fisico, attiva un processo di *"community building"* (Saville, Cleveland, 1997, p.1) per la creazione di un senso di comunità" (Fasolino et.al., 2018).

Se quindi in un edificio ci sono vetri infranti e nessuno li sostituisce, poco dopo tutte le finestre subiranno la stessa sorte. Ciò accade [...] perché le finestre rotte indicano che nessuno dei residenti del quartiere è disposto a difendere i beni altrui contro atti di danneggiamento" (Bianchini, Sicurella, 2012, p.80-81).

Secondo la teoria, questi segni di inciviltà (*incivilities*) rappresentano una sorta di indifferenza o scarsa capacità di controllo da parte dei residenti del quartiere (o delle autorità locali). Ciò costituisce un incoraggiamento per i delinquenti a perseguire ulteriori atti vandalici, contribuendo al degrado e all'emarginazione dell'area. Questa teoria "ebbe una diffusione talmente ampia da fungere da base di molte politiche anticrimine degli Stati Uniti, compresa la politica della '*zero tolerance*' dell'ex sindaco di New York Rudolph Giuliani" (Bianchini, Sicurella, 2012, p.81).

In particolare, "il passaggio dalla prima alla seconda generazione di CPTED avviene attraverso le riflessioni di Christopher Alexander, inerenti la realizzazione di spazi a misura d'uomo e l'attenzione verso le effettive esigenze della popolazione" (Fasolino et.al., 2018, p.55). Le prime applicazioni del *2nd generation CPTED* sono quelle olandesi agli inizi degli anni '90, il cui approccio si basa su cinque indicazioni che Saville e Cleveland considerano la "base teorica di tale stagione:

- importanza di pianificare e progettare considerando la scala umana;
- creazione di punti di ritrovo nei quartieri;
- creazione di spazi di aggregazione per giovani;
- partecipazione dei residenti;
- responsabilizzazione dei residenti" (Fasolino et.al., 2018, p.55).

Tra le esperienze pioniere in cui si manifesta un cambiamento di approccio rispetto alla prima generazione CPTED vi è infine quella sperimentata a Toronto da **Gerda Wekerle** e **Carolyn Whitzman**, descritta nell'opera dei due autori intitolata *Safe Cities. Guidelines for planning, design and management* (1994).

L'approccio, denominato *Safe City*, è un nuovo modo di affrontare il problema della sicurezza urbana che unisce ai principi di base del CPTED una riflessione più ampia in merito agli usi e alle funzioni della città. Inoltre, non si limita ai metodi situazionali, ma si basa anche su "mezzi sociali di prevenzione del crimine (ad esempio, gli 'occhi sulla strada' di Jane Jacobs)" (Hanson, 1997, p.360) volti a rafforzare il senso di comunità. Al centro della ricerca non vi sono più aree specifiche, ma la città nel suo insieme, di cui vengono analizzati gli elementi fondamentali per la vitalità, quali spazi pubblici e trasporti (Cardia, Bottigelli, 2011; Fasolino et.al., 2018).

Inoltre, le misure per le politiche di prevenzione messe in campo con la sperimentazione sono state calibrate in relazione alle fasce vulnerabili della popolazione (donne[26], bambini, anziani, minoranze etniche, etc.) (Cardia, Bottigelli, 2011).

L'opera di Wekerle e Whitzman riporta una serie di linee guida volte a migliorare la sicurezza della città. In particolare, un capitolo è dedicato agli elementi che migliorano la sicurezza degli spazi pubblici (capitolo 3), mentre quello successivo si focalizza sui modi con cui rendere più sicuri i luoghi che attualmente non lo sono (capitolo 4).

"Tra i fattori che migliorano la sicurezza vi sono, ad esempio, un'illuminazione adeguata, usi misti del suolo e una moltitudine di attività urbane. I suggerimenti per migliorare la sicurezza sono orientati a specifici ambienti, come il transito in superficie, metropolitane, sottopassi o cavalcavia pedonali, piste ciclabili, strade commerciali nelle unità di vicinato, nei parchi e nei parcheggi dei centri commerciali" (Hanson, 1997, p.360).

[26] "L'enfasi del libro sulle donne riflette il fatto che, come hanno dimostrato diversi studi, 'le donne sono più sensibili degli uomini ai segnali di disordine sociale e fisico' (Wekerle, Whitzman, 1994, p.4)" (Hanson, 1997, p.360).

Sebbene gli stessi autori riconoscano che alcuni spunti progettuali possono o meno essere efficaci a seconda del contesto in cui vengono applicati, il testo riporta una serie di interessanti idee progettuali da cui è possibile trarre spunto per la realizzazione di spazi più sicuri. Inoltre, Wekerle e Whitzman sottolineano che le iniziative messe in campo nell'esperienza di Toronto devono essere necessariamente parte di una "multiforme strategia di prevenzione della criminalità" (Hanson, 1997, p.361).

Il caso di Toronto è da considerarsi di estrema importanza anche per aver attribuito, per la prima volta, pari importanza alla sicurezza reale e percepita (Cardia, Bottigelli, 2011; Fasolino et.al., 2018). Il focus dell'approccio Safe Cities è infatti l'idea che "la paura del crimine e della violenza è importante quanto la violenza stessa; quindi, ridurre quella paura è un obiettivo chiave. Un'altra definizione caratteristica dell'approccio è l'idea che i cittadini siano davvero gli esperti di violenza urbana e pertanto il loro coinvolgimento è fondamentale per creare cambiamenti realizzabili" (Hanson, 1997, p.360).

L'avvento dei software GIS come strumenti per il *crime-mapping*

L'evoluzione del *crime mapping* è strettamente legata a quella delle tecniche di rappresentazione cartografica, e quindi allo sviluppo tecnologico. I più moderni strumenti di rappresentazione sono i GIS (*Geographic Information System*), software che permettono di georeferenziare dati.

Nel 1967 l'US Census Bureau[27], guidato dal matematico James Corbett, sviluppò il *Dual Independent Map Encoding* (DIME), un sistema di codifica per archiviare in modo efficiente i dati geografici. Il DIME fu il precursore degli attuali software GIS[28]. L'ufficio del Censo avviò in seguito il progetto *Geographic Base Files and Dual Indipendent Map Encoding* (GBF-DIME), che consisteva nella digitalizzazione e nella creazione delle mappe vettoriali di tutte le città degli Stati Uniti, essenziali per gli sviluppi successivi delle mappe criminali.

Nel 1969 Jack e Laura Dangermond fondarono a Redland, in California, l'*Environmental Science and Research Institute* (ESRI), uno dei maggior produttori di software GIS[29].

---

[27] Ufficio del censimento degli Stati Uniti d'America

[28] *www.census.gov*

[29] *www.esri.com*

La letteratura in materia riporta "diversi esempi di applicazioni GIS per l'analisi di eventi criminali di tipo seriale: in questi casi si cerca di analizzare la dimensione spaziale dei fatti-reato facendo riferimento alle teorie criminologiche del filone psicologico, si tratta dell'uso dei GIS nel '*criminal profiling*'[30]" (Ummarino, 2013, p.149).

Il *crime mapping* permette quindi di effettuare diversi tipi di analisi, dalla densità di uno o più reati (*hot-spot*) alla previsione dei luoghi in cui si verificano i crimini seriali. La vera potenza degli strumenti GIS risiede nella possibilità di analizzare una grande mole di dati in tempi estremamente rapidi. Il *crime mapping* sviluppato con software GIS[31] segue generalmente una procedura articolata nelle seguenti fasi: raccolta dati; georeferenziazione; rappresentazione di base; analisi spaziale; produzione di mappe tematiche (Ummarino, 2013).

Nel 1980 il *National Institute of Justice* (NIJ) americano avviò il *Drug Market Analysis Program* (DMAP), un programma avente l'obiettivo di studiare come variano nel tempo le dinamiche geografiche del mercato della droga. Attraverso la realizzazione di mappature computerizzate, sono stati identificati 56 'punti caldi' (*hot-spot*), successivamente utilizzati per analisi statistiche a cui hanno seguito interventi di controllo e organizzazione degli organi di polizia (Weisburd, Green, 1995).

Nel 1997 il NIJ istituì il CMRC (*Crime Mapping Research Center*) allo scopo di promuovere l'uso del GIS in tutto il sistema di giustizia penale (Wartell, McEwen, 2001). Nel 2002 il CMRC si è evoluto nel programma MAPS (*Mapping and Analysis for Public Safety*), con l'obiettivo di supportare la ricerca che aiuta le agenzie a utilizzare il GIS per migliorare la sicurezza pubblica. "Il programma esamina: come usare le mappe per analizzare la criminalità; come analizzare i dati spaziali; come le mappe possono aiutare i ricercatori a valutare programmi e politiche; come sviluppare strumenti di mappatura, condivisione dei dati e analisi spaziale"[32].

Il *crime mapping* su software GIS oggi è utilizzato prevalentemente come strumento operativo e di gestione delle attività di polizia, con cui è possibile pianificare controlli o supportare le attività d'indagine sui reati che si verificano.

---

[30] "Si tratta del cosiddetto *'Geographic Profiling'*, una tecnica per delimitare un'area geografica quale probabile luogo di residenza del reo, autore di una serie di crimini. Questa tecnica comporta la combinazione di elementi di tipo qualitativo, derivanti dalla applicazione delle teorie della 'psicologia ambientale' e della 'geografia comportamentale', ed elementi di tipo quantitativo, ricavati dalla applicazione di tecniche geografico-statistiche quali la centrografia e l'analisi di prossimità" (Ummarino, 2013, p.158).

[31] "Alcuni GIS propongono dei 'pacchetti' dedicati al *crime mapping*: si tratta generalmente di collezioni di funzioni raggruppati in modo da potere operare in sequenza diverse operazioni di analisi. Vi sono invece dei software statistici dedicati ad analisi spaziali che, se integrati con un *tool* per la visualizzazione dei dati sono, di fatto, dei GIS" (Ummarino, 2013, p.150).

[32] *www. nij.ojp.gov*

Inoltre, tale tecnica può contribuire alla pianificazione di interventi a livello urbanistico secondo i principi del CPTED e delle teorie di prevenzione situazionale.
Un tipo di GIS utilizzato prevalentemente per la comunicazione e la condivisione di informazioni è il WebGIS, che consiste nella pubblicazione sul web delle mappature realizzate con i software cartografici. I WebGIS sulle mappature dei reati sono ancora poco diffusi in Europa e particolarmente utilizzati dalle amministrazioni locali (di polizia) angloamericane, in linea con la politica di *'community policing'* [33] adottata dagli stessi (Ummarino, 2013).

Gli sviluppi recenti della ricerca in ambito internazionale

Gli studi in materia di sicurezza urbana attualmente seguono principalmente due matrici di sviluppo: la prima è quella appena descritta, di natura oggettiva, che riguarda il *crime mapping;* la seconda, più soggettiva, sviluppa invece le indagini sul senso di insicurezza. Ai sistemi di georeferenziazione dei reati, sviluppati prevalentemente nel continente nordamericano, si affianca infatti una serie di studi di carattere prevalentemente percettivo svolti in diversi paesi del mondo (Brasile, Inghilterra, Nigeria, Malesia, Turchia, Texas, Iran etc.). Le indagini sono realizzate primariamente attraverso la somministrazione di questionari agli abitanti e riguardano i seguenti macro-temi:

- vittimizzazione in base al *gender*, autosegregazione ed esclusione sociale;
- *gated communities* e privatizzazione degli spazi pubblici, paura degli *'others'* (l'altro, il diverso) e senso di comunità;
- *incivilities* e degrado urbano.

[33] "La 'polizia di comunità' è una strategia che si concentra sullo sviluppo di relazioni con i membri della comunità per affrontare in modo proattivo le condizioni immediate che possono sollevare questioni di sicurezza pubblica come la criminalità, il disordine sociale e la paura del crimine" (*www.cops.usdoj.gov*).

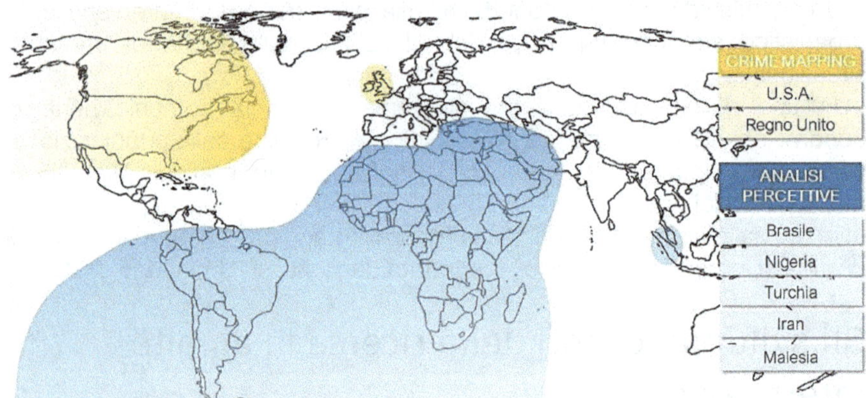

Figura 1 - Mappa delle zone geografiche in cui si sviluppano le due matrici di studio principali del tema della sicurezza urbana.

La letteratura scientifica che descrive le esperienze di ricerca elaborate negli ultimi 20 anni si presenta particolarmente vasta e variegata. Per tale ragione, in un primo momento è stato redatto uno studio bibliografico ad ampia scala, grazie all'utilizzo di specifici software (google scholar, Web of Science, EBSCOhost, etc.) su cui è stata effettuata una ricerca per parole chiave.

I contributi emersi dalla ricerca sono stati selezionati in base alla loro attinenza agli studi sociali e all'ambito urbanistico. Lo studio ha coinvolto 250 documenti, seguito da uno più approfondito culminato con la sistematizzazione dei principali casi studio.

Nello specifico, la rassegna consiste in una mappatura scientifica costituita da 18 contributi, selezionati in base ai seguenti criteri:

- la localizzazione geografica, allo scopo di raccogliere approcci e metodi di contesti territoriali diversi ed avere una visione più ampia dell'avanzamento della ricerca in materia di sicurezza. I casi studio individuati sono infatti situati in Paesi di diversi continenti: America (Brasile, California, Texas e altri Paesi U.S.A.); Europa (Francia, Gran Bretagna, Scozia, Grecia); Africa (Nigeria); Asia (Iran, Turchia, Malesia);
- i settori disciplinari degli autori, con l'obiettivo di spaziare il più possibile in ambiti formativi diversi; da quelli più umanistici (psicologia, antropologia, criminologia, sociologia, geografia) a quelli più tecnici (architettura e urbanistica, matematica);
- l'utilizzo di metodologie d'indagine ritenute più attinenti a quella scelta per la ricerca (somministrazione di questionari, realizzazione di interviste, studio delle correlazioni tra variabili, etc.)
- l'interesse per i risultati ottenuti, ovvero quei contributi i cui esiti riportano aspetti più innovativi e originali.

I contributi selezionati sono stati raggruppati in quattro grandi *cluster* tematici:

1. la percezione di paura in relazione al *gender* (7 *paper*);
2. l'influenza dell'ambiente sulla percezione di insicurezza e viceversa (3 *paper*);
3. gli effetti della paura e le nuove forme di fortificazione urbana (4 *paper*);
4. altro (4 *paper*).

Infine, i contributi sono stati catalogati in una schedatura di sintesi costituita dai seguenti campi: titolo, autore, anno di pubblicazione, luogo (area di studio), rivista/editore, macro-temi (riportati per parole-chiave), soggetti indagati (se specificati), principali contenuti, aspetti metodologici (se ritenuti particolarmente rilevanti), riferimenti bibliografici utili. La schedatura, oltre a costituire un inquadramento teorico della tema di ricerca, ha costituito un vero e proprio strumento di studio fondamentale per la stesura della struttura della tesi.

La percezione di paura in relazione al gender

Le ricerche di seguito riportate sono state tutte condotte tramite la somministrazione di questionari ai soggetti coinvolti e la realizzazione di interviste in profondità.

Tra i contributi reperiti su questo argomento vi è quello dei geografi **Marcia R. England** e **Stephanie Simon** dal titolo *Scary cities: urban geographies of fear, difference and belongin* (2010). In particolare, l'articolo è stato ritenuto interessante per le riflessioni su come la percezione di paura influenzi la mappa mentale delle persone e gli spostamenti in città.

Gli autori infatti affermano che:

"le persone esprimono spazialmente le loro mappe mentali di paura e ansia attraverso i loro percorsi e le loro azioni" (p. 203).

Per esempio, se le persone decidono di frequentare delle zone o dei locali (pub, discoteche, etc.) in base alla percezione di sicurezza che gli suscitano; se si spostano da soli o in compagnia, di giorno o di notte; se sono circondati da persone della stessa comunità oppure no.

Un altro contributo è quello della studiosa **Rachel H. Pain** intitolato *Gender, Race, Age and Fear in the City* (2001), dove l'autrice descrive la relazione che intercorre tra le diverse categorie di soggetti (per età, sesso, etc.) e la paura del crimine in ambito urbano. In particolare, l'articolo è stato ritenuto importante per una riflessione riguardante la paura urbana delle donne.

Pain sottolinea che le donne hanno modi diversi di individuare i segnali di pericolo e di negoziare con esso.

L'autrice afferma che:

"[le donne] sanno impossessarsi dello spazio urbano e usare il potere su di esso: mostrano 'competenza spaziale'. Ciò dimostra che le pratiche spaziali quotidiane delle donne possono essere pratiche di resistenza" (p. 904).

La maggior parte dei contributi che riguardano la percezione di paura negli spazi pubblici in relazione al *gender* hanno come principali protagoniste le donne.

Tra questi vi è il contributo delle sociologhe **Stéphanie Condon, Marylène Leber** e **Florence Maillochon** dal titolo *Feeling Unsafe in Public Places: Understanding Women's Fears* (2007). Lo studio, condotto a Parigi, indaga su come i reali attacchi o altri comportamenti aggressivi subiti dalle intervistate nei dodici mesi precedenti influenzino la loro paura quando si trovano negli spazi pubblici.

Sempre in merito alla stessa tematica si riportano di seguito altri tre contributi, scelti e descritti con l'intento di mostrare come sia possibile intraprendere più strade metodologiche per rispondere alla stessa domanda di ricerca.

Nello specifico, gli studi si sono avvalsi di tre metodi diversi per coinvolgere le donne intervistate.

Il primo contributo è quello della criminologa **Alexandra Fanghanel**, descritto nell'articolo *The trouble with safety: Fear of crime, pollution and subjectification in public space* (2015), che riporta riflessioni sugli aspetti che generano paura nelle donne quando si trovano negli spazi pubblici urbani. In questa ricerca, tra il 2009 e il 2011 sono state intervistate 45 donne di 17 anni provenienti da tre siti nel sud-est dell'Inghilterra. L'obiettivo era quello di indagare, in base alla loro conoscenza ed esperienza, il senso di appartenenza ed esclusione vissuto negli spazi pubblici delle loro città d'origine. Utilizzando un approccio induttivo alla domanda su come è emersa e come si è costruita e diffusa la conoscenza degli spazi pubblici, sono state chieste impressioni alle partecipanti su quelli che percepivano come familiari. Il metodo prevedeva che i partecipanti annotassero le loro riflessioni su una mappa, una vera e propria mappatura delle emozioni.

Il secondo studio è quello riportato nell'articolo *Fear of Crime in Public Spaces: From the View of Women Living in Cities* (2016) delle architette e urbaniste **Oksan Tandogan** e **Bige Simsek Ilhan**. In questo caso l'indagine è stata svolta con dei questionari inviati tramite e-mail ad un elenco di 300 amiche delle autrici. Al sondaggio hanno effettivamente risposto 252 donne. In base a ciascuna domanda, le risposte sono state valutate in termini di distribuzione di frequenza e percentuale.

Infine, il terzo studio è quello descritto nell'articolo *Social geographies of women's fear of crime*, anch'esso di Rachel H. Pain e svolto ad Edimburgo. Gli strumenti d'indagine utilizzati in questa ricerca sono stati due:

1. un questionario postale, impiegato come mezzo efficace in termini di costi e tempi per esaminare un campione rappresentativo, consentendo l'anonimato e la privacy;
2. 600 questionari inviati a donne campionate casualmente dalle liste elettorali di tre circoscrizioni di Edimburgo.

In merito al tema di questo *cluster*, di particolare importanza è stato ritenuto lo studio dell'urbanista **Kristen Day**, la quale fornisce una visione diversa da quella della possibile preda femminile trattata fino ad ora. L'autrice infatti, nel suo contributo *Being feared: masculinity and race in public space* (2006) descrive una ricerca in cui viene esaminata - dal punto di vista dell'uomo - l'esperienza di essere temuto negli spazi pubblici. Ai fini dello studio sono state svolte 82 interviste a studenti maschi dell'Università della California. La scelta di selezionare studenti universitari maschi è stata dovuta a due ragioni:

1. sono una categoria facilmente accessibile;
2. nei media e nelle statistiche sulla criminalità gli studenti delle scuole superiori e delle università sono tipicamente collegati al pericolo; secondo le ricerche esistenti, sono loro i più temuti.

L'influenza dell'ambiente sulla percezione di insicurezza e viceversa

In questa sezione sono stati raccolti tre contributi.

Il primo è quello di **Moris Triventi**, intitolato *Segni di inciviltà sul territorio e "paura" del crimine* (2008). Lo studio descritto aveva come obiettivo quello di indagare la correlazione tra presenza di *incivilitics* e percezione di insicurezza nelle città italiane.

I dati utilizzati per la ricerca, di natura *cross-section*, provengono dalla seconda indagine di vittimizzazione condotta a livello nazionale dall'Istat, l'*Indagine sulla sicurezza dei cittadini*.

La ricerca è stata ritenuta interessante per il tipo di indicatori scelti, che riguardano le tre dimensioni della paura del crimine:

- la **reazione emotiva**, indagata analizzando il senso di insicurezza per strada;
- la **percezione cognitiva**, approfondita studiando il rischio di criminalità nel quartiere di residenza;
- il **comportamento**, analizzato riscontrando la restrizione alle uscite serali per paura di subire un crimine.

Dall'analisi dei dati è stato possibile osservare che "la percezione delle inciviltà sul territorio è associata con più intensità alla dimensione cognitiva della paura del crimine rispetto alla dimensione emotiva. Sembra quindi che i comportamenti incivili e i segni di degrado siano visti come una spia della pericolosità del quartiere" (p. 87). Inoltre, dai risultati emersi, "i dati sembrano in parte supportare l'idea secondo cui la 'paura del crimine' non sia solo il timore vero e proprio di subire un reato, ma che comprenda anche una sorta di 'disagio urbano' derivante dall'abitare in un'area degradata" (p.91).

La seconda ricerca ritenuta interessante soprattutto dal punto di vista metodologico è quella svolta dalla sociologa **Mahdie Rezvan** e dal matematico **Yaser Sadra**, descritta nell'articolo *Sociological Explanation of Fear of Crime in Public Spaces Case Study Mashhad* (2017).

La ricerca è stata condotta a Mashhad (Iran), città fortemente interculturale e interetnica. Obiettivo dello studio è stato quello di indagare su come la paura del crimine influisse sull'accesso e l'uso degli spazi pubblici.

Sono state individuate cinque zone caratterizzate da tipi di abitanti diversi:

1. Sajjad, abitata da persone molto abbienti; non sono stati registrati reati di microcriminalità;
2. Lashgar, in cui risiedono prevalentemente commercianti, impiegati e stranieri provenienti prevalentemente da paesi arabi del Golfo Persico; in questa zona è stato riscontrato un livello relativamente basso di reati minori;
3. Koye Amir, i cui abitanti appartengono alla classe più povera ed emarginata; in questa zona è stato registrato un livello relativamente alto di microcriminalità;
4. Khajeh Rabi, anch'essa abitata da persone povere e lavoratori temporanei, ma con un maggior numero di reati minori;
5. Avini, zona con un gran numero di persone povere ed emarginate a causa della mancanza di lavoro e in cui risiedono i criminali e le loro famiglie, nonchè stranieri provenienti da paesi dilaniati dalla guerra come l'Afghanistan e l'Iraq. In questa zona il livello di microcriminalità riscontrato è molto elevato.

L'indagine è stata svolta con l'utilizzo di un questionario somministrato con un metodo di campionamento stratificato e non proporzionale: il campione di 2250 famiglie è stato individuato selezionando casualmente 45 famiglie da ogni quartiere (50 in tutto) e divisi nei 5 diversi *cluster* di popolazione.

Anche in questo caso per l'analisi dei dati è stato utilizzato il coefficiente di contingenza di Pearson e il modello lineare generale multivariato.

Infine, il terzo contributo individuato è quello delle architette malesiane **Siti Rasidah Md Sakipa, Noraini Joharia e Mohd Najib Mohd Sallehb** *The Relationship between Crime Prevention through Environmental Design and Fear of Crime* (2012). L'articolo descrive uno studio condotto a Putrajaya e Bandar Baru Bangi, in Malesia. L'obiettivo della ricerca è stato quello di indagare le relazioni tra le quattro dimensioni delle pratiche CPTED (territorialità, sorveglianza, manutenzione e controllo degli accessi) e quelle della percezione della paura del crimine (FOC): ambiente fisico, ambiente sociale e vittimizzazione indiretta.

L'indagine ha previsto l'impiego di un questionario strutturato, somministrato ai residenti nell'arco di cinque mesi con delle interviste strutturate e formali *face to face*. Sono state coinvolte 476 persone, con un tasso di risposta del 38%.

La convalida di tutti i costrutti sono state eseguite utilizzando la *Confirmatory Factor Analysis* (CFA)[34].

---

[34] La CFA è una forma speciale di analisi fattoriale utilizzata nella ricerca sociale. Si usa per verificare se i dati si adattano a un modello di misurazione ipotizzato sulla base di una teoria e/o su precedenti ricerche analitiche.

Le correlazioni sono state individuate inoltre utilizzando l'indice di correlazione di Pearson[35], adottato anche nella fase sperimentale della presente tesi.
Lo studio ha dimostrato che le pratiche CPTED hanno una relazione negativa con la percezione della paura del crimine, pertanto, è possibile affermare che all'aumentare delle pratiche CPTED, la paura del crimine diminuisce.

Gli effetti della paura e le nuove forme di fortificazione urbana

Il primo contributo che tratta di questa tematica è quello dell'urbanista greca **Fani Bakratsa** intitolato *The perception of fear conditioning urban space* (2011). Nell'articolo l'autrice descrive uno studio comparativo dei quartieri di Hampstead (Londra) e Psychiko (Atene) su come la percezione di paura sia legata ad alcune caratteristiche della città.
I casi studio sono due sobborghi residenziali che, sebbene non si configurino come delle vere e proprie *gated communities*, si presentano comunque come 'zone esclusive' della città per la presenza di diverse forme di esclusione (recinzioni verdi, restrizioni socio-economiche, telecamere a circuito chiuso, architettura difensiva, etc.).
Come dato di contesto, è possibile affermare che ad Hampstead i tassi di criminalità registrati sono molto bassi, mentre per il sobborgo di Psychiko non esiste un indicatore che mostri l'effettiva criminalità all'interno della zona. Si suppone che ciò sia dovuto alla presenza di ambasciate e di conseguenza di un numero più elevato di personale di sicurezza e di telecamere a circuito chiuso.
Gli aspetti che sono stati presi in considerazione per l'indagine delle correlazioni tra la percezione di paura e le caratteristiche della città sono i seguenti: morfologia urbana, piano della mobilità, aree pedonali, presenza di vegetazione, sistemi di sicurezza domestica, elementi di *design* abitativo e valori immobiliari.
Hampstead e Psychiko presentano molte differenze dal punto di vista della morfologia urbana, ma in entrambi i casi è stato riscontrato che i residenti hanno un alto senso di 'comunità' e percepiscono il proprio quartiere come sicuro.
Lo studio comparativo tra i due sobborghi è incentrato sull'individuazione di quegli aspetti che trasmettono agli abitanti tali sensazioni.
Nel caso di Psychiko, dallo studio emerge che la percezione di sicurezza sia legata alla presenza di un sistema di sorveglianza diffuso (personale di sicurezza delle ambasciate, telecamere, etc.).

---

[35] Si tratta di un coefficiente di correlazione lineare R che esprime la presenza o l'assenza di una relazione di linearità tra le variabili.

Inoltre, molte delle residenze del quartiere hanno una struttura che rimanda al modello del *Panopticon*: gli alloggi sono dotati di ampi balconi semicircolari che permettono agli abitanti di avere un campo visivo più esteso sulla strada.

Infine, diverse abitazioni del quartiere sono dotate di torrette, non solo simbolo di potere e ricchezza, ma anche elementi architettonici che garantiscono una miglior visibilità sulla città.

Nel caso di Hampstead, un ruolo importante nella diffusione del senso di sicurezza tra i residenti è dato dalla segnaletica del controllo di vicinato affissa in tutto il quartiere (*Hampstead Neighborhood Watch*). Secondo quanto riportato dalla ricercatrice, questi manifesti creano un sentimento di insicurezza nei potenziali trasgressori, oltre a generare un senso di comunità nei residenti.

Questo contributo è stato considerato interessante per l'approfondimento sul tema dell'architettura difensiva, ma non se ne condivide l'approccio di studio. Il taglio della ricerca è infatti considerato troppo incentrato sulla relazione diretta tra il controllo degli spazi e la sensazione di sicurezza, ponendo in secondo piano il ruolo che in tal senso hanno gli aspetti sociali e ambientali dello spazio urbano.

Altri studi che riguardano gli effetti urbani della paura sono quelli legati alla costruzione delle *gated communities* e alle motivazioni che spingono le persone a scegliere di vivere in ambienti recintati e ad accesso controllato.

In merito a questo tema sono stati selezionati tre contributi.

Il primo è quello della psicologa e antropologa **Setha M. Low** dal titolo *The Edge and the Center: Gated Communities and the Discourse of Urban Fear* (2001).

La ricerca illustrata è stata svolta in due *gated communities* americane (una a Sant'Antonio e una a New York) e consiste in un'analisi comparativa delle motivazioni che spingono le persone a vivere in questo tipo di quartieri.

L'indagine è stata svolta attraverso:

- interviste aperte a 20 residenti, 10 per ogni quartiere;
- osservazione degli abitanti all'interno e intorno alle comunità;
- interviste a soggetti considerati informatori-chiave, come per esempio gli agenti immobiliari;
- raccolta di documenti di marketing, vendita e pubblicità immobiliare.

Nove dei dieci intervistati a New York hanno affermato che una delle ragioni principali per cui si sceglie di trasferirsi in una *gated community* è proprio la criminalità urbana. Nove degli intervistati a San Antonio menzionano come motivo per spostarsi il crimine e la paura di comunità diverse da quella di appartenenza. In generale, dai principali risultati della ricerca emerge proprio la paura degli '*others*' - i diversi - e più precisamente i poveri, i lavoratori, i 'messicani' e i '*newcomers*', gli stranieri che si sono trasferiti da poco in città.

Il secondo contributo è quello degli architetti pianificatori **Aydin-Yonet, N.** e **Yirmibesoglu, F.** dal titolo *Gated communities in Istanbul: security and fear of crime* (2009).

L'articolo illustra un'indagine sulla sicurezza e la paura del crimine svolta in 20 diverse *gated communities* di Instanbul, di cui 10 a reddito alto e 10 a reddito medio-alto. Il campionamento è stato effettuato in maniera casuale e sono state intervistate 67 famiglie.

Il questionario proposto ai residenti è stato di spunto per quello utilizzato nella presente ricerca ed era articolato in sei diverse sezioni:

1. Struttura socio-demografica (sesso, età, luogo di nascita, stato civile, titolo di studio, occupazione);
2. Reddito (lavoro, casa, auto di proprietà);
3. Mobilità familiare (periodo di residenza a Istanbul, provenienza, anno di trasferimento nel complesso abitativo);
4. Trasporti (mezzo preferito e distanza casa-lavoro);
5. Soddisfazione (la ragione per trasferirsi nel complesso abitativo, disponibilità a trasferirsi in un'altra zona, problemi del complesso abitativo);
6. Sicurezza (del complesso abitativo e dei dintorni, esperienze passate di vittimizzazione).

L'indagine ha dimostrato che la paura del crimine è percepita molto di più dalle donne che dagli uomini. Il motivo principale per cui le donne preferiscono vivere in una *gated community* è proprio la sicurezza, seguita dalla possibilità di vivere in un ambiente confortevole in cui possono crescere i loro figli. Per gli uomini, il fattore sicurezza non è così determinante come per le donne, piuttosto incide la presenza di aree verdi e zone in cui svolgere diverse attività. Questo si rivela particolarmente vero per i residenti che hanno livelli di reddito medio-alti, mentre gli abitanti con reddito alto si dichiarano maggiormente sensibili allo *status* sociale e alla privacy che deriva dal risiedere in un quartiere chiuso.

Infine, è stato osservato che le *gated communities* sono situate nel distretto di Büyükçekmece - dove i tassi di criminalità sono alti - e nei distretti di Başakşehir e Beylikdüzü, dove si registrano numeri bassi di reati. Alla luce di questi dati è possibile affermare che nel contesto analizzato non vi è alcuna correlazione significativa tra la presenza di reati e la localizzazione delle *gated communities*.

Il terzo e ultimo contributo riguardante il tema delle *gated communities* è quello dei criminologi **Alice Cennamo** e **Daniele Veratti** intitolato *L'organizzazione dello spazio e la percezione della paura nelle politiche della sicurezza urbana. Il muro nei processi di inclusione (ed esclusione) sociale in Brasile e in Italia* (2012). L'articolo approfondisce i fenomeni che gravitano intorno alla costruzione delle *gated communities* nelle grandi città brasiliane, dove le forme di auto-segregazione e segregazione sociali sono ancora ben visibili.

Una riflessione interessante che emerge dalla lettura del testo riguarda l'errore di interpretazione che sta alla base della costruzione stessa delle *gated communities*: "l'auto-segregazione urbana non crea una divisione tra 'buoni' e 'cattivi', ma tra chi possiede e non possiede determinate opportunità economiche e di *status*. In questo senso è necessario considerare che, anche all'interno di tali contesti, si producono e si realizzano forme di criminalità, devianza e conflittualità, anche piuttosto gravi" (p.99).

Lo spazio chiuso ed elitario, non è pertanto un'isola felice privo di pericoli e criminalità.

In relazione a questo fatto, in molte zone del Brasile, gli enti di controllo sociale (forze dell'ordine, Tribunali, scuole, etc.) denunciano una crescita allarmante di atti criminali e violenti messi in atto da giovani appartenenti alle famiglie più abbienti della società".

Un altro errore spesso commesso nell'immaginario collettivo è quello di pensare che "le *favelas* siano le aree urbane più violente e pericolose della città: sono in molti ad avere interesse - la criminalità organizzata in primis - che non si verifichino eventi tali da richiamare l'attenzione dell'opinione pubblica e, quindi, delle forze dell'ordine. In realtà non sono le zone di frattura (*condóminios fechados, favelas*) ad essere le più soggette ad azioni criminali e violente, ma sono le aree limitrofe a queste e quelle di maggiore aggregazione umana (zone commerciali, del divertimento...). [...] Ogni zona che si colloca, quindi, al di fuori del tessuto urbano di cui fa parte, interferisce sul buon funzionamento dei processi organici della città, creando esclusione, disordine e, pertanto, insicurezza" (p.100).

Ultime frontiere della ricerca in ambito nazionale

Tra i centri di ricerca italiani che attualmente trattano il tema della sicurezza urbana in chiave geografica emergono il LabQUS di Milano e l'eCrime di Trento. Il primo segue un approccio più urbanistico e architettonico, indagando la relazione che intercorre tra la presenza di reati e le caratteristiche fisiche dello spazio urbano. Il secondo, invece, si concentra prevalentemente sull'analisi della distribuzione dei reati in città e sulle relazioni che intercorrono con le caratteristiche socio-demografiche. Entrambi i gruppi di ricerca affrontano il tema della percezione di insicurezza degli abitanti. Le informazioni raccolte con lo studio della letteratura scientifica sono state integrate con quelle ottenute dalle interviste a due esponenti dei due centri di ricerca (Umberto Nicolini[36] del LabQUS e Gabriele Baratto di e-Crime). Tra le ultime frontiere della ricerca in ambito nazionale emerge infine lo studio *"Fearscapes"* del ricercatore Simone Tulumello - descritto nel capitolo successivo - nel quale vengono messi in relazione gli aspetti percettivi (legati anche all'influenza dei media), la forma dello spazio urbano, le politiche e le pratiche urbane.

---

[36] Attuale coordinatore del laboratorio dopo la scomparsa della fondatrice Clara Cardia nel 2015.

LabQUS, Milano

Il LabQUS (Laboratorio Qualità Urbana e Sicurezza) venne istituito alla fine degli anni '90 da Clara Cardia, allieva e assistente di Oscar Newman poi divenuta docente della Facoltà di Architettura del Politecnico di Milano.

Lo scopo era quello di innestare in Europa il dibattito sulla relazione tra sicurezza e forma dello spazio.

In occasione di un incarico per l'analisi della sicurezza della zona 17 di Milano (Lorenteggio), il LabQUS elaborò un metodo di valutazione della sicurezza dei luoghi basato su indicatori.

"Il 'Metodo LabQUS', strumento diventato poi base della normativa europea UNI/CEN TR 14383-2, si focalizza sullo studio del territorio e dei suoi aspetti urbanistici, edilizi e di gestione, analizzati attraverso una serie di indicatori la cui interpretazione consente di stimare il livello di sicurezza di luoghi esistenti o in fase di progetto.

Gli indicatori scelti sono stati:

- struttura dell'edificato;
- aree libere e maglia stradale;
- struttura e organizzazione degli spazi collettivi e del verde;
- modalità di affaccio sulla strada di edifici e giardini;
- stato di degrado e manutenzione dell'ambiente;
- illuminazione nelle ore notturne;
- attività prevalenti della zona;
- flussi e orari di movimento dei pendolari;
- presenza del trasporto pubblico;
- caratteristiche del traffico e del parcheggio;
- presenza di attività commerciali; esercizi pubblici;
- attività sociali, culturali e ricreative;
- orari delle attività (Fasolino et.al., 2018).

La valutazione [...] si costruisce partendo da informazioni di carattere qualitativo e quantitativo elaborate da giudizi di professionisti appositamente formati supportati da strumenti di modellizzazione"[37].

Il caso di Lorenteggio è il primo esempio di approccio ambientale realizzato in Italia e costituisce un'esperienza pilota sulla sicurezza.

Il lavoro ha consistito nella realizzazione di una mappatura di sintesi sulla sicurezza ambientale, suddivisa in cinque classi: spazi sicuri, abbastanza sicuri, mediamente sicuri, poco sicuri, insicuri.

Nel tempo il metodo si è evoluto, sebbene i ricercatori stiano ancora lavorando per trasformarlo in uno strumento scientifico applicabile in maniera più operativa.

---

[37] *www.labqus.net*

Così come è stato concepito, il Metodo LabQUS è molto raffinato, di conseguenza molto costoso e quindi di difficile applicazione. Ciò è dovuto soprattutto alla natura qualitativa della maggior parte degli indicatori utilizzati[38].

Inoltre, la valutazione della sicurezza alla scala urbana è più complessa di quella alla scala edilizia, poiché sebbene diminuiscano gli elementi architettonici da analizzare, aumenta la complessità di fattori da tenere in considerazione.

Nel corso degli anni, il laboratorio ha ampliato le sue attività di ricerca-azione trattando numerosi temi e soggetti, tra cui i principali sono:

- "sviluppo storico e teorico della prevenzione situazionale del crimine;
- indicatori di propensione degli spazi urbani alla sicurezza e relative tecniche di rappresentazione;
- criteri e linee guida per la sicurezza nella pianificazione, nell'*urban design* e nell'architettura;
- criteri per gli standard europei di prevenzione del crimine nella pianificazione urbana;
- studi comparati di politiche di sicurezza urbana in Europa;
- valutazione della sicurezza in settori urbani nelle periferie urbane e in nuovi quartieri residenziali;
- sicurezza di spazi pubblici;
- linee guida per la sicurezza per nuovi insediamenti residenziali;
- problemi di sicurezza legati all'immigrazione in città di grandi e medie dimensioni[39].

Il LabQUS ha avuto anche un ruolo importante nel comitato che ha redatto le norme tecniche di prevenzione ambientale del crimine, raccolte successivamente nel manuale applicativo di *Pianificazione, disegno urbano e gestione degli spazi per la sicurezza*, primo strumento-guida europeo per la gestione del territorio in chiave di sicurezza[40].

Ad oggi il laboratorio dirige e promuove "il programma europeo COST TU1203 *Crime Prevention Through Urban Design and Planning* (2006), che ha visto per quattro anni i massimi esperti di politiche di sicurezza confrontarsi e sviluppare una piattaforma comune per il futuro delle politiche di sicurezza urbana"[41].

---

[38] Anche quelli che potrebbero sembrare indicatori enumerabili, per esempio l'illuminazione delle strade, in realtà sono complessi da valutare. Nella fattispecie, infatti, dagli studi è emerso che non è tanto importante la quantità, ma la qualità della luce. Inoltre, da non sottovalutare gli aspetti percettivi: quella che per un soggetto può essere considerata una buona illuminazione, per un altro può non esserlo.

[39] *www.labqus.net*

[40] Si rimanda al Capitolo I - La sicurezza urbana, paragrafo sul quadro normativo di riferimento (le principali norme europee).

[41] Vedasi nota precedente.

eCrime, Trento

L'eCrime fu fondato nel 2011 ed è il gruppo di ricerca sulla criminologia nella società dell'informazione del Dipartimento 'Facoltà di Giurisprudenza' dell'Università di Trento[42].

"eCrime coniuga diverse discipline scientifiche (criminologia, diritto, statistica, scienza dell'informazione) per condurre ricerca applicata in materia di criminalità e sicurezza all'epoca della società dell'informazione: si occupa di vecchi e nuovi problemi di sicurezza e criminalità con metodi e strumenti nuovi"[43].

Per l'affinità con approcci e metodi utilizzati in questa ricerca, tra i vari studi condotti da eCrime merita particolare attenzione '*eSecurity*- Indagine sulla sicurezza oggettiva e soggettiva nel Comune di Trento' svolto negli anni 2012-2015[44]. Il progetto si basa sull'uso di tecnologie informatiche avanzate per l'analisi di dati sui crimini e sulle caratteristiche ambientali della città (degrado urbano, illuminazione, etc.), cui ha seguito una valutazione della percezione di insicurezza degli abitanti.

Il lavoro si è basato sulla realizzazione di una mappatura dei reati[45] del Comune di Trento sulla base delle circoscrizioni. La scelta di utilizzare questa divisione amministrativa nasce in primis dalla necessità di avere un livello di dettaglio inferiore a quello di 'città'; in secondo luogo, dal bisogno di avere dei confini noti e ben definiti, in cui i cittadini coinvolti per lo studio degli aspetti percettivi potessero riconoscersi facilmente.

Il database geografico in cui sono stati riportati i reati è stato implementato con informazioni legate ad altre variabili, come la struttura urbana (rete stradale, rete dei luoghi di ritrovo e pubblica utilità, rete del commercio e dell'industria).

---

[42] "eCrime è il primo gruppo di ricerca sulla eCriminology. La eCriminology sta alla eSociety come la criminologia stava alla "society" e rappresenta l'evoluzione della criminologia nel XXI secolo" (*www.ecrime.unitn.it*).

[43] *www.ecrime.unitn.it*

[44] Un progetto ambizioso, nuovo a livello mondiale e reso possibile grazie alla collaborazione di eCrime con diversi enti: Comune di Trento, Fondazione Bruno Kessler e Questura di Trento (*www.ecrime.unitn.it).*

[45] "Si tratta dei crimini denunciati alle forze di polizia avvenuti nel comune di Trento dal 2010. [...] Le tipologie di reato selezionabili sono: lesioni personali, reati correlati agli stupefacenti, furti in abitazioni, furti di auto e furti su auto. Queste tipologie sono state scelte perché si tratta di crimini particolarmente significativi per il loro impatto sulla cittadinanza a livello sia numerico sia socio-politico e perché sono quelli fortemente influenzati dalle caratteristiche del contesto urbano di riferimento (Di Nicola et.al., 2015a, p.18).

"Particolarmente significativa [...] è la considerazione di variabili socio–demografiche[46] che forniscono utili strumenti per interrogarsi sul perché di determinati reati, sulla loro concentrazione e dunque affinare le politiche di controllo, ma anche e soprattutto gli strumenti sociali per prevenire situazioni di disagio e degrado che generano criminalità" (Di Nicola et.al., 2014, p.1).

Sono stati infine considerati i dati relativi al disordine urbano fisico e sociale nel comune di Trento. Lo studio percettivo ha consistito in un'indagine di vittimizzazione dei residenti, volta ad identificare il numero e il tipo di crimini commessi[47] e la relativa percezione da parte degli abitanti, attraverso interviste effettuate ad un campione rappresentativo della popolazione. L'indagine è stata "ripetuta quattro volte con cadenza semestrale nel corso del progetto: dopo il primo round svoltosi a ottobre 2013, il questionario online[48] è stato somministrato ai cittadini nuovamente ad aprile 2014, ottobre 2014 e aprile 2015. [...] Lo scopo dell'indagine è stato quello di raccogliere informazioni sui reati subiti dai residenti del comune di Trento nei 12 mesi precedenti alla specifica *wave* di indagine, nonché sul senso di insicurezza e sui livelli di disordine urbano percepiti nel territorio comunale: ovvero da ottobre 2012 a settembre 2013 (primo round), da aprile 2013 a marzo 2014 (secondo round), da ottobre 2013 a settembre 2014 (terzo round) e da aprile 2014 a marzo 2015 (quarto round)" (Di Nicola et.al., 2015, p.7).

Entrambi gli studi riportati (zona 17 Milano del LabQus e *eSecurity* di eCrime) hanno fornito una base fondamentale per l'avvio metodologico di questa ricerca, poiché a livello internazionale costituiscono due esperienze applicative importanti in cui viene considerata, oltre alla percezione, l'aspetto spaziale della criminalità.

---

[46] Nel progetto sono state considerate le seguenti variabili: popolazione residente, età, sesso, nazionalità, stato civile, composizione familiare, titolo di studio, professione, tasso di dis/occupazione, reddito pro-capite, numero interventi dei servizi sociali, numero accessi ai consultori/SerT (Di Nicola et.al., 2015a, p.22). Per l'indagine di vittimizzazione sono state considerate in particolar modo le fasce d'età e il sesso.

[47] "I reati oggetto dell'indagine di vittimizzazione sono stati: furto di oggetti personali, furto in abitazione, furto di veicoli, furto di oggetti da veicoli, borseggio, rapina, aggressione verbale e fisica, molestia sessuale verbale e fisica" (Di Nicola et.al., 2015b, p.8).

[48] "Il questionario dell'indagine è stato somministrato a un campione di circa 4.000 persone residenti nel comune di Trento, con un'età superiore ai 18 anni. Si è trattato di un campione stratificato, rappresentativo della popolazione del capoluogo trentino, estratto dagli archivi anagrafici comunali. La stratificazione è avvenuta per genere (femmine; maschi), classe d'età (18-36 anni; 36-55 anni; ≥ 56 anni) e circoscrizione di residenza (1. Gardolo; 2. Meano; 3. Bondone; 4. Sardagna; 5. Ravina–Romagnano; 6. Argentario; 7. Povo; 8. Mattarello; 9. Villazzano; 10. Oltrefersina; 11. San Giuseppe–Santa Chiara; 12. Centro storico–Piedicastello)" (Di Nicola et.al., 2015b, p.8).

L'inquadramento teorico riportato in questo capitolo è stato fondamentale per costruire una base conoscitiva su cui sviluppare la parte sperimentale della tesi. In particolare, gli studi nazionali e internazionali degli ultimi dieci anni sono stati di grande spunto per strutturare l'impostazione metodologica della ricerca, soprattutto in due parti:

- nella caratterizzazione dei tessuti urbani (capitolo VII), per la scelta delle variabili da mettere in relazione alla presenza di reati nello studio delle correlazioni;
- nella redazione del questionario (capitolo X), per organizzarne la struttura e per la scelta di alcuni quesiti da porre agli intervistati.

Capitolo II

La percezione di paura

Il quadro conoscitivo sulle teorie percettive - e in particolare su quelle che riguardano la paura - è di fondamentale importanza per poter avviare una riflessione su quali siano le ragioni che portano l'individuo (o la collettività) ad associare il senso di insicurezza ad un determinato luogo o spazio urbano.

Lo stato dell'arte in merito al tema della percezione abbraccia un vasto ventaglio di campi e di discipline che spazia dalla psicologia e la sociologia, alle neuroscienze, fino ad arrivare all'arte e all'architettura.

La prima parte del capitolo riporta un quadro più ampio dei principali riferimenti teorici sul ruolo che riveste la forma urbana (e architettonica) nella generazione di sensazioni.

Nella seconda parte, al fine di inquadrare in una cornice scientifica il fenomeno del senso di insicurezza, viene riportato un focus specifico sul tema della paura.

Il capitolo approfondisce il senso di insicurezza in ambito urbano e in particolare la paura del crimine, per poi proseguire con il ruolo dei mass media della generazione di sentimenti di insicurezza collettiva.

Nella parte finale si ha la chiusura del cerchio con lo studio del ricercatore Simone Tulumello, in cui vengono indagate le relazioni tra i sentimenti di paura (anche in merito al ruolo dei mass media) e la forma urbana.

La percezione: appunti di grandi teorie

Tra i primi studiosi a mettere in campo valutazioni qualitative (e quindi percettive) in ambito urbano vi è **Camillo Sitte**, architetto, urbanista e pittore austriaco della seconda metà dell' '800.

Nell'opera *L'arte di costruire le città* (1889) Sitte definisce l'atto della visione quale "il meccanismo fisiologico che da' origine alla percezione dello spazio su cui riposano tutti gli effetti architettonici" (Sitte, 1980, p. 169). Gli studi di Sitte sugli aspetti qualitativi dello spazio urbano si sviluppano in un periodo in cui, sia nell'arte che nell'architettura, si pone sempre più attenzione agli aspetti percettivi.

A tal proposito una riflessione che si ritiene importante citare è quella proposta da **Heinrich Wolfflin** che nel suo saggio *Prolegomena zu einer Psychologie del Architektur* (1886) dichiara:

"Come è possibile che le forme architettoniche possano esprimere qualcosa di spirituale, come uno stato d'animo? Ciò che sia possibile è indubbio. Non solo il giudizio del profano conferma decisamente il fatto che ogni edificio fa una precisa impressione, seria, opprimente, o invece allegra, amichevole - un'intera gamma di stati d'animo -, ma anche lo storico dell'arte non esita a caratterizzare epoche e popoli a partire dalle loro architetture. Questa singolare caratteristica dell'architettura viene quindi vissuta. Ma come?" (Wolfflin, 2010, p. 13).

A partire da queste riflessioni Wolfflin elabora la teoria della *'forza della forma'*, definita come l'elemento basilare dell'architettura che, contrapponendosi alla materia, muove "l'intero mondo organico" (Saragosa, 2016, p. 73).

Il pensiero di Wolfflin conduce verso una più ampia riflessione sul ruolo della forma architettonica e urbana quale elemento generatore di sensazioni, attivatore di un processo emozionale e percettivo.

In linea con le teorie elaborate da Wolfflin prende spazio nel mondo scientifico un filone di ricerca di fondamentale importanza negli studi percettivi che riguarda il concetto di empatia.

La teoria estetica dell'*Einfühlung* (empatia) fu elaborata alla fine del XIX secolo da **Robert Vischer**, storico e filosofo dell'arte tedesco. Nella sua opera *Sul sentimento ottico della forma* (1873), Vischer definisce l'empatia come un "inconscio trasferimento della propria forma corporea, e quindi anche dell'anima, nella forma dell'oggetto" (Vischer, 1873, p. 42).

Il concetto di empatia è stato poi ripreso dal filosofo tedesco **Theodor Lipps** che nel saggio *Empatia e godimento estetico* (1906) la definisce come il "godimento estetico che si realizza attraverso una 'partecipazione emotiva' alla natura dell'oggetto contemplato" (Franzini, Mazzocut-Mis, p.41).

Con empatia l'autore intende "quell'atto per mezzo del quale il soggetto si trasferisce nell'altro oggetto, per ritrovarsi in esso e per provare, in tal modo, quanto di se stesso ignorava" (Franzini, Mazzocut-Mis, p. 42).

Paragonando le interpretazioni di empatia dei due autori, è possibile notare che all'accezione data da Vischer, fortemente spirituale, ne viene affiancata una più fisica, che Lipps descrive come un sentire corporeo (Pinotti, 2011).

Lipps ha inoltre distinto un'empatia positiva da una negativa: nel primo caso, la relazione con l'oggetto contemplato si instaura in maniera armoniosa; nel secondo invece, "l'oggetto attira e allo stesso tempo ripugna, dando luogo a una sensazione conflittuale" (Franzini, Mazzocut-Mis, p. 42).

Un modo di percepire che Lipps descrive in questa affermazione: "Io sento che questo modo dell'esistenza e del comportamento interiore si impone come negazione della mia essenza e delle sue esigenze" (Lipps, 1995, p. 161).

Ulteriori riflessioni sul concetto di empatia sono quelle elaborate da **Wilhelm Worringer**, storico dell'arte tedesco della prima metà del '900, che nella sua opera *Astrazione e empatia. Un contributo alla psicologia dello stile* (1908) associa l'insorgere di sensazioni positive o negative al concetto di forma bella o brutta.

A tal proposito l'autore afferma:

"Solo nella misura in cui si instaura una tale empatia le forme sono belle. La loro bellezza consiste nel mio libero e 'ideale' vivermi in esse. La loro forma è invece brutta quando non sono in grado di farlo, quando in quella forma o nella sua contemplazione mi sento interiormente schiavo, inibito, soggetto a una coercizione" (Worringer, 2008, p.7).

Sempre agli inizi del '900, in Germania prende avvio un nuovo campo di studi in merito al rapporto tra forma e percezione, che trovò il suo culmine nell'elaborazione della *Gestalttheorie* (psicologia della forma).

Questa teoria, diffusa rapidamente in tutto il mondo grazie alle sue intuizioni, si sviluppò a partire dalle riflessioni di **Ernst Mach** e **Christian von Ehrenfels**, per poi essere approfondita successivamente negli studi di **Max Wertheimer**, **Kurt Koffka** e **Wolfgang Kohler**. La teoria della Gestalt (che letteralmente significa *forma*) si basa sull'idea che "il tutto è più della somma delle singole parti". "La psicologia della Gestalt ha come fondamento l'idea che la percezione sia qualcosa di più che la semplice somma delle sensazioni che giungono a un organo di senso. [...] La qualità della Gestalt quindi non è data dalle qualità dei singoli elementi che la compongono, ma dalle relazioni che intercorrono tra i singoli elementi, quindi dalla loro struttura" (Saragosa, 2016, p.76-77). Con particolare riguardo alla percezione visiva, la teoria della Gestalt definisce le principali leggi della forma o di organizzazione percettiva, tra le quali:

- **pregnanza o buona forma**[49] (la forma percepita è sempre la più semplice e quindi la più riconoscibile);
- **vicinanza**[50] (gli elementi vengono raggruppati in funzione della loro distanza);

---

[49] "Le parti di un campo percettivo tendono a costruire le *gestalt* più pregnanti possibili nelle condizioni date" (Metzger, 1971, p.77).

[50] "Gli elementi del campo percettivo vengono uniti in forme di tanta maggior coesione quanto minore è la distanza tra loro" (Kanizsa, Caramelli, 1988, p.102).

- **somiglianza**[51] (tendenza a raggruppare gli elementi che ci appaiono simili);
- **chiusura**[52] (tendenza a completare percettivamente la chiusura di una figura che in realtà non lo è);
- **figura/sfondo** (tendenza che ci permette di distinguere una zona della visione come figura indipendente dallo sfondo);
- **continuità di direzione** (gli elementi che si dispongono in serie secondo un'organizzazione lineare vengono percepiti come unità);
- **destino comune** (gli elementi che seguono uno stesso movimento, diverso da quello dagli altri, vengono percepiti come unità);
- **esperienza passata** (tendenza a riconoscere più facilmente le forme con le quali abbiamo una certa familiarità)(Kanizsa, Caramelli, 1988).

Dalla lettura delle leggi della Gestalt è possibile dedurre che la percezione sia il risultato di un processo cognitivo che mette in atto una sorta di strutturazione delle sensazioni.

A tal riguardo si ritiene esplicativa la citazione di **Lamberto Maffei** e **Adriana Fiorentini**, scienziati e ricercatori nel campo della percezione visiva, che nell'opera *Arte e cervello* (2008) affermano:

"La percezione risulta dalla organizzazione delle sensazioni più che dalla loro associazione" (Maffei, Fiorentini, 2008, p.12).

La *Gestalttheorie* ha costituito un fondamento essenziale per la ricerca nel campo della percezione. Tra i principali studiosi che ne prendono il testimone si ricorda **Gyorgy Kepes**, designer ungherese e teorico d'arte, che nella sua opera *Il linguaggio della visione* (1944) basa la descrizione delle leggi di organizzazione visiva sulle idee ispiratrici di Wertheimer, Koffka e Kohler.

Attraverso Kepes, inoltre, la teoria della Gestalt riaffiora negli studi di **Kevin A. Lynch**[53], urbanista e architetto statunitense, il cui contributo nel campo degli studi della percezione in ambito urbano merita un particolare approfondimento.

Nella sua celebre opera *The Image of The City*[54] (1960) l'autore restituisce i risultati di uno studio sulla leggibilità del paesaggio urbano svolto in tre città americane (Boston in Massachussetts, Jersey City in New Jersey e Los Angeles in California) e redatto con il coinvolgimento attivo della cittadinanza, principalmente mediante interviste.

---

[51] "Gli elementi vengono uniti in forme con tanta maggior coesione quanta maggiore è la loro somiglianza" (Metzger, 1971, p.70).

[52] "Le linee che formano delle figure chiuse tendono ad essere viste come unità formali. La nostra mente fornisce le informazioni mancanti" (Kanizsa, Caramelli, 1988, p.104).

[53] Kevin Andrew Lynch (Chicago, 1918 - Martha's Vineyard, 1984) fu allievo di Frank Lloyd Wright e nel 1963 divenne professore ordinario di disegno e pianificazione urbana al MIT. Concentrò la sua attività di ricerca nello studio della percezione del paesaggio urbano da parte delle persone (*www.azioniurbane.it*).

[54] Nella prefazione del testo, Lynch afferma: "Lo sviluppo particolare e gli studi pratici sono miei, ma i concetti informatori nacquero attraverso innumerevoli scambi con il Prof. Kepes. Se dovessi separare le mie idee dalle sue, non saprei come fare. Per me, questi sono stati anni fecondi di associazione" (Saragosa, 2016, p.78).

Tale scelta deriva dal fatto che, secondo l'autore, "la percezione è un atto creativo, non un'accettazione passiva" (Lynch, 1990, p. 133) e dipende, oltre che dalla forma spaziale, dall'individuo che la osserva in termini di fattori culturali, posizione sociale, esperienze e aspirazioni momentanee[55].

Con la sua ricerca Lynch indaga su quali siano gli elementi che generano una sorta di 'mappa mentale' della città e ne individua principalmente cinque: percorsi, margini, quartieri, nodi e riferimenti (Lynch, 1960). Ciò è stato possibile poiché "gli uomini, come tutti gli animali dotati di movimento, conferiscono struttura e identità all'ambiente.

I mezzi per svolgere tale operazione sono tanti, ad esempio le sensazioni visive di colore, di forma, di movimento, o l'uso dell'olfatto, dell'udito, del tatto, etc. Questi mezzi ci aiutano a orientarci evitando lo smarrimento e cioè quella sensazione di ansia e persino di paura.

Ogni individuo per orientarsi costruisce un'immagine ambientale prodotta sia dalle sensazioni immediate, sia dalla memoria di esperienze passate" (Saragosa, 2016, p.118).

Sebbene questa immagine differisca da un soggetto all'altro, Lynch sostiene che la sovrapposizione di immagini mentali individuali restituisca delle 'immagini pubbliche' che raccolgono il consenso di ampie fasce della popolazione.

L'immagine pubblica di una città è quindi un'immagine urbana dotata di una precisa struttura e identità, che è possibile riconoscere e in cui le persone riescono ad orientarsi (Lynch, 2006).

Secondo Lynch, infatti, l'immagine urbana si dovrebbe caratterizzare per le seguenti proprietà:

- **leggibilità**: intesa come 'chiarezza apparente' di un luogo, nonché la "facilità con cui le sue parti possono venir riconosciute e possono venir organizzate in un sistema coerente" (Lynch, 2006, p.3);
- **identità**: capacità di uno spazio urbano di essere riconosciuto come un'entità distinta dalle altre, avente quindi una "identità separabile" (Lynch, 2006, p.8); è ciò che potrebbe essere definito come 'il senso di un luogo' o *Genius Loci* (Norberg-Schulz, 1979);
- **struttura**: capacità di un luogo di rendere chiara la relazione spaziale esistente tra esso stesso e l'osservatore; essa "può essere definita, nei luoghi di modesta dimensione, quale percezione di come le sue parti stiano assieme, mentre, nel caso di insediamenti più vasti, quel senso di orientamento" (Lynch, 1990, p. 136);

[55] A tal proposito si esprime anche Harry F. Mallgrave, che nella sua opera *L'empatia degli spazi. Architettura e neuroscienze* (2015) afferma: "l'organismo e l'ambiente sono complementari e reciproci nella loro relazione e la percezione è un'attiva estrazione di invarianti o configurazioni che comporta sempre la percezione del sé. Si tratta quindi di una psicologia del realismo incarnato in cui l'ambiente culturale non può essere separato da quello naturale" (Mallgrave, 2015, p. 272).

- **significato**: "facilità con cui [gli] elementi [di una città] possono essere collegati ad altri eventi o luoghi in una rappresentazione mentale coerente di tempo e di spazio, a sua volta relazionabile a concetti e a valori non spaziali. Costituisce il punto di contatto tra la forma dell'ambiente e il processo di percezione di conoscenza dell'uomo" (Lynch, 1990, p. 133), ovvero dall'incontro tra l'ambiente, le capacità sensoriali e mentali, e le costruzioni culturali di un individuo (Lynch, 1990);
- **figurabilità**: "la qualità che conferisce ad un oggetto fisico una elevata probabilità di evocare in ogni osservatore un'immagine vigorosa" (Lynch, 2006, p.9). "Una città 'figurabile' nel senso che si è dato al termine, dovrebbe essere quindi ben confermata, distinta, notevole, dovrebbe quindi favorire la coscienza dell'ambiente e quindi un miglior modo di orientarsi" (Saragosa, 2016, p.119).

Lynch approfondisce i suoi studi anche in merito alla struttura fisica e alla forma della città. Nel 1958 pubblica insieme a Lloyd Rodwin il saggio *A Theory of Urban Form,* in cui vengono descritte sei categorie con cui è possibile analizzare la forma urbana:

1. **elementi tipo**: elementi basilari dello spazio e delle infrastrutture (impianti di flusso) possono essere descritti in modo qualitativo nei loro aspetti più significativi, inclusa la misura in cui i differenti tipi si differenziano nelle caratteristiche o nel modo in cui si classificano uno nell'altro;
2. **quantità**: la quantità di case o strade può essere quantificata, in termini di lunghezza-capacità o estensione, al fine di arrivare a quantificare una dimensione complessiva o una scala di misura;
3. **densità**: intensità con cui gli spazi o i canali di flusso (spaziali lineari) sono organizzati in una data unità di analisi. Tale misura può essere espressa attraverso una singola quantità, se uniforme, ma spesso si esprime meglio attraverso un range di intensità e come una dimensione di intensità media e tipica. Questa immagine diventa più semplice da capire se adattata ad un contesto chiuso (uno spazio finito) come ad esempio pensando al rapporto tra superficie e pavimento (numero di mattonelle per pavimento). La stessa idea potrebbe essere applicata al sistema di circolazione, calcolando l'intensità come la capacità di flusso che passa attraverso una sezione unitaria e mappando la variazione di questo rapporto (come nei potenziali veicoli per ora-acro);

4. **grana**: la misura in cui gli elementi tipici e densità tipiche si differenziano e sono separati nello spazio, può essere definita come grossolana o fine in termini di quantità di un dato tipo che è separato da un *cluster* complessivo, in modo nitido o sfocato. Pertanto, i tipi di edifici di case e fabbriche potrebbero essere tipicamente separati in una città in grandi *cluster* omogenei, nettamente differenziati ai margini; mentre in un'altra città la grana potrebbe essere molto fine e le transizioni (da un tipo all'altro, da un *pattern* all'altro) possono apparire più sfocate. Anche in questo caso, gli spazi esterni potrebbero essere definiti in modo poco nitido rispetto al sistema di circolazione, ai marciapiedi e agli spazi carrabili in cui sono immersi;
5. **organizzazione dei punti focali**: è possibile esaminare la disposizione spaziale e l'interrelazione dei punti focali in uno spazio non definito. Questi fuochi possono essere punti in cui si concentra una determinata densità (di oggetti, di cose, ...), una concentrazione di un certo tipo di edifici di forma (tipo) dominante, gli spazi aperti chiave, oppure la fine (il capolinea) e/o il punto di intersezione di alcuni sistemi di circolazione. La considerazione della disposizione di tali punti chiave è spesso un modo sintetico con cui raccontare un *pattern* complessivo;
6. **distribuzione spaziale generalizzata**: questa rappresenta una categoria che racchiude una varietà di elementi diversi e che può rappresentare l'intera unità di analisi. Quello che si intende qui è un modello grossolano verificato sia in uno spazio bidimensionale che tridimensionale che può essere rappresentato e semplificato attraverso un modello o una mappa. Questo può includere elementi schematici (come la forma e/o il perimetro della città in riferimento anche alla non-città) e una perimetrazione di zone omogenee per la presenza di elementi di base o per una stessa densità. Una città per esempio può avere un unico picco di densità centrale (per esempio, il centro storico). Un'altra città potrebbe avere la forma di un grafico a torta con una sezione dedicata agli edifici industriali. Un'altra ancora potrebbe essere una sorta di flusso organizzato su una griglia rettangolare. Un'altra città ancora potrebbe avere un *pattern* regolare di piccoli spazi esterni chiusi ovvero perimetrati da elementi imponenti. Tale descrizione sarebbe necessaria ogni volta che la notazione di tipo, quantità, densità, grana e modello dei punti chiave non fosse sufficiente per descrivere il modello totale significativo.[56]

[56] Gli studi di Lynch sulla qualità della forma urbana proseguono nel corso degli anni e a circa 20 anni dall'uscita di *The image of the City* l'autore pubblica un'altra opera *"Progettare la città. La qualità della forma urbana"* (1990, ed. or. 1981). Nel testo vengono individuate e descritte cinque dimensioni fondamentali della qualità degli insediamenti:

1. vitalità: "il livello in cui la forma dell'insediamento è in grado di sostenere le funzioni vitali, le richieste biologiche e le capacità degli esseri umani e, soprattutto, come essa protegge la sopravvivenza della specie" (p.119);

Dalla lettura degli autori citati emerge una relazione tra la capacità di leggere e riconoscere la struttura dello spazio urbano e quella di orientarsi all'interno di esso.

La facilità di identificare un luogo e le sue componenti permette di orientarsi in maniera semplice; in questo caso l'ambiente urbano produce sensazioni positive, tranquillità e piacere[57].

Al contrario, se lo spazio è poco riconoscibile e la sua struttura non è chiaramente leggibile agli occhi dell'osservatore, il disorientamento può portare ad un senso di smarrimento e quindi di paura. Questo perché ciò che non è percepito come familiare viene sentito come estraneo, sconosciuto e rischioso (Douglas, 1991).

La paura: un'emozione anche urbana

Il respiro si affanna, il battito cardiaco accelera, le pupille si dilatano e sale dal petto un senso di angoscia, ansia, smarrimento: è la paura che entra in circolo nel nostro corpo quando avvertiamo una sensazione di pericolo, quella che Lovercraft (1927) definì come "la più antica e forte emozione dell'umanità"[58].

Un'emozione primitiva e profondamente intima in quanto strettamente legata all'istinto di sopravvivenza, che si insediò prima nell'animo dell'uomo per poi riflettersi nei suoi insediamenti influenzandone fortemente la forma con la costruzione di recinti, mura e fortezze. Inoltre, sempre citando Lovercraft (1927) ciò che più spaventa è la paura dell'ignoto.

---

2. significato: "il grado in cui l'insediamento può essere chiaramente percepito, differenziato mentalmente e strutturato nel tempo e nello spazio dai suoi abitanti e il grado in cui quella struttura mentale risulta collegata ai loro valori e concetti - l'incontro tra l'ambiente, le nostre capacità sensoriali e mentali, le nostre costruzioni culturali" p. 120;

3. coerenza: "l'adeguatezza degli ambienti ai comportamenti [delle persone], compresa la loro capacità di adattarsi ad attività future" (p.120);

4. accessibilità: "la possibilità di raggiungere altre persone, attività, risorse, servizi, informazioni o luoghi, e che comprende la qualità e la varietà degli elementi che possono essere raggiunti" (p.120);

5. controllo: "la misura in cui l'uso e l'accessibilità ai luoghi, e tutto ciò che riguarda la loro costruzione, riparazione, modificazione e gestione sono controllati da quanti ne fanno uso o perché vi lavorano o perché vi abitano" (p.120).

Oltre alle cinque dimensioni fondamentali, Lynch individua due metacriteri - efficienza e giustizia - che sono considerati delle "sotto-dimensioni ripetitive di ciascuna di quelle cinque" (Lynch, 1990, p.121). L'efficienza viene definita come "il costo, in termini di altri oggetti a cui si attribuisce un valore, di realizzazione e mantenimento dell'insediamento, per qualsiasi livello prestabilito di conseguimento delle dimensioni ambientali elencate" (Lynch, 1990, p.120). La giustizia è invece considerate "il modo in cui i benefici e i costi ambientali vengono distribuiti tra le persone, in rapporto a principi specifici come l'equità, il bisogno, il merito, la capacità di spesa, la fatica, la collaborazione potenziale o il potere. La giustizia è il criterio che distribuisce i profitti tra le persone, mentre l'efficienza lo fa tra valori differenti" (Lynch, 1990, p.120).

[57] "I cittadini si sentono decisamente più sicuri nei luoghi familiari, dove hanno maggiore 'confidenza' con il territorio (Cicsene et al., 2001)" (Mela, 2003, p. 13).

[58] "*The oldest and strongest emotion of mankind is fear*" (Lovecraft, 1973, p.12).

Nel medioevo, per esempio, le mura delle città dal punto di vista della funzione difensiva non costituivano una semplice linea tra lo spazio sicuro (dentro) e quello insicuro (fuori), bensì un limite tra le forme di pericolo prevedibili – dentro il confine – e quelle imprevedibili, ignote, tipiche dell'ambiente esterno (De Seta e Le Goff, 1989).

La paura è una costante della storia dell'umanità (Amendola, 2003), sebbene essa si sia mostrata nel tempo sotto vesti diverse: "ogni epoca della storia si è differenziata dalle altre per avere conosciuto forme particolari di paura; o piuttosto, ogni epoca ha dato un nome di propria invenzione ad angosce conosciute da sempre" (Bauman, 1999, p.99).

In epoca medievale, per esempio, l'idealizzazione della cavalleria aveva portato a considerare la paura come una caratteristica del popolo, in contrasto con il coraggio, ritenuto virtù dei nobili. Tale visione perdura fino all'età moderna nella quale avviene una fase di transizione che prende forma nell'immaginario collettivo attraverso la tragica figura di Don Chisciotte (Amendola, 2003).

Infine, "è con l'800 che la paura ritorna, trasformata, sulla scena della storia. Essa, grazie anche alla rivoluzione francese, si è in un qualche maniera democratizzata: appartiene tanto ai nobili che ai plebei e solo gli eroi, indipendentemente dal lignaggio, ne sembrano esenti" (Amendola, 2003, p.5).

Anche le cause che originano lo stato d'animo della paura si evolvono, divenendo nel tempo più variegate e articolate.

Oltre alle prime, costituite da fenomeni collettivi come guerre, carestie e epidemie, in età contemporanea ne emergono altre più legate al rischio di incolumità personale, specchio di una società frammentata, sempre meno inclusiva e volta sempre più alla segregazione e alla differenziazione, dando forma ad una paura che mette sempre più al centro l'individuo (Totaforti, 2010).

Nel mondo delle paure odierne coesistono quindi percezioni di rischio e insicurezza multidimensionali: da un lato vi sono le paure di valenza planetaria connesse ai cambiamenti climatici, agli effetti socioeconomici della globalizzazione e delle nuove tecnologie, alle guerre o al terrorismo (Mela, 2003) e, come nel più recente dei casi, a nuove pandemie. Dall'altro, vi sono le paure strettamente legate alla "vita quotidiana delle comunità locali e dei singoli individui, [come per esempio] i timori per i rischi legati alla microcriminalità, all'inquinamento, al traffico, all'instabilità delle fonti di reddito" (Mela, 2003, p.1) e al rischio di essere vittima di un reato. Quest'ultimo è inoltre favorito dalla progressiva scomparsa di quelle che in passato erano considerate, nel bene o nel male, le regole del comportamento criminale (Amendola, 2011). Ciò che più fa paura oggi in relazione alla paura di subire un reato è infatti il *random crime* (crimine casuale), "che non essendo spiegabile non è prevedibile: chiunque, ovunque, in qualsiasi momento. Non ci si può difendere da ciò che non è prevedibile. [...] Nessuno è più sicuro perché nessuno può proteggersi dalla casualità. La morte violenta può arrivare da qualunque parte senza logica alcuna, tranne quella stocastica del caso" (Amendola, 2003, p. 12).

La domanda di sicurezza non è tanto legata alla reale presenza di pericolo, quanto alla percezione di paura e al sentimento di insicurezza che genera il crimine stesso. Vi è quindi una distinzione sostanziale tra (in)sicurezza oggettiva e soggettiva, tra pericolo e paura[59] (o preoccupazione): "il primo esprime in termini statistici la probabilità che un determinato soggetto o classe di soggetti possa essere vittima di un attacco criminale alla propria persona o ai propri beni in determinate condizioni, spaziali o temporali" (Amendola, 2003, p. 9-10). La seconda (*fear of crime*)[60] esprime il timore (soggettivo) di essere vittima di attacchi criminali (Furstenberg, 1971).

La paura del crimine è stata definita inoltre come "un'emozione o sensazione di allarme o terrore causata dalla consapevolezza o dall'aspettativa di pericolo" (Ferraro, 1995, p.8; Kohn, 2009), ovvero una "reazione individuale alla percezione della probabilità di vittimizzazione" (Karakus et. al., 2010, p. 174).

Ciò che si sviluppa e si diffonde è quindi uno stato d'animo negativo legato al timore di poter subire un reato, che negli anni '70 diviene un vero e proprio fenomeno collettivo[61] (Totaforti, 2010).

La propagazione della paura del crimine piano, piano aumenta a tal punto da divenire una vera e propria paura urbana che sembra costituire addirittura "il tratto caratterizzante della nostra epoca" (Amendola, 2003, p. 7). Questa paura diventa un elemento determinante nell'organizzazione della vita cittadina, essendo "particolarmente sensibile [...] a quei reati che hanno carattere pubblico" (Amendola, 2011, p.69).

La progressiva crescita dell'aspetto collettivo della paura urbana ha portato alla diffusione di una "sindrome sociale da crimine, definibile come *crime complex* (Garland 2001), caratterizzata da:

- alti indici di criminalità considerati come un normale fatto sociale;
- vasto ed intenso investimento emotivo che comprende tanto elementi di attrazione che di paura, rabbia e risentimento;
- politicizzazione del problema del crimine che è rappresentato in termini fortemente emotivi;
- forte attenzione nel discorso politico alle vittime ed alla sicurezza pubblica;
- convinzione diffusa della inadeguatezza ed inefficacia della giustizia penale;
- diffusione di comportamenti e di strategie difensive private e crescita di un fiorente mercato per la sicurezza privata;

---

[59] "Pericolo e paura, pur collegati, [sono] fenomeni ben distinti che richiedono azioni e politiche diverse – di sicurezza propriamente detta il primo, di rassicurazione la seconda - quando non siano necessarie strategie ad *hoc* per i contenuti specifici della domanda di sicurezza" (Amendola, 2003, p. 16).

[60] Al concetto di *'fear of crime'* si lega quello di *'crime concern'*, ovvero la preoccupazione soggettiva della criminalità – intesa come fenomeno (Amerio, Roccato, 2005).

[61] La paura collettiva è una forma di inquietudine di massa a cui si lega una domanda di sicurezza che rappresenta "il segno di un malessere storico profondo" (Amendola, 2003, p. 8).

- istituzionalizzazione del problema del crimine tanto nei media e nella cultura popolare che nelle diverse pratiche amministrative e professionali" (Amendola, 2003, p. 15-16).

Con la diffusione del *crime complex*, anche il bisogno di sicurezza diventa un fenomeno sociale e collettivo; questo perché, come dimostrato da numerosi studi, la paura del crimine è strettamente legata alla percezione di sicurezza (Baba, Mark Austin, 1989). Sebbene non sia semplice individuare in maniera specifica le cause del senso di insicurezza, dagli studi sul tema sono emersi due fattori di particolare rilevanza: la perifericità sociale e il capitale sociale.

"L'insicurezza risulta più elevata nei ceti più bassi, fra le persone con un grado di istruzione meno elevato, tra le donne, nel centro-sud. [...] [Inoltre], l'insicurezza cresce fra le persone esterne ai circuiti della partecipazione, mentre si riduce sensibilmente fra coloro che sono inseriti in reti di relazioni amicali e di vicinato molto fitte" (Diamanti, 2010)[62].

In merito alla relazione tra paura e sicurezza è importante citare i tre paradigmi teorici che nella letteratura più recente predicono la paura del crimine; i primi due si concentrano sui fattori che facilitano la paura, mentre il terzo su quelli che la inibiscono (Ohmer et.al., 2018, Franklin et al, 2008):

1. ***vulnerability model***, secondo cui "coloro che non si sentono in grado di difendersi, né fisicamente né socialmente, sperimenteranno più paura" (Apler, Chappell, 2012, p. 349). Tra questi vi sono le categorie più deboli della società, quali anziani, bambini, etc. Secondo il modello, la vulnerabilità può essere intesa sia in senso fisico che sociale. Nel primo caso si fa riferimento alla "percezione di un aumentato rischio di aggressione fisica (Denkers, Winkel, 1998; Franklin et al 2008), mentre nel secondo a una maggiore esposizione alla vittimizzazione derivante da fattori come disagio economico, alta criminalità e mancanza di risorse per proteggersi" (Franklin et al, 2008; Okunolaa, Amoleb, 2012, p. 507).
2. ***disorder model***, che sostiene che le *incivilities* di quartiere influenzino la percezione del crimine. Man mano che il deterioramento fisico irrisolto e il disordine sociale peggiorano progressivamente, "trasformandosi in un crimine più grave e in un minore controllo sociale", i residenti possono ritirarsi dalla vita sociale e diventare più timorosi del crimine (Alper, Chappell, 2012, p. 349; Ohmer et.al., 2018). Secondo questo modello, quindi, "la percezione di alti livelli di disturbo fisico e sociale è correlata a livelli elevati di paura del crimine" (Bursik, Grasmick, 1993; Okunolaa, Amoleb, 2012, p. 507).
3. ***social participation (community concern) model*** (o modello di integrazione sociale), secondo cui aumentando la partecipazione, il senso di comunità e la coesione sociale di vicinato - e quindi il capitale sociale - si riduce la paura (Alper, Chappell, 2012; Ohmer et.al., 2018).

---

[62] Diamanti I. (2010), *Il commento*, in *Rapporto sulla sicurezza in Italia. Significati, immagini, realtà. Terza indagine sulla rappresentazione sociale e mediatica della sicurezza con un confronto su scala europea*, I quaderni di Unipolis, 2, maggio, pp.1-6. In *www.demos.it*

L'influenza dei mass media nella costruzione della paura collettiva

Con il termine 'media' si intende l'insieme dei mezzi di comunicazione che, "diffondendo informazioni e rappresentazioni del mondo, offrono un quadro cognitivo comune alle esperienze individuali. In quanto spazio intermedio tra realtà e possibilità, i media producono un gioco continuo di ansia e rassicurazione, di confusione e ritualità, di insicurezza e controllo" (Amendola, 2008).

Dagli anni '90 si è registrata una crescente attenzione mediatica al tema della sicurezza, che ha acquisito maggiore enfasi in virtù di un cambiamento qualitativo e quantitativo dell'uso stesso del termine.

La parola 'sicurezza' (o 'insicurezza') prima utilizzata in relazione ad un ampio ventaglio di ambiti (tutela dei diritti, sicurezza sociale, traffico, inquinamento, etc.) viene progressivamente ricondotta ad un significato sempre più specifico relativo alla pericolosità dei luoghi in cui viviamo (Coluccia et. al., 2008).

A tal riguardo, **Alfredo Mela** nell'opera *La città ansiogena* (2003) afferma: "Che si prendano in considerazione le pagine dei quotidiani, i notiziari televisivi, o le affermazioni programmatiche di molti partiti, da ogni parte sembra echeggiare un messaggio che enfatizza il problema dell'insicurezza legata alla microcriminalità, al carattere pericoloso degli ambienti pubblici, all'aumento della violenza diffusa nelle città, mettendo in ombra molti altri problemi e – paradossalmente – persino quelli relativi ad altre forme di rischio presenti nella città: dall'incidentalità stradale, all'inquinamento, all'emergenza di nuove forme di macro-criminalità, organizzate a scala globale, ma meno percepite dai singoli cittadini" (p.4). Ciò a cui si assiste è infatti uno "slittamento semantico per cui il termine [sicurezza] ha assunto esclusivamente, o quasi, l'accezione di 'sicurezza urbana' in associazione ad altri termini quali 'degrado', 'devianza', 'criminalità' e simili" (Coluccia et. al., 2008, p. 327).

Inoltre, da uno studio condotto dal sociologo **Marcello Maneri**[63] alla fine degli anni '90 sulla rassegna stampa nazionale è emerso che l'uso di termini legati al tema della sicurezza è divenuto sempre più frequente: "sul più diffuso quotidiano nazionale, il *Corriere della Sera*, il termine 'sicurezza' appare, nella titolazione, una media di 131 volte all'anno tra il 1992 e il 1995, una media di 252 volte tra il 1996 e il 1997 e una media di 362 volte all'anno tra il 1998 e il 2000" (Maneri, 2001, p.7).

Risultati simili, anche se meno accentuati, sono emersi da uno studio analogo redatto sul quotidiano *La Stampa*. Lo stesso andamento è stato registrato anche per gli articoli che presentano termini come 'insicurezza' e i suoi derivati (Maneri, 2001).

---

[63] Maneri è Professore Associato all'Università di Milano-Bicocca, dove insegna Media, comunicazione e società.

Molte ricerche empiriche sulle principali fonti di informazioni (televisioni e giornali) hanno dimostrato che, in merito alla sicurezza urbana, vi è una generale tendenza di semplificazione, amplificazione e distorsione delle notizie (Amendola, 2008):

- "**semplificazione**, perché una questione così ampia e multidimensionale viene affrontata quasi esclusivamente in termini di criminalità e controllo sociale [...];
- **amplificazione**, perché i media offrono una mole sempre maggiore di violenza, notizie di cronaca nera e giudiziaria;
- **distorsione**, perché essi sovra-rappresentano, rispetto ai dati ufficiali, solo alcuni aspetti dei fenomeni criminali[64]: i reati violenti contro la persona e i reati più insoliti e inspiegabili, ad esempio, ricevono più spazio di reati statisticamente molto più frequenti quali borseggi, furti e truffe" (Amendola, 2008).

Il trattamento mediatico di certe notizie in formato di *infotainment* - inteso come contaminazione tra informazione e spettacolo - associato ad una comunicazione frammentata e poco analitica, rende difficile al pubblico la distinzione tra realtà e finzione (Surette, Otto, 2002).

La 'drammatizzazione' dei fatti porta quindi in molti casi ad uno squilibrio tra il reale fattore di rischio e il sentimento di paura della popolazione (Padovan, Vianello, 1999; Altheide, Michalowski, 1999).

In tal senso, è possibile supporre che i mass media contribuiscano alla "costruzione sociale della paura" (Mela, 2003, p.9) e ad alimentare una "percezione dell'insicurezza distorta – dal punto di vista quantitativo e delle cause che la originano – rispetto a quella che dovrebbe essere l'esperienza individuale di sicurezza e insicurezza" (Coluccia et. al., 2008, p. 328).

L'accusa principale rivolta ai media è quindi quella di generare meccanismi di 'frustrazione securitaria' (Castel, 2003), attraverso l'amplificazione del pericolo potenziale[65] e la semplificazione dell'individuazione delle cause e dei responsabili dei reati (Amendola, 2008).

Alla base della crescita della paura collettiva avvenuta negli ultimi decenni vi è quel fenomeno che **Giovanni Amendola** definisce 'mediatizzazione della società'.

---

[64] Le ragioni dell'interesse dei media ai crimini e alla violenza sono da ricercare nei criteri utilizzati per la produzione delle notizie (*newsmaking*). Secondo alcuni studi "le redazioni selezionano e raccontano gli eventi in base a criteri di rilevanza, definiti valori notizia, orientati all'efficienza e al risparmio di tempo e risorse [...] (Jewkes, 2004). [...] I valori notizia sono definiti anche in base alle assunzioni implicite che i giornalisti hanno del loro pubblico: perciò, se credono che il pubblico sia più attirato da storie allarmanti e cruente, cercheranno di soddisfare le aspettative delle *audience*, e quindi di vendere più copie o fare più ascolti, aumentando la dose di mistero e violenza comunicata" (Amendola, 2008).

[65] Al concetto di 'pericolo potenziale' si lega quello di 'paura potenziale', intesa come la "condizione psicologica che si genera dalla rappresentazione anticipata di una possibile situazione di pericolo (Evans e Fletcher 2000; Amendola, 2003, p. 87).

Nel saggio *Paure in città: strategie ed illusioni delle politiche per la sicurezza urbana* (2003) egli afferma:

"Le ansie della classe media derivanti da tanti fattori – tra cui certamente importante è l'impennata che si è avuta nei tassi di criminalità intorno agli anni '60 e '70 – è stata amplificata dai grandi eventi criminali o violenti iper-mediatizzati. I disordini razziali, gli omicidi efferati ai danni soprattutto di bambini, i delitti senza causa o logica, i vari serial killer sono entrati nelle case attraverso la televisione ed hanno contribuito a terrorizzare un pubblico già in trepidazione per una vita quotidiana sempre più difficile e incerta. L'impennata dei tassi di criminalità degli anni '60 e '70 ha coinciso con la crescita impressionante dell'influenza della televisione e dei suoi indici di ascolto.

Il crimine è diventato uno dei grandi personaggi della scena televisiva [...].

La televisione aumenta la paura di massa facendone uno dei suoi ingredienti preferiti in una narrazione senza fine dove i confini tra verità e finzione si annullano".

Lo stesso concetto viene ripreso anni dopo dall'autore nell'opera intitolata *Città, Criminalità, Paure: Sessanta parole chiave per capire e affrontare l'insicurezza urbana* (2008):

"Il crimine significa spettacolo e *audience*. La compressione spazio-temporale del mondo mediatico fa sì che i delitti della Brianza, di Bruxelles, della Florida o di Perugia siano tutti ugualmente prossimi e probabili. Stampa e televisione, però, non creano la paura per la criminalità ma piuttosto, agendo su un'opinione pubblica di per sé spaventata, la legittimano e la radicano. Rendono l'eccezionale normale ed addirittura probabile."

Una ricerca particolarmente significativa in merito all'influenza dei mass media nella percezione di paura è quella che sta alla base della *Cultivation Theory* (teoria della coltivazione), secondo cui la televisione, sul lungo periodo, 'coltiva' le credenze sulla realtà, dimostrando che "consumatori 'forti' di programmi televisivi considerano il mondo pericoloso e violento, e si percepiscono più a rischio rispetto alla loro condizione oggettiva"[66] (Gerbner, Gross, 1976).

Anche per quanto concerne la sicurezza urbana quindi, i media possono contribuire ad alimentare la paura collettiva (o sociale).

Ciò che accade è quello che il sociologo statunitense **William Thomas** teorizzò con la *Definizione della situazione* (1928) - o Teorema Thomas - secondo cui "se gli uomini definiscono reali le situazioni, esse saranno reali nelle loro conseguenze".

Rileggendo in chiave securitaria il Teorema Thomas, Mela fa alcune considerazioni sulla percezione degli spazi urbani, affermando che "se si parla sempre di una certa zona come 'pericolosa', questa viene poi effettivamente percepita e vissuta come tale dai cittadini" (Mela, 2003, p. 43).

---

[66] "Le ricerche sulla *audience*, tuttavia, hanno dimostrato che l'associazione tra esposizione ai media e insicurezza soggettiva è influenzata da molti fattori, quali il genere, la razza, il ceto sociale, il luogo di residenza, e l'esperienza diretta dei reati" (Amendola, 2008).

La paura nello spazio urbano

Uno studio che tenta di mettere insieme tutti gli aspetti fino ad ora trattati nelle ricerche sul tema della sicurezza urbana è il sopracitato *Fearscapes - paesaggi di paura* (2007) del ricercatore **Simone Tulumello**. Lo studio indaga e approfondisce le possibili connessioni di causa-effetto esistenti tra quattro assi tematici, così definiti:

1. **sentimenti di paura**, connessi alla possibilità di essere vittime di atti criminosi nello spazio urbano;
2. **discorsi di paura**, nonché la produzione di testi destinati alla pubblica fruizione riguardanti atti criminosi, volumi di criminalità, sicurezza ed insicurezza nello spazio urbano;
3. **politiche e pratiche urbane**;
4. **forme urbane** della città contemporanea (Tulumello, 2012).

A tal proposito il ricercatore scrive: "se riconosciamo che ogni spazialità è politica in quanto espressione di relazioni di potere (Keith e Pile,1993), se esiste un cortocircuito tra paura e forme spaziali, con la prima che permette la produzione delle seconde e le seconde che giustificano i discorsi sulla prima, è necessario scendere nel territorio urbano per analizzare queste forme" (Tulumello, 2012, p.50).

La ricerca è stata condotta su due casi studio, Lisbona e Palermo, e articolata in quattro fasi:

1. analisi dei dati riguardanti l'andamento statistico dei crimini e, dove esistenti, della percezione di sicurezza degli abitanti;
2. mappatura delle forme spaziali legate alla 'geografia della paura' ed estese agli interi territori comunali;
3. analisi di dettaglio delle relazioni tra processi di pianificazione, forme spaziali mappate, discorsi e sentimenti di paura su tre approfondimenti tematici per ogni città: un quartiere di costruzione pubblica (Zen di Palermo, Chelas a Lisbona); la presenza dei centri commerciali e i loro effetti sullo spazio urbano; la consistenza dei sistemi di videosorveglianza sullo spazio pubblico con particolare attenzione alle zone centrali della città;
4. rassegna e analisi di testi (reportage giornalistici, descrizioni mediatiche e politiche) per comprendere il volume di comunicazione sulle questioni della sicurezza e la presenza di processi disinformativi più o meno espliciti.

Tulumello ha individuato quattro categorie spaziali legate alle geografie della paura (Davis, 1998) della città contemporanea:

1. **recinti**: forme spaziali chiuse nelle quali "la collocazione di individui ed istanze corrisponde ad una loro esclusione dalla fruizione di spazi e diritti collettivi" (Tulumello, 2012, p.50). Ne fanno parte, per esempio, le *gated communities*;

2. **barriere**: sistemi infrastrutturali che vengono utilizzati, in maniera più o meno esplicita, come elementi di frammentazione dello spazio urbano, limitando di fatto la libertà di spostamento delle persone da un settore all'altro della città (Tulumello, 2012). Tra queste vi sono per esempio le *bypass-road* in zona di guerra (Weizman, 2004) o le autostrade utilizzate per contenere aree 'problematiche' delle città (Petti, 2007);
3. **spazi post-pubblici**: "spazi pubblici protetti" (Orillard, 2008) e privatizzati che portano ad avere degli effetti negativi sull'uso pubblico della città: "utilizzo di politiche atte a limitare le attività giudicate disturbanti (Sandercock, 2002), fortificazione di edifici, spazi pubblici e quartieri (Davis, 1992; Ragonese, 2008), processi di 'tematizzazione' (Sorkin, 1992; Zukin, 1991), riduzione del ruolo civico dello spazio urbano" (Tulumello, 2012, p.50). Ne sono un esempio gli *Shopping Mall;*
4. **controllo**: fa riferimento agli spazi urbani distinti dalla presenza di sistemi di sorveglianza, da cui consegue la riduzione del ruolo civico e sociale dello spazio pubblico (Blumenberg eEhrenfeucht, 2008) e le tendenze alla creazione di processi 'digitali' di discriminazione ed esclusione (Adey, 2009; Lyon, 2004).

In merito allo studio sui sentimenti e i discorsi di paura, nelle sue conclusioni Tulumello descrive tre paradigmi: "il primo è [...] il rifiuto del riconoscimento del ruolo dei sentimenti e la propugnazione per la pianificazione di un ruolo tecnico: i risultati sembrano essere la produzione di forme spaziali che sono, a loro volta, generatrici di paura, facilmente preda di pratiche di stampo repressivo e securitario.

Il secondo paradigma – esemplificato dalla progettazione urbanistica per la sicurezza – parte dall'assunzione aprioristica della sicurezza come richiesta sociale per proporre forme spaziali che dovrebbero, per loro stessa essenza, ridurre il pericolo nello spazio urbano. Si è mostrato come tale paradigma produca risultati che spaziano dal fallimento alla riproposizione di forme fortificate.

Un terzo paradigma legge nella risoluzione dei conflitti d'uso, dovuti alla coesistenza delle differenze, la maniera per superare le percezioni di paura dovute all'intensificarsi dell'essenza multiculturale della città: tale approccio può efficacemente disinnescare alcune occasioni di generazione di sentimenti di paura, ma è facilmente travalicato in quei casi in cui la percezione di insicurezza è il risultato di una economia politica della paura" (Tulumello, 2012, p.53).

Secondo il ricercatore, il ruolo del pianificatore dovrebbe comprendere sempre di più una lettura ed un'analisi caleidoscopica (economica, politica, spaziale, etc) dei paesaggi della paura nella città contemporanea, al fine di ottenere indicazioni utili alla pratica della pianificazione.

Capitolo III

Progettare sicurezza: una questione fortemente urbana

L'importanza del ruolo della materia urbanistica nel miglioramento della sicurezza delle città è stata appurata in diverse esperienze di pianificazione e progettazione, grazie a cui quartieri urbani degradati e caratterizzati da alti tassi di criminalità sono diventati nuovi centri di vita urbana. La progettazione in chiave di sicurezza si è affinata nel tempo grazie alla diffusione di manuali e guide alla progettazione: *Secured by Design* (Regno Unito, 1989); *Safer Place* (Gran Bretagna, 2004); *Policy Guide of Security e Safescape* (USA, 2005); *Safepolis* (Commissione Europea, 2007).

Il manuale *Safepolis, Pianificazione, disegno urbano, gestione degli spazi per la sicurezza*, già citato nei precedenti capitoli, è lo strumento-guida attualmente più utilizzato in Europa per la progettazione urbana della sicurezza.

In sintesi, le principali linee guida riportate nel documento sono:

- "rafforzare l'identificazione e l'appartenenza ai luoghi;
- favorire la *mixitè* funzionale della progettazione, evitando spazi monofunzionali;
- nella progettazione rispettare le fasce deboli e particolarmente sensibili ai problemi di sicurezza (bambini, donne, anziani);
- evitare spazi enclave o ghetti;
- considerare con attenzione i 'non-luoghi' (luoghi scarsamente identitari, senza storia, privi di relazioni), caratterizzarli e connotarli;
- evitare spazi indefiniti, poco vissuti o poco visibili;
- favorire l'orientamento attraverso il disegno ordinato del tessuto edilizio e delle strade;
- caratterizzare le diverse proprietà degli spazi esterni attraverso il cambio di pavimentazione, recinzioni, segnaletica etc.;
- garantire l'accessibilità dei percorsi che conducono a residenze e servizi: forme, materiali e illuminazione non devono creare barriere architettoniche;

- adottare misure di manutenzione e controllo degli spazi per prevenire il degrado;
- favorire la sorveglianza naturale e, ove necessario, introdurre sistemi di sorveglianza organizzata o di videosorveglianza;
- adottare la sorveglianza tecnologica all'interno di un piano di sicurezza generale, mettendola a sistema con un'idonea progettazione;
- gli apprestamenti temporanei (ad es. recinzioni di cantieri) devono essere progettati anche in termini di sicurezza (con allarmi, illuminazione etc.) e di prevenzione del crimine" (Commissione Europea, 2007; Comune di Forlì, 2018, p.17-18).

Si riporta di seguito una lettura di tre casi studio europei rilevanti in cui nella progettazione sono stati considerati gli aspetti legati alla sicurezza: La Duchère a Lione, Oud Oefenplein a Mechelen e Divis Flats a Belfast[67].
I tre progetti sono stati realizzati tra la fine degli anni '90 e i primi anni 2000 in contesti che, seppur diversi (Francia, Olanda, Irlanda), presentavano delle analogie. Si tratta infatti di quartieri che erano caratterizzati dalla presenza di grandi blocchi di edilizia residenziale pubblica, in cui risiedeva una o più comunità diverse da quella maggioritaria situata nei quartieri circostanti.

La Duchère, Lione (Francia)

La Duchère è un quartiere di Lione realizzato nei primi anni '60 su una delle tre colline ad ovest della città[68]. L'insediamento nacque per ospitare le persone che risiedevano negli alloggi dei quartieri operai di Vaise, ritenuti ormai troppo insalubri. La risposta alla crisi abitativa fu la rapida costruzione di circa 5.300 alloggi (circa in cinque anni) realizzati a basso costo in materiali prefabbricati posati in opera sul posto.
L'impianto urbanistico è quello tipico dei *grands ensembles*, con una serie di edifici in linea 'a stecca' alti fino a 17 piani e disposti in serie sulla cima della collina, costituendo di per sé una barriera fisica e visuale sul territorio circostante.
"I primi residenti si trasferirono nel distretto tra il 1962 e il 1963. Un totale di 2.000 case erano occupate nel giugno 1963, salendo a 4.000 nel dicembre 1964. Dopo la guerra d'Algeria, il quartiere fu utilizzato per la prima volta per ospitare le persone provenienti dal Nord Africa, note come *Pieds-Noirs*" (De Cesaris, Mandolesi, 2015, p. 219).

---

[67] Sebbene tra questi solo il progetto di Lione consiste in un'applicazione diretta del Manuale Safepolis, gli interventi attuati negli altri due casi studio sono in linea con quanto riportato nella guida.

[68] "Il progetto è stato supervisionato dall'architetto François-Régis Cottin. La Société d'Equipement du Rhône et de Lyon (SERL) è stata incaricata di acquistare il terreno e sviluppare il sito" (De Cesaris, Mandolesi, 2015, p. 219).

Tra il 1975 e il 1990 la popolazione straniera è aumentata dal 5,5% al 17%, con un tasso di disoccupazione di circa il 14% (COST Action TU 1203, 2016). Nel 1999, il quartiere ospitava 12.411 persone.

Negli anni '90 La Duchère ha dovuto affrontare una serie di criticità tra cui le strutture non adatte agli stili di vita moderni, la svalutazione immobiliare, l'alta concentrazione edilizia e il disagio sociale.

Il quartiere è stato teatro di una serie di incidenti che hanno ulteriormente alimentato la sua reputazione negativa, in particolare in seguito alle rivolte del 1997 (COST Action TU 1203, 2016).

Nel 2001 gli enti pubblici hanno deciso di impegnarsi in un grande progetto di riqualificazione urbana per il quartiere[69]; il budget inizialmente stimato era di 750 milioni di euro, due terzi dei quali forniti da un gruppo di 16 partner pubblici e il resto da investitori privati.

Il progetto prendeva in considerazione gli aspetti legati alla sicurezza urbana[70] in maniera integrata, inserendoli in una visione d'insieme che correlasse molti temi progettuali, tra cui: diversificazione abitativa, miglioramento dell'ambiente di vita, sviluppo economico, miglioramento dei servizi, miglioramento della quiete pubblica e ricerca della qualità ambientale[71] (COST Action TU 1203, 2016).

La valutazione della sicurezza del quartiere condotta all'inizio del progetto ha rivelato che il quartiere era un po' isolato da Lione e dai comuni circostanti, con strade interdette, scarsi collegamenti tra quartieri, percorsi monouso e spazi vari senza *status* o scopo. "Per quanto riguarda l'ambiente costruito, invece, la dimensione e l'ubicazione degli edifici ponevano significative restrizioni alla circolazione pedonale. C'erano spazi abbandonati e inutilizzati, inoltre i confini tra spazio pubblico e privato non erano chiari" (COST Action TU 1203, 2016, p.26).

L'obiettivo del progetto[72] era quello di fornire migliori collegamenti con il territorio circostante e migliorare la visibilità del quartiere, introducendo strade a traffico misto con vista reciproca tra pedoni e veicoli.

---

[69] "Il sistema di prevenzione situazionale di Lione è una politica pionieristica. È ampiamente riconosciuto come uno dei principali esempi del suo genere in Francia, in virtù della sua natura innovativa e multidisciplinare, della sua base di partnership e del suo approccio basato su progetti" (COST *Action TU* 1203, 2016, p.6).

[70] Il progetto è antecedente al decreto attuativo adottato dal Consiglio di Stato francese il 3 agosto 2007, che introduce nel Codice dell'urbanistica l'obbligo di redigere studi di impatto sulla sicurezza (ESSP). Gli aspetti legati al tema della sicurezza sono stati pertanto inclusi nel progetto quando non vi erano ancora specifici obblighi di legge.

[71] Il quartiere La Duchère ha ricevuto il *Prix des Écoquartiers* (premio eco-quartiere) nel 2013.

[72] Il progetto rientra nel programma europeo COST - *Crime Prevention Through Urban Design and Planning*. COST è un quadro intergovernativo per la cooperazione europea in campo scientifico e tecnologico, che consente il coordinamento della ricerca finanziata a livello nazionale e a livello europeo. L'obiettivo di questa azione è contribuire alla strutturazione delle conoscenze esistenti e allo sviluppo di approcci innovativi su come costruire città più sicure (*www.costtu1203.eu*).

Il progetto per La Duchère ha previsto l'abbattimento di alcuni blocchi di alloggi popolari, la costruzione di nuova edilizia residenziale pubblica e nuove residenze private. I volumi sono stati collocati in modo coerente alla topografia sottostante e con disposizioni meno rigide, in modo da favorire un uso misto di funzioni. Nella progettazione è stato inoltre data importanza alla miglior definizione dei confini tra spazio pubblico e privato e alla realizzazione di aperture visive tra gli stessi (COST Action TU 1203, 2016)[73].

Oud Oefenplein, Mechelen (Belgio)

Mechelen è conosciuta nel Belgio come una delle comunità più 'superdiverse': su 100.000 abitanti quasi il 30% sono stranieri e 130 nazionalità convivono parlando circa 70 lingue diverse.

In un'indagine svolta nel 2000 sulle vittime di reato è emerso che circa il 25% di tutti gli abitanti si sentiva insicuro in città. Inoltre, nel 2002 Mechelen era la città più sporca delle Fiandre[74]. "Quindici anni fa Mechelen aveva una pessima reputazione [...]. Presentava uno dei tassi di criminalità più alti a quel tempo, le famiglie della classe media fuggivano dalla città e le privazioni erano alte. Oggi Mechelen è considerata una delle città punto di riferimento delle Fiandre. L'apprezzamento per la politica di integrazione è uno dei più alti del Paese [...]. La cultura generale è cambiata e c'è una crescente apertura reciproca" (Somers, 2017, p.57).

Nel 2001 fu eletto sindaco di Mechelen Bart Somers[75]. Durante il suo mandato, il primo cittadino mise in atto delle politiche e degli interventi volti a ridurre la criminalità nella città. Si trattava di un piano integrato che ha previsto principalmente investimenti per il potenziamento dei sistemi di videosorveglianza e l'assunzione di personale della polizia (da 200 a 400).

Dal 2002 i furti in abitazione sono diminuiti del 41%, i furti con violenza del 69%, i furti di auto dell'83% e gli scippi sono crollati a meno del 94%.

Oltre a questo tipo di interventi, Somers ha previsto anche degli interventi di tipo urbanistico, in particolare per quanto riguarda il quartiere di Oud Oefenplein, che è stato completamente ricostruito.

La precedente edilizia popolare è stata sostituita con edifici di massimo due piani fuori terra.

Nel quartiere è stato inserito anche un centro di quartiere, Woonpunt Mechelen, che oltre a costituirne il polo direzionale con all'interno gli uffici comunali, lavora quotidianamente alla coesione sociale del quartiere.

Altri finanziamenti sono stati investiti per realizzare progetti educativi, favorire l'occupazione giovanile e sostenere i circoli sportivi[76].

---

[73] Il progetto è stato realizzato secondo i criteri postulati dal LabQus di Milano e descritti nel Manuale europeo *Safepolis*.

[74] *www.efus.eu*

[75] Nel 2016 riceve il premio per miglior sindaco del mondo per l'integrazione.

[76] Presadiretta, "Mechelen, un nuovo modello di sicurezza", 2018/19.

Nel 2018 la sensazione di insicurezza è scesa al 4,5% ed è stata addirittura inferiore alla media belga del 6%. Nel 2017 era la più pulita di tutte le 13 città fiamminghe. Mechelen è oggi uno degli esempi più virtuosi di progettazione integrata della sicurezza urbana.

Divis Flats, Belfast (Irlanda)

La città di Belfast, Irlanda del Nord, è una delle più colpite dai *Troubles*[77], il conflitto civile tra le due comunità residenti, una cattolica nazionalista e l'altra protestante unionista, durato dal 1969 alla fine degli anni '90. In quegli anni le strade e le piazze della città erano quotidianamente teatro di attentati, esplosioni e violenze.

La mancanza di una divisione netta tra le due comunità (come si verificò a Berlino con la realizzazione del muro nel secondo dopoguerra) favorì la costruzione di divisioni fisiche in varie parti della città, denominate *'peace lines'*, un sistema di muri, barriere, recinzioni e cancelli, nate con lo scopo di evitare il contatto tra le due fazioni opposte.

Tra le zone più problematiche vi era il quartiere di Divis Flats, situato in fondo a Falls Road a West Belfast. L'area era occupata da un complesso di 12 blocchi edilizi di otto piani interconnessi e uno di 20 piani a torre (Divis Tower), la cui sommità fungeva anche da base per l'esercito britannico.

Il complesso venne costruito tra il 1968 e il 1972 dalla John Laing Construction Company in pieno stile moderno sul modello della *Unité d'Habitation* di Le Corbusier, in risposta alla carenza di alloggi del secondo dopoguerra.

La struttura era costituita da un telaio in acciaio con lastre di calcestruzzo gettato in opera per i pavimenti e le pareti, coibentato internamente con pannelli di amianto e intonaco.

Il quartiere ospitava in 850 appartamenti circa 2.400 residenti cattolici (il 98% degli abitanti), per la maggior parte appartenenti alla classe operaia e con tassi di disoccupazione elevati, intorno al 68%[78]. La struttura urbana del quartiere favoriva il verificarsi di disordini sociali, scontri e fuga di persone.

Nel 1993, in seguito alle proteste di residenti, politici e media, i dodici blocchi vennero completamente demoliti, per essere successivamente sostituiti con una bassa edilizia a schiera.

L'unico elemento edilizio rimasto a testimonianza del complesso di Divis Flats è la torre di 20 piani.

---

[77] "Il termine *'Troubles'* indica una situazione ad alta conflittualità che per durata ed intensità renderebbe più idonea l'assimilazione della realtà nord-irlandese allo stato di 'guerra'. I primi agguati terroristi risalgono alla fine degli anni '60; infatti è solo a partire da quegli anni, che fenomeni violenti peculiari della vita nord-irlandese a partire dalla prima invasione britannica dell'isola - 1 maggio 1170 - assunsero la forma della violenza criminale, a fini politici, esercitata attraverso procedure e modalità clandestine". Tratto da: Pisano V. (1997), *Introduzione al terrorismo contemporaneo*, Ed. Sallustiana, Roma.

[78] Il 51% dei residenti del quartiere dipendeva interamente dall'assistenza sociale.

Dal 2005 l'edificio non svolge più il ruolo di presidio militare, ma nell'immaginario collettivo continua ad essere percepita come *Panopticon*, inquietante occhio vigile sul quartiere.

"Nell'esaminare il rapporto tra Divis Flats e i violenti *Troubles* di questa zona di Belfast, c'è da chiedersi: è solo una coincidenza che il conflitto eruttò per la prima volta l'anno dopo l'inizio della costruzione? O che un cessate il fuoco dell'IRA (*Irish Republican Army*) è stato dichiarato e l'accordo di *Downing Street*[79] firmato lo stesso anno in cui i blocchi sono stati demoliti?

Molti studiosi respingono il ruolo intrinseco dell'architettura nel plasmare la società, semplicemente in quanto respingono il ruolo che la socio-economia gioca nel causare conflitti. [...] Tuttavia, nell'esaminare un caso come quello di Divis Flats, che si è rapidamente deteriorato in un luogo pieno di spazzatura, muffa e infestato dai topi, luogo di vandalismo, abuso di droga e criminalità, si vede chiaramente che il disegno architettonico, in particolare la mancanza di sicurezza e servizi, non solo incoraggiava i mali sociali, ma allo stesso tempo ha contribuito ai disordini sociali. [...] Un esame di 30 anni di conflitto a West Belfast, espone le condizioni sociali insicure che hanno motivato i giovani cattolici impoveriti a combattere per proteggere loro comunità.

Infine, la battaglia per la sicurezza nel complesso Divis Flats espone un lato del repubblicanesimo che è stato ampiamente ignorato dai media popolari: il ruolo fondamentale dell'esercito repubblicano irlandese nella polizia e nella difesa di comunità, reso necessario, in parte, da una cattiva progettazione architettonica" (Roy, 2007, p. 2-3).

---

[79] The *Downing Street Declaration* (DSD) "affermava sia il diritto del popolo irlandese all'autodeterminazione, sia che l'Irlanda del Nord sarebbe stata trasferita alla Repubblica d'Irlanda dal Regno Unito solo se la maggioranza della sua popolazione fosse favorevole a tale mossa. Includeva anche, nell'ambito della prospettiva della cosiddetta 'dimensione irlandese', il principio del consenso secondo cui il popolo dell'isola d'Irlanda aveva il diritto esclusivo di risolvere le questioni tra Nord e Sud di comune accordo." Tratto da: Peatling G. K. (2004), *The failure of the Northern Ireland peace process*, Irish Academic Press, p. 58.

Sintesi comparativa dei tre casi studio

Si riporta di seguito una matrice di sintesi comparativa dei tre progetti.

LA DUCHÈRE LIONE (FRANCIA)	OUD OEFENPLEIN MECHELEN (BELGIO)	DIVIS FLATS BELFAST (IRLANDA)
Abbattimento di alcuni blocchi residenziali Miglioramento dei collegamenti con il territorio Aumento della visibilità del quartiere con vista reciproca pedoni/veicoli *Mixitè* funzionale Maggior livello di definizione tra lo spazio pubblico e privato	Sostituzione dei grandi blocchi residenziali con un edilizia di massimo due piani fuori terra Inserimento di un centro di quartiere con uffici comunali che funga da presidio e svolga funzioni di coesione sociale Potenziamento dei sistemi di videosorveglianza e assunzione di personale di polizia Finanziamenti per progetti educativi, per incrementare l'occupazione giovanile e le attività sportive	Demolizione dei grandi blocchi residenziali e sostituzione con bassa edilizia a schiera (massimo 3 piani) Mantenimento di un elemento edilizio a testimonianza della struttura originaria del quartiere (Divis Tower)

I tre progetti riportati sono considerati significativi poiché, dopo la loro realizzazione, i disordini locali e i tassi di criminalità sono effettivamente diminuiti, nonché il senso di insicurezza degli abitanti della città.

Analizzando i tre casi studio, è possibile supporre che vi siano alcuni fattori che presentano delle correlazioni - dirette o indirette - con l'aumento dei livelli di sicurezza reale e percepita.

Tra questi vi sono:

- la riduzione della 'dimensione urbana'; la progettazione di spazi a dimensione d'uomo sembra ricoprire un ruolo rilevante;
- la realizzazione di ambienti e spazi più idonei alle necessità degli abitanti, non solo dal punto di vista della salubrità, ma anche e soprattutto da quello sociale con l'inserimento di nuovi spazi di aggregazione (centri di quartiere, aree verdi attrezzate, aree sportive, etc.).

Capitolo IV

Alcune considerazioni sul quadro teorico: i principali suggerimenti emersi

Molti degli aspetti descritti nella prima parte del testo sono stati fonte di ispirazione per la stesura della parte applicativa della ricerca, soprattutto dal punto di vista metodologico.

Si riporta di seguito uno schema di sintesi dei principali contributi e relativi spunti ottenuti dal quadro teorico, suddivisi in *cluster* tematici.

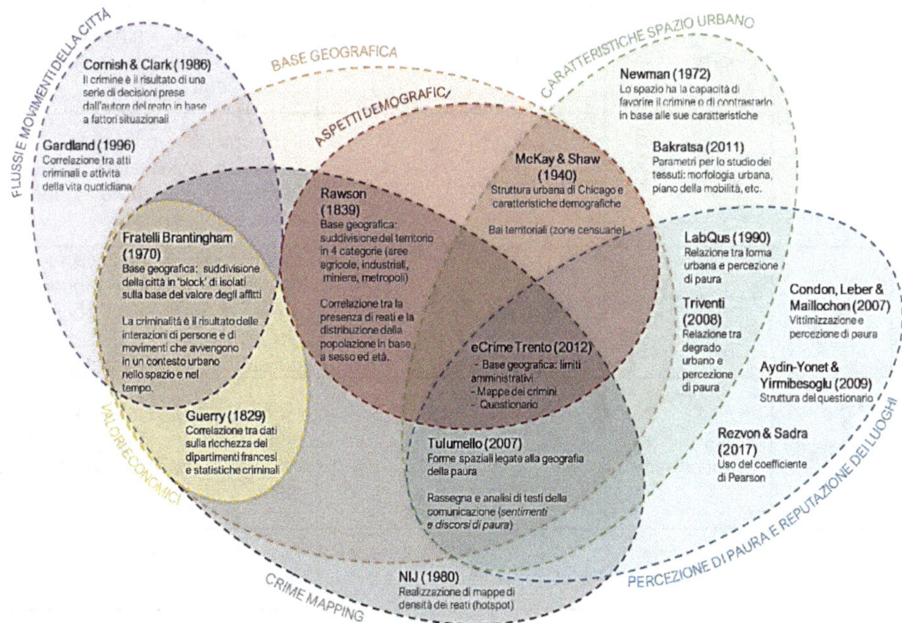

Figura 2 - Sintesi dei principali spunti ottenuti dal quadro teorico.

L'aspetto più rilevante emerso dallo studio della letteratura è quello che sta alla base della tesi, secondo cui lo spazio ha la capacità di favorire il crimine o di contrastarlo in base alle sue caratteristiche (Newman, 1972).

Tra i contributi raccolti nella *survey* bibliografica, quelli che in merito a questo aspetto hanno avuto più riscontro nella parte applicativa della tesi sono quelli di:

- LabQus (1990) e Bakratsa (2011), utilizzati come linee guida per l'individuazione dei principali parametri da analizzare nello studio dei tessuti urbani e nella relativa caratterizzazione (morfologia urbana, piano della mobilità, etc. riportati nel capitolo VII);
- Triventi (2008) e eCrime Trento (2012), per aver messo in relazione il degrado urbano e la percezione di paura. Nell'indagine percettiva svolta con il questionario sono state infatti inserite delle domande volte ad indagare questa possibile correlazione (capitolo X).

Un secondo aspetto rilevante emerso dal quadro teorico riguarda la necessità di individuare una base geografica su cui svolgere lo studio delle correlazioni con i fenomeni criminali.

Si riporta di seguito una tabella dei contributi da cui sono scaturite maggiori riflessioni.

ANNO	AUTORE	CRITERI DI SUDDIVISIONE DEL TERRITORIO	DESCRIZIONE
1829	Guerry	Limiti amministrativi	Le statistiche criminali vennero suddivise in base ai confini dei dipartimenti francesi.
1839	Rawson	Uso del suolo	Il territorio inglese è stato suddiviso in quattro categorie: aree agricole, aree industriali, miniere e metropoli.
1940	McKay e Shaw	Zone censuarie	Chicago è stata suddivisa in aree di un miglio quadrato (*square mile area*) ottenute con la combinazione delle zone censuarie (*census tracts*).
1970	Fratelli Brantingham	Valore degli affitti	La città di Tallahassee (Florida), è stata suddivisa in gruppi di isolati (*block*) in base al valore degli affitti.
2012	eCrime Trento	Limiti amministrativi	La città di Trento è stata suddivisa in base alle circoscrizioni.

Il criterio utilizzato nel contributo di Rawson (1839) è quello che più si avvicina alla base tematica principale scelta per il caso studio analizzato, ovvero quella dei tessuti urbani. Da una suddivisione funzionale ad ampia scala, infatti, ne scaturisce una morfologica (una zona agricola presenta caratteristiche spaziali ben diverse da una industriale). Sebbene l'utilizzo di questo tipo di base geografica permetta di indagare come i crimini si relazionino a diversi tipi di ambienti, si ritiene che la classificazione scelta da Rawson sia troppo grossolana, rischiando così di generalizzare i fenomeni analizzati. Tuttavia, è importante sottolineare che si tratta di uno dei primi studi sulle correlazioni tra spazio ed eventi criminosi mai realizzati e resta pertanto uno degli esempi più virtuosi.

Un altro spunto rilevante dato dal contributo di Rawson riguarda la scelta di mettere in relazione la presenza di reati con gli aspetti demografici del territorio analizzato. Nello studio vennero infatti indagate le correlazioni tra i crimini e la distribuzione degli abitanti in base all'età e al sesso.

Su questo, un ulteriore apporto è stato dato da McKay e Shaw (1940): la base scelta dagli studiosi (le aree composte con le zone censuarie di Chicago) ha suggerito infatti l'uso delle sezioni censuarie per la caratterizzazione dei tessuti urbani di questa ricerca.

Un ulteriore studio che mette in relazione le caratteristiche della popolazione con la presenza di reati è quella svolta a Trento dal gruppo eCrime (2012).

La lista di variabili utilizzata nello studio è stata seguita come traccia per la scelta dei dati demografici descritti nel Capitolo VIII. Questi dati georeferenziati hanno permesso di definire un quadro sulle caratteristiche della popolazione residente nei vari tessuti, successivamente interrelati ai fenomeni criminali.

Sempre in merito allo studio svolto da eCrime a Trento, il criterio utilizzato per la suddivisione della città (limiti amministrativi) è stato riproposto nell'analisi percettiva di questa ricerca. Questo perché, come specificato dagli studiosi trentini, la divisione amministrativa è costituita da confini noti che permette ai cittadini di orientarsi meglio quando sono chiamati a rispondere a delle domande sulla propria città. Nonostante questo, si ritiene che la classificazione amministrativa, sebbene necessaria, rischi di essere troppo rigida e poco connessa alle caratteristiche spaziali della città.

La divisione amministrativa venne utilizzata anche da Guerry (1829) nello studio sui dipartimenti francesi, da cui è emerso un ulteriore suggerimento sulla relazione che ci può essere tra il valore economico della città e la criminalità urbana. Nella ricerca infatti, i dati sulla criminalità vennero messi in relazione allo sviluppo e alla ricchezza dei vari dipartimenti. Questo tipo di correlazione venne indagata anche dai fratelli Brantingham (1970) nello studio sulla città di Tallahassee (Florida), la quale venne suddivisa in gruppi di isolati (*block*) in base al valore degli affitti. Tali spunti sono stati tradotti nella parte applicativa della ricerca con l'attribuzione dei valori immobiliari ai tessuti urbani; ciò ha permesso di indagare la relazione tra questa variabile e la distribuzione dei reati.

Un altro spunto derivante dagli studi dei fratelli Brantingham riguarda la *Crime Pattern Theory*, secondo cui la criminalità è il risultato delle interazioni di persone e di movimenti che avvengono nello spazio e nel tempo in ambito urbano. Lo stesso concetto è emerso anche dalla *Crime Opportunity Theory* di Cornish & Clark (1986) secondo cui il crimine è il risultato di una serie di decisioni prese dall'autore del reato in base a fattori situazionali.

Ulteriore spunto di riflessione su questo tema è emerso dallo studio di Gardland (1996) secondo cui vi è una correlazione tra atti criminali e attività della vita quotidiana.

Questi contributi sono stati fondamentali per avanzare alcune considerazioni sulla distribuzione dei reati a Firenze, situati prevalentemente nel centro storico. Seguendo le teorie enunciate precedentemente, nella seconda parte della tesi è stata verificata l'ipotesi che i crimini si concentrassero prevalentemente nelle zone in cui si registra un maggior afflusso di persone. Come descritto nel capitolo IX, emerge infatti che vi sia una corrispondenza tra le due variabili.

Le cartografie sui reati utilizzate per lo studio delle correlazioni sono state elaborate sul modello di quelle realizzate dal National Institute of Justice americano (1980) per il *Drug Market Analysis Program*, ovvero come mappe di densità. Questo tipo di rappresentazione permette di individuare in maniera efficace gli *hotspot*, nonché i punti della città maggiormente interessati dalla presenza di crimini.

Infine, gli ultimi suggerimenti emersi dal quadro teorico riguardano l'analisi percettiva e l'indagine sulla reputazione dei luoghi in merito alla sicurezza urbana.

In particolare, i contributi che hanno costituito delle guide nella parte sperimentale della tesi sono quelli di:

- Rezvon e Sadra (2017), per l'uso del coefficiente di Pearson nello studio delle correlazioni con la presenza di reati[80](capitolo IX);
- eCrime Trento (2012), Aydin-Yonet e Yirmibesoglu (2009), per l'impostazione da dare alla struttura del questionario (capitolo X);
- Condon, Leber e Maillochon (2007), per l'approfondimento del tema della vittimizzazione, ovvero su come gli attacchi subiti dalle persone influenzano la loro paura quando si trovano negli spazi pubblici. Per includere nell'indagine percettiva questo aspetto sono state inserite delle domande nel questionario utilizzato nella presente ricerca (capitolo X);
- Tulumello (2007), per aver costituito una traccia per l'analisi dei testi della comunicazione, come la rassegna stampa e la documentazione comunale.

[80] L'indice di Pearson è stato utilizzato anche nelle indagini delle correlazioni non strettamente legate agli aspetti percettivi.

SECONDA PARTE

IL CASO STUDIO

Capitolo V

Il quadro normativo di riferimento

Il riconoscimento del legame tra urbanistica e sicurezza e dell'efficacia dell'approccio ambientale nella riduzione del crimine e della percezione di insicurezza ha portato ad un tentativo di standardizzare le riflessioni e le pratiche sviluppate in Europa e nel Nord America (Fasolino et.al., 2018). La finalità di tale sforzo è stata quella di definire a livello europeo "una metodologia comune e condivisa di intervento in materia di sicurezza urbana" (Fasolino et.al., 2018, p. 17).

Le principali norme europee

La prima norma europea che mette in relazione i due ambiti disciplinari di interesse - urbanistica e sicurezza - è il rapporto tecnico CEN/TR 14383-2, approvato nel 2007 dal CEN (Comitato Europeo di standardizzazione)[81] e recepito successivamente dal rapporto UNI CEN/TR 14383-2:2010.

Il documento infatti punta a stabilire dei criteri per la prevenzione del crimine attraverso la pianificazione urbanistica.

In particolare, fornisce delle linee guida sui metodi di valutazione del rischio di crimini e/o della paura del crimine e le misure, le procedure e i processi volti a ridurre questi rischi.

[81] Per stabilire tali criteri il CEN istituì nel 1995 un comitato tecnico (CEN/TC-325) costituito da rappresentanti di vari Paesi europei, subentrati in anni diversi: Danimarca, Gran Bretagna, Olanda, Francia, Svezia, Austra, Italia, Spagna, Belgio, Svizzera, Estonia (Fasolino et.al., 2018).

Inoltre, il rapporto CEN contiene i requisiti prestazionali per la prevenzione del crimine nelle aree residenziali esistenti o di nuova costruzione[82] (Fasolino et.al., 2018).

"Nonostante si possa ritenere la normativa CEN/TR 14383-2: 2007 potenzialmente efficace, non ci sono molti riscontri in merito alla sua applicazione concreta in progetti di pianificazione urbanistica in nessuno dei paesi europei che hanno preso parte alla sua realizzazione, eccezion fatta per le azioni del LabQus[83]" (Chiodi, 2014; Fasolino et.al., 2018, p. 20).

In termini di sperimentazione dello standard europeo, la normativa più avanzata in Europa è la legge francese L 73/1995, messa in pratica nel 2007.

Tale norma introduce nel Codice dell'urbanistica l'obbligo di redigere studi di impatto sulla sicurezza (ESSP) per ottenere l'autorizzazione edilizia per progetti urbani di un certo rilievo: estensione di oltre 100.000 mq per aree urbane in cui risiedono più di 100.000 abitanti; realizzazione di edifici pubblici ricadenti in un perimetro prestabilito o con capacità minima di 1500 persone (Acierno, 2010).

Un altro strumento adottato nel contesto francese è il *Contrat local de Sècuritè* (CLS), introdotto dalla Circolare interministeriale 28/10/2007[84].

Si tratta di un contratto non obbligatorio stipulato tra gli attori responsabili della gestione della sicurezza volto ad istituire azioni in collaborazione con i vari attori nella lotta contro la delinquenza e per promuovere la cittadinanza.

Sebbene i contratti locali non prevedano necessariamente azioni di carattere urbanistico, è stato ritenuto importante riportarli per citare l'esperienza della città di Lione. In questo caso, infatti, tramite il patto per la sicurezza è stato istituito un gruppo di lavoro (*Prèvention Situationelle*) che ha introdotto i principi dell'approccio ambientale nella gestione della sicurezza (Fasolino et.al., 2018).

Nel contesto anglosassone invece, la normativa di riferimento in materia di sicurezza è la legge *Crime and Disorder Act* del 1998, la cui disciplina non predispone degli obblighi normativi specifici in materia, ma attribuisce agli Enti locali le competenze inerenti la sicurezza urbana.

---

[82] La norma, data la sua natura pratica, è stata tradotta in un manuale operativo in quattro lingue grazie al finanziamento del progetto UE AGIS-Action Safepolis 2006-2007 (Fasolino et.al., 2018). Il Manuale *Pianificazione, disegno urbano, gestione degli spazi per la sicurezza* "è il risultato del lavoro congiunto di esperti di sicurezza urbana appartenenti a tre istituzioni di riferimento nel settore: il Laboratorio Qualità urbana e Sicurezza del Politecnico di Milano, la Mission Etudes Sécurité de l'Institut d'aménagement et d'urbanisme de la région d'Ile-de-France e i Servizi Politiche per la sicurezza e la polizia locale e Riqualificazione Urbana della Regione Emilia-Romagna" (Commissione Europea, 2007, p.7).

[83] Laboratorio di Qualità Urbana e Sicurezza nato negli anni '90 dalla volontà di Clara Cardia, docente della Facoltà di Architettura del Politecnico di Milano dopo essere stata allieva e assistente di Oscar Newman. Il LabQus è oggi diretto dall'Arch. Umberto Nicolini (*www.labqus.net*).

[84] I patti per la sicurezza italiani sono ispirati ai CLS francesi (Fasolino et.al., 2018).

Le modalità con cui perseguire gli obiettivi di prevenzione del crimine sono state definite dal Ministero dell'interno inglese nel 2004 con la linea guida *Safer Places. The planning System and Crime Prevention* e, nell'anno successivo, con la direttiva *Planning Policy Statement 1: Delivery Sustainable Development*.

A questi due strumenti si aggiunge il *Design Access Statement* (DAS), disciplinato dalla Circolare n. 1/2006 del Department for Communities and Local Government. Il DAS consiste in un report da allegare alle domande di permesso di costruire per attestare la rispondenza dei progetti ai principi generali e di sicurezza urbana contenuti nella linea guida *Safer Place* e nella direttiva *Planning Policy Statement 1*.

Alcuni Enti locali si sono infine dotati di strumenti tecnici dettagliati per la valutazione dei progetti in materia di sicurezza. Tra questi vi è il *Crime Impact Statement*, introdotto dalla Greater Manchester Police, considerato uno degli strumenti più avanzati del Regno Unito in ambito dell'approccio ambientale alla sicurezza urbana (Fasolino et.al., 2018).

Tra i principali strumenti normativi europei in materia di sicurezza urbana vi è inoltre il *Police Label Secure Housing*, un sistema di certificazione creato in Olanda nel 1996.

Questo strumento, adottato dal governo olandese e applicato obbligatoriamente dal 2004 alle nuove costruzioni, nasce sulla scia del sistema di certificazione inglese (*Secure by Design*), ma con una maggiore attenzione agli aspetti di pianificazione urbanistica. Consiste in una sorta di certificazione di qualità, con una validità di dieci anni, che viene rilasciata a singoli immobili o interi quartieri che rispettano determinati requisiti di sicurezza.

Tale documentazione punta a garantire sicurezza sia in relazione al rischio reale di subire reati predatori, sia percepito (Armitage e Pascoae, 2018).

La normativa nazionale

Nel contesto italiano, "la regolazione in materia di sicurezza [...] ha seguito diverse fasi passando da un limitato interesse iniziale per poi arrivare, negli anni novanta, alla ricerca di un ruolo attivo da parte degli amministratori locali e, infine, ad una fase che potremmo definire emergenziale che caratterizza gli ultimi anni" (Totaforti, 2010, p.26).

Sin dall'inizio, l'Italia ha affrontato il tema della sicurezza urbana con un approccio prevalentemente politico; non si riscontra pertanto l'esistenza di strumenti normativi legati al governo del territorio o studi preliminari obbligatori sugli impatti degli interventi in termini di sicurezza.

Per quanto riguarda i soggetti competenti in materia di sicurezza urbana, "l'introduzione nel 1993 dell'elezione diretta dei sindaci, il decentramento amministrativo e il trasferimento di funzioni dallo Stato alle Regioni e agli Enti locali - attuato con la L. 59/1997 e il D.Lgs. 112/1998 - e la riforma costituzionale del 2001 - che ha modificato il Titolo V della Parte seconda della Costituzione - hanno portato alla rivendicazione, da parte degli Enti locali, di un ruolo sempre maggiore nelle politiche della sicurezza urbana, in osservanza al principio di sussidiarietà e, dunque, all'opportunità di allocare funzioni e poteri pubblici ai livelli istituzionali più vicini al cittadino.

È stato evidenziato che, pur essendo riservata alla competenza statale la tutela dell'ordine e della sicurezza pubblica, ad esclusione della polizia amministrativa locale, per raggiungere livelli di sicurezza adeguati, anche in considerazione dell'aumento di alcuni fenomeni (immigrazione clandestina, prostituzione, traffico di sostanze stupefacenti) è necessaria la collaborazione tra istituzioni centrali e locali nel campo della sicurezza"[85].

I primi strumenti messi in campo per favorire la cooperazione tra Stato e Enti locali in materia di sicurezza sono stati i Protocolli d'intesa e i Patti per la sicurezza, introdotti nel 1998 con l'obiettivo di rafforzare la "reciproca collaborazione fra gli organi dello Stato, le regioni e le amministrazioni locali, per conseguire specifici obiettivi di rafforzamento delle condizioni di sicurezza delle città e del territorio extraurbano" (Antonelli, 2010, p. 135)[86].

Con l'applicazione di questi strumenti è emerso sin da subito un approccio al tema della sicurezza di natura repressiva e incentrato principalmente sul controllo formale degli spazi. Tale indirizzo si concretizza, successivamente, con l'emanazione della L. 125/2008 con cui vengono introdotte le ordinanze sindacali, provvedimenti che si applicano in particolari condizioni dove prevalgono il degrado e l'isolamento, da cui derivano fenomeni di spaccio, tossicodipendenza, *incivilities*, etc. (Fasolino et.al., 2018).

La legge citata attribuisce infatti ai sindaci i poteri in tema di sicurezza pubblica, precedentemente di competenza statale.

In seguito a questa prima fase, in Italia ha preso avvio una seconda stagione in cui gli strumenti sopra citati sono stati dotati di una base normativa costituita dalla L. 296/2006 (Legge finanziaria 2007).

La norma autorizza i prefetti a stipulare convenzioni con regioni e Enti locali al fine di realizzare "programmi straordinari di incremento dei servizi di polizia, di soccorso tecnico urgente e per la sicurezza dei cittadini" (L. 296/2006, art. 1, c. 439).

---

[85] *www.camera.it/cartellecomuni/leg15/RapportoAttivitaCommissioni/testi/01/01_cap25_sch03.htm*

[86] Nel periodo 1998-2006 sono stati sottoscritti più di 250 Protocolli d'intesa tra prefetti e rappresentanti delle amministrazioni locali; il primo fu quello di Modena (Fasolino et.al., 2018). Per quanto riguarda invece i Patti per la sicurezza, nello stesso periodo ne sono stati attivati più di 400 sul territorio nazionale (Antonelli, 2010; Fasolino et.al., 2018).

In seguito, è stato stipulato il "*patto per la sicurezza tra il Ministero dell'interno e l'ANCI* (20/03/2007), attraverso il quale vengono fissati i presupposti per lo sviluppo, con i Comuni italiani, di progetti condivisi in materia di sicurezza, unitamente a un'intesa stipulata con i sindaci delle città metropolitane" (Ministero dell'interno, 2007; Fasolino et.al., 2018, p. 23).

L'introduzione di questo accordo ha portato alla stipula di 16 Patti per la sicurezza, 2 Accordi regionali, 2 Protocolli per la sicurezza tra istituzioni locali, nonché numerose Intese Governo-Regioni.

Un importante sviluppo in materia normativa nazionale sul tema della sicurezza in relazione alla disciplina urbanistica si ha con l'emanazione del DM 5 agosto 2008, che definisce, oltre al concetto di incolumità pubblica', quello di 'sicurezza urbana' (vds. paragrafo 1).

Tale concetto viene ripreso e rafforzato dalla L. 48/2017 'Legge Sicurezza' (conversione, con modificazioni, Decreto-Legge 14/2017 *Disposizioni urgenti in materia di sicurezza delle città*), che lo definisce come "bene pubblico che afferisce alla vivibilità e al decoro delle città, da perseguire anche attraverso interventi di riqualificazione, anche urbanistica, sociale e culturale, e recupero delle aree o dei siti degradati [...]" (art. 4).

Pertanto, la legge contribuisce a rafforzare ulteriormente il rapporto tra sicurezza e urbanistica.

Vi è infine una Circolare del Ministero dell'Interno prot. n. 11011/123/111 (3) che punta a valorizzare le misure di tutela della sicurezza e del decoro urbano.

Attualmente il riferimento normativo in materia di sicurezza è la L. 77/2019 che costituisce la conversione in legge, con modificazioni, del Decreto-Legge 14 giugno 2019, n. 53 (Decreto Sicurezza Bis) recante *Disposizioni urgenti in materia di ordine e sicurezza pubblica* (aggiornamento del Decreto Sicurezza 4 ottobre 2018, n. 113). Sebbene la norma non introduca importanti novità dal punto di vista della relazione tra sicurezza e disciplina urbanistica, è stato ritenuto importante riportarla nel quadro normativo poiché costituisce, a livello nazionale, il riferimento più aggiornato in materia di sicurezza.

	1995	1996	1998	2004	2005	2006	2007	2008	2010	2017	2019
							Rapporto CEN/TR 14383-2: stabilisce criteri di prevenzione del crimine attraverso la pianificazione urbanistica		**UNI CEN/TR 14383-2: 2010:** recepisce il rapporto CEN/TR 14383-2		
	L 73/1995: obbligo di redigere studi di impatto sulla sicurezza (ESSP) per ottenere l'autorizzazione edilizia per progetti urbani di un certo rilievo						- Attuazione della **L 73/1995** - **Circolare 28/10/2007: Contract Local de Securité** per azioni di collaborazione tra diversi attori				
			Legge **Crime and Sorder Act:** attribuisce agli Enti locali delle competenze inerenti la sicurezza urbana	Linee Guida **Safer Place** (Ministero dell'Interno	Direttiva **Planning Policy Statement 1**	Circolare n. 1/2006: **Design Access Statment (DAS)**					
				Modalità con cui perseguire obiettivi di sicurezza urbana							
		Introduzione del **Police Label Secure Housing:** sistema di certificazione della sicurezza urbana		**I Police Label Secure Housing** diventano obbligatori							
			Protocolli d'Intesa e **Patti per la sicurezza:** rafforzano la collaborazione tra enti per il miglioramento della sicurezza			**L. 296/2006:** autorizza i prefetti a stipulare convenzioni con regioni e Enti locali per realizzare programmi straordinari	**Patto per la sicurezza tra il Ministero dell'Interno e l'ANCI (20/03/2007)** per lo sviluppo di progetti condivisi in materia di sicurezza	- **L. 125/2008:** introduce le ordinanze sindacali - **DM 5 agosto 2008:** definisce il concetto di sicurezza urbana		- **L. 48/2017 Legge Sicurezza:** definisce la sicurezza urbana come bene pubblico - **Circolare del Ministero dell'Interno prot. n. 1101/123/111:** valorizza gli strumenti introdotti con la Legge Sicurezza	**L. 77/2019:** attuale riferimento normativo in materia di sicurezza.

Figura 3- Schema sintetico delle principali norme descritte.

Capitolo VI

Tendenze evolutive della criminalità

Forme di criminalità

Prima di analizzare gli andamenti dei fenomeni criminosi si ritiene opportuno fare un po' di chiarezza su alcune definizioni relative alla criminalità.

La criminalità si riferisce esclusivamente ai comportamenti che violano la legge e si distingue prevalentemente in tre grandi categorie:

- criminalità organizzata, definita come la forma di delinquenza associata che presuppone un'organizzazione stabile di più persone al fine di commettere più reati, per ottenere, direttamente o indirettamente, vantaggi finanziari o materiali;
- criminalità dei colletti bianchi (o criminalità economica), caratterizzata dai delitti compiuti da "una persona rispettabile, o almeno rispettata, appartenente alla classe superiore, che commette un reato nel corso dell'attività professionale, violando la fiducia formalmente o implicitamente attribuitagli" (Sutherland, 1949). Ne fanno parte reati bancari, frodi, etc.;
- criminalità predatoria, in cui rientrano i reati caratterizzati dall'uso della forza o dell'astuzia per ledere una persona o per impadronirsi dei beni mobili altrui e che comportano, di solito, un contatto fisico diretto tra il reo e la vittima (o il bene). A questa categoria viene associata generalmente la microcriminalità, che consiste nel "complesso dei reati di piccola delinquenza (borseggi, scippi, furti in appartamenti, etc.) compiuti soprattutto da giovani e da giovanissimi" (Enciclopedia Treccani).

Nella ricerca si è scelto di trattare la terza tipologia di criminalità, poiché si ritiene che i reati predatori siano quelli caratterizzati da una maggiore connotazione spaziale, quindi più legati alla forma e all'organizzazione urbana.

Per agevolare la lettura del lavoro si riportano di seguito alcune definizioni, riportate nel Codice penale, dei principali tipi di reati che vengono descritti e analizzati in questo lavoro.

I reati predatori si dividono prevalentemente in due grandi famiglie, quelli commessi contro il patrimonio e quelli contro la persona.

Tra i crimini commessi contro il patrimonio vi sono i danneggiamenti, comportamenti che si estrinsecano nel distruggere, deteriorare, disperdere o rendere inservibile - in maniera totale o parziale - un bene mobile o immobile altrui oppure di pubblica utilità (art. 635).

Sempre in merito alla prima famiglia vi sono i furti, che si verificano quando qualcuno si impossessa di cose mobili altrui, sottraendole a chi le detiene, al fine di trarne profitto per sé o per altri (art. 624 bis). A seconda del contesto in cui si verificano, si definiscono:

a. furto in abitazione: il reato avviene mediante introduzione in un edificio o in altro luogo destinato in tutto o in parte a privata dimora o nelle pertinenze di essa;
b. furto con strappo (più conosciuto come 'scippo'): il reato avviene strappando di mano o di dosso l'oggetto alla persona;
c. furto con destrezza: rientra tra le ipotesi di furto aggravato ed avviene quando il ladro si distingue per una particolare rapidità e capacità a sottrarre un bene sotto la sorveglianza della vittima (ne è un classico esempio il borseggio).

Una tipologia di reato simile al furto è la rapina, ma che si distingue poiché prevede la sottrazione del bene mediante violenza alla persona o minaccia (art. 628).

Per quanto riguarda i reati contro la persona vi sono, oltre ai più noti omicidi e violenze sessuali, le lesioni dolose, che consistono nell'infliggere volontariamente a qualcuno una lesione personale, dalla quale deriva una malattia nel corpo o nella mente (art.582).

"Le lesioni [...] si distinguono a seconda della gravità delle lesioni inferte.

Si tratta di un reato composito, che comprende al suo interno comportamenti simili, ma che possono avvenire in contesti e per motivazioni assai diverse e nell'ambito di relazioni interpersonali, oppure tra estranei, nello spazio pubblico" (FISU, 2014, p.26) Un delitto simile è quello delle percosse, che consiste nell'arrecare intenzionalmente un'offesa ingiusta ad un'altra persona, senza, però, che da essa derivi una malattia nel corpo o della mente (art. 581).

Il contesto nazionale

I dati riportati nel presente paragrafo fanno principalmente riferimento ad una ricerca condotta dal FISU (Forum Italiano per la Sicurezza Urbana) - pubblicata nel 2014 - in cui vengono analizzati gli andamenti dei reati in Italia dalla metà degli anni cinquanta ad oggi.

Partendo da un inquadramento di respiro internazionale, dallo studio emerge che a partire dagli anni '70 si è evidenziato un consistente aumento dei tassi di criminalità per molte categorie di reato. Il fenomeno si è verificato inizialmente negli Stati Uniti per poi diffondersi negli anni successivi anche in Europa.

A questa fase di crescita ne è seguita una con una tendenza evolutiva opposta in cui si è verificata una generale riduzione dei tassi di criminalità in molti paesi e con dinamiche diverse.

Negli Stati Uniti, tutti i tipi di reati sono diminuiti rapidamente in maniera consistente e continua nell'arco di vent'anni.

In Europa il fenomeno di decrescita dei reati si è verificato successivamente e con una natura più frammentata, riguardando solo alcuni tipi di reati e con andamenti diversi nei vari Paesi (Killias, Aebi, 2000; Aebi, Linde 2012; FISU, 2014). In questo contesto, l'Italia presenta tassi di criminalità in linea con il generale andamento europeo, sebbene con valori medi più bassi.

Infatti, "il tasso dei reati denunciati ogni 100.000 abitanti in Italia è in media circa la metà di quello della Germania e del Regno Unito e poco meno della metà di quello della Francia"[87] (FISU, 2014, p.13).

In particolare, la crescita dei reati italiani inizia ad arrestarsi dal 1991 per poi proseguire nel tempo con un andamento fluttuante.

Andando ad analizzare nello specifico gli andamenti dei diversi tipi di reato, è possibile affermare che nel contesto europeo ve ne siano alcuni indubbiamente diminuiti[88], come gli omicidi e i furti di auto (FISU, 2014).

Furti e rapine

In Italia i furti costituiscono la quota preponderante dei reati contro la proprietà, condizionando notevolmente l'andamento della criminalità predatoria.

L'aumento della criminalità che ha caratterizzato l'Italia negli ultimi decenni deriva quindi in particolar modo dall'aumento dei furti.

Lo studio condotto dal FISU mostra che nel periodo 1955-2013 i primi segni di crescita dei furti si hanno a partire dagli inizi degli anni '70, per poi raggiungere un picco assai elevato nei primi anni '90[89].

---

[87] Lo studio condotto dalla FISU ha messo a confronto gli andamenti dei reati di quattro Paesi europei: Regno Unito, Germania, Francia e Italia. "La comparazione dei dati delle denunce fra diversi paesi è un'operazione che ci dice assai poco sul reale livello di criminalità, in quanto in ogni Paese esistono definizioni legali diverse, procedure statistiche diverse ed anche diverse modalità di 'conteggio' dei reati, nonché una diversa propensione alla denuncia dei reati. La comparazione tra Paesi basata su dati ufficiali, quindi, può essere utile per cogliere gli andamenti nel tempo, dei reati, ma assai meno per confrontare i volumi di criminalità (Aebi, 2010; Herrendorf, 2012)" (FISU, 2014, P.13-14).

[88] Per l'Europa, l'assenza di inchieste di vittimizzazione a livello europeo o anche soltanto di inchieste nazionali comparabili e continuative impedisce (se non per alcuni casi e alcuni reati) di verificare se, oltre ad un calo delle denunce, sia in corso anche un calo della criminalità reale. L'unico Paese nel quale si conducono con regolarità, da oltre trent'anni, inchieste di vittimizzazione è la Gran Bretagna (più precisamente, Inghilterra e Galles). In questo contesto si è verificato - e si è confermato, appunto, con le inchieste di vittimizzazione - che il calo della criminalità avvenuto più tardi rispetto agli Stati Uniti è comunque importante e duraturo.

[89] "Nonostante dal 1991 il numero di furti sia diminuito, essi sono ancora oggi circa sei volte di più che negli anni '70" (FISU, 2014, p.17).

In seguito, l'andamento di questo tipo di reato è più fluttuante con picchi e cadute fino al 2013 (FISU, 2014).

Andando ad analizzare nello specifico i diversi tipi di furti (in abitazione, in esercizi commerciali e borseggi) è possibile constatare che quelli in appartamento e i borseggi[90] sono diminuiti per un breve periodo a partire dai primi anni 2000 e hanno ripreso a crescere dal 2008.

Per quanto concerne i furti negli esercizi commerciali invece non si riscontrano significative riduzioni del trend, bensì un aumento, sebbene in un ciclo con alcune oscillazioni (FISU, 2014).

I dati descritti nello studio del FISU dimostrano inoltre che si sia verificato "un crollo avvenuto per tutte e tre le tipologie di reato in corrispondenza del 2004, che è da attribuirsi all'introduzione del nuovo sistema di rilevazione dei reati denominato SDI, il quale in questa prima fase ha prodotto [...] dati poco attendibili per alcune particolari fattispecie delittuose" (FISU, 2014, p.19).

Per quanto riguarda le rapine, negli ultimi decenni in Italia si registra una riduzione meno marcata di questo tipo di reato rispetto ad altri paesi europei come Francia, Regno Unito e Germania.

In particolare, le rapine hanno avuto un espansione considerevole negli anni '80, per poi proseguire con un andamento in salita negli anni successivi con due picchi registrati rispettivamente nel 1988 e nel 1993.

Il livello più alto del fenomeno si registra tra il 2005 e il 2006, cui segue un crollo nel 2008 che riporta i dati con valori simili a quelli registrati nei primi anni '90. Negli ultimi anni il reato di rapina è di nuovo in crescita (FISU, 2014).

Omicidi

L'analisi delle tendenze degli omicidi in Italia è stata fatta per il periodo 1975-2011 tenendo distinto il genere della vittima, poiché i dati relativi agli assassini di uomini e di donne presentano valori e andamenti diversi. Nonostante questo, in linea generale gli omicidi nel nostro Paese sono in costante diminuzione per entrambi i sessi (FISU, 2014).

Per quanto riguarda gli omicidi di uomini, si riscontrano due momenti di crescita, a metà degli anni '80 e agli inizi degli anni '90, seguiti da un andamento decrescente e costante che ha portato a valori simili alla media europea.

"Per molti paesi europei gli omicidi oggi toccano il minimo storico degli ultimi trenta o quarant'anni" (FISU, 2014, p.22).

---

[90] "La diminuzione degli scippi è attribuibile in buona parte alle trasformazioni nel mercato delle droghe e nelle forme di assunzione. Lo scippo ha rappresentato, infatti, un reato di strada in genere collegato alla situazione di tossicodipendenza. Con il ridursi del consumo di eroina nelle forme tradizionali degli anni Settanta e Ottanta, anche lo scippo è andato riducendosi, così confermando che le trasformazioni dei mercati degli stupefacenti possono avere effetti importante su altre forme di criminalità collegata (Morgan, 2014)" (FISU, 2014, p. 21).

Valori elevati di omicidi di maschi si registrano in particolare negli anni 1978-1982 e "poi di nuovo alla fine degli anni Ottanta e fino al 1992, quando il tasso ha toccato la non trascurabile cifra di 5 omicidi ogni 100.000 abitanti, il doppio della media europea nello stesso periodo" (FISU, 2014, p.23).

I picchi registrati nei due periodi considerati "vengono unanimemente attribuiti agli omicidi commessi nell'ambito della criminalità organizzata (Ministero dell'Interno, 2011)" (FISU, 2014, p.23).

Successivamente, il declino di questo fenomeno culmina nel 2011, quando i valori degli omicidi raggiungono il loro minimo storico (FISU, 2014).

Analizzando i dati sugli omicidi delle donne, invece, è possibile affermare che il numero di assassini verificati in Italia (e più in generale nel sud europeo) è stato sempre inferiore a quello registrato nelle aree europee più avanzate.

I valori più bassi del periodo analizzato si registrano nel 2008 e nel 2011, all'interno di un andamento più decrescente degli altri paesi del Sud dell'Europa (FISU, 2014). "Questo può far ipotizzare che in paesi caratterizzati da livelli più elevati di eguaglianza di genere, come il Nord e l'Ovest dell'Europa, quella che è diminuita sia proprio la quota di donne uccise per 'motivi di genere', mentre nel Sud dell'Europa rimane uno 'zoccolo duro' che, se pure eroso nel caso italiano almeno negli ultimi anni, sembra più resistente al cambiamento" (FISU, 2014, p.24).

Lesioni personali dolose

Le informazioni necessarie ad analizzare gli andamenti di questo tipo di reato sono spesso insufficienti poiché, rispetto ai reati precedenti, le lesioni personali dolose sono un tipo di crimine "composito", ovvero "che comprende al suo interno comportamenti simili ma che possono avvenire in contesti e per motivazioni assai diverse nell'ambito di relazioni interpersonali, oppure tra estranei, nello spazio pubblico" (FISU, 2014, p.26). Le riflessioni che si possono desumere quindi, si basano sulle denunce di questo tipo di reato che, secondo le statistiche criminali, sono aumentate in maniera consistente nei primi anni '90 in Italia come in altri contesti europei[91]. Da quel momento in poi nel nostro Paese sono cresciute in maniera esponenziale fino ad arrivare al 2012 in cui si raggiunge il picco massimo storico di 70.000 denunce, quasi 120 denunce ogni 100.000 abitanti (FISU, 2014).

[91] I dati dell'*European Sourcebook* relativi a otto Paesi europei evidenziano che le denunce per questo reato crescono in maniera costante dal 1990 (FISU, 2014). "Viste le diverse definizioni giuridiche adottate dai singoli paesi per il reato di lesioni personali dolose, le comparazioni con altri contesti sono quanto mai complesse. Tuttavia, gli studi nazionali confermano che le lesioni personali gravi, e meno gravi, rimangono un fenomeno in crescita in particolare nei paesi nordici (von Hofer, Lappi-Seppala, Westfeld 2012; Kivivuori 2014) [...], in Italia e altri paesi dell'Europa centrale, mentre esse diminuiscono in Inghilterra e Galles" (FISU, 2014, p.28).

Violenza sessuale

I dati a disposizione per analizzare gli andamenti di questo tipo di reato sono estremamente poco rappresentativi del reale andamento del fenomeno, poiché si riferiscono esclusivamente alle denunce dichiarate[92]. Nonostante questo, i valori a disposizione ci consentono comunque di avviare alcune riflessioni.

Nel nostro Paese verso la metà degli anni '50 si registrano circa 2,7 violenze carnali (così definite al tempo) ogni 100.000 abitanti.

Negli anni '80 e poi agli inizi degli anni '90 il numero delle denunce si riduce ulteriormente per poi subire, a partire dal 1996, una forte crescita che nel giro di circa 10 anni porterà ad avere un tasso di denunce tre volte più alto di quello degli anni '50.

Dal 2006 l'andamento delle denunce si stabilizza per poi decrescere a partire dal 2009 (FISU, 2014). Nonostante questo, le denunce di violenze sessuali restano assai più elevate rispetto agli anni '70, sia nel nostro Paese che in altri contesti europei.

---

[92] "Che le denunce di violenze sessuali siano aumentate in maniera straordinaria in molti Paesi europei - e soprattutto, come vedremo, in Italia - non implica che gli stupri nel nostro Paese siano effettivamente aumentati. Potrebbe invece indicare, per esempio, che in questi contesti sono state attuate con successo politiche di incentivazione delle denunce stesse, oppure che sono cambiate le definizioni legali e ampliate le tipologie di reato che costituiscono stupro (e ciò è effettivamente avvenuto in Italia nel 1996) o, ancora, che sono cambiate le routine statistiche, o infine che è cambiato l'atteggiamento degli organi di polizia. L'aumento delle denunce è quindi il risultato di vari fattori che vanno analizzati per ogni contesto nazionale" (FISU, 2014, p.31).

Il caso di Firenze

Per quanto concerne il caso studio, si riporta di seguito un quadro dei dati sui delitti commessi nel Comune di Firenze tra il 2015 e il 2019 fornito dalla Prefettura di Firenze[93].

Numero dei DELITTI COMMESSI nel territorio del						
COMUNE DI FIRENZE	DATI CONSOLIDATI - ANNI					
	2015	2016	2017	2018	2019	Var. % 2018/2019
FURTI	20836	20481	20429	23931	23873	-0,2
Furti con strappo	218	288	302	326	217	-33,4
Furti con destrezza	4604	5611	5624	7082	8324	17,5
Furti in abitazione	2163	1984	1780	2382	2231	-6,3
Furti in esercizi commerciali	1577	1737	1833	1872	1755	-6,3
Furti di autovetture	372	382	335	429	362	-15,6
RAPINE	351	400	443	546	407	-25,5
Rapine in abitazione	29	31	23	47	24	-48,9
Rapine in banca	5	6	4	1	4	300
Rapine in uffici postali	8	5	0	0	0	0
Rapine in esercizi commerciali	54	57	57	89	73	-18
Rapine in pubblica via	204	253	307	349	255	-26,9
STUPEFACENTI	493	572	668	693	750	8,2
Produzione e traffico	18	17	24	23	16	-30,4
Spaccio	356	375	469	534	572	7,1
SFRUTTAMENTO PROSTITUZIONE E PORNOGRAFIA MINORILE	30	19	27	28	43	53,6
LESIONI DOLOSE	664	725	736	804	750	-6,7
PERCOSSE	121	102	123	124	140	12,9
VIOLENZE SESSUALI	57	56	72	98	87	-11,2
OMICIDI VOLONTARI CONSUMATI	1	4	0	4	2	-50
SEQUESTRI DI PERSONA	9	8	7	13	4	-69,2
TOTALE DELITTI	32673	33637	33747	39927	40342	1,04
Fonte: Prefettura di Firenze, dati SDI (STATDEL 2)						

[93] I dati sono stati ottenuti in seguito alla stipula di una convenzione tra la Prefettura di Firenze e il Dipartimento di Architettura dell'Università degli studi di Firenze, firmata il 3 agosto 2020.

Nell'arco dei cinque anni l'andamento del numero totale dei delitti si mantiene complessivamente costante, con un leggero e generale aumento registrato tra il 2017 e il 2018.

Variazioni più consistenti si verificano invece nella fattispecie dei diversi tipi di reati, in particolar modo tra il 2018 e il 2019.

Negli ultimi due anni si registra un consistente calo dei sequestri di persona (-69,2%) e degli omicidi volontari (-50%), seguiti dalle rapine (-25,5%).

Controtendenza vi è invece l'andamento dello sfruttamento della prostituzione e della pornografia minorile, che subisce un aumento considerevole del numero di reati commessi (oltre il 50% in più).

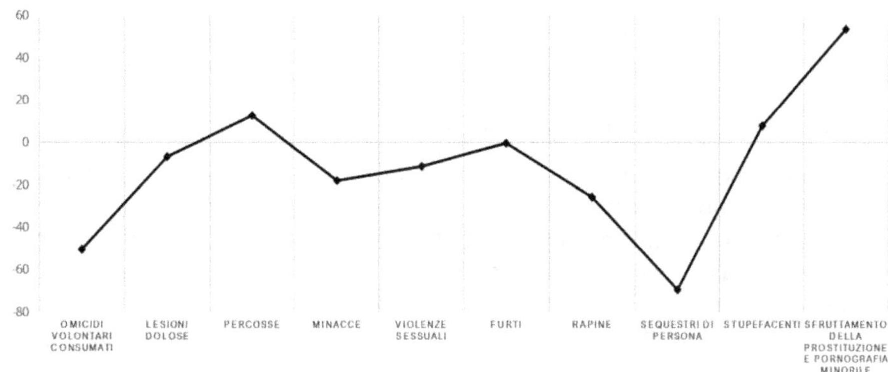

Grafico 1 - Variazione percentuale dei reati negli anni 2018/2019.

Furti e rapine

Nell'arco temporale analizzato il numero di furti totali commessi si mantiene abbastanza costante negli anni 2015-2017 per poi subire un considerevole incremento a partire dal 2018.

Si registra infine, nell'ultimo anno, un leggero calo del numero di furti totali.

Osservando l'andamento dei furti relativo ad ogni tipologia, è possibile notare un costante aumento del numero di furti con destrezza, in particolare tra il 2017 e il 2019.

Restano più costanti invece nel corso del tempo tutte le altre tipologie (furto con strappo, furti di autovetture, furti in abitazione, furti in esercizi commerciali).

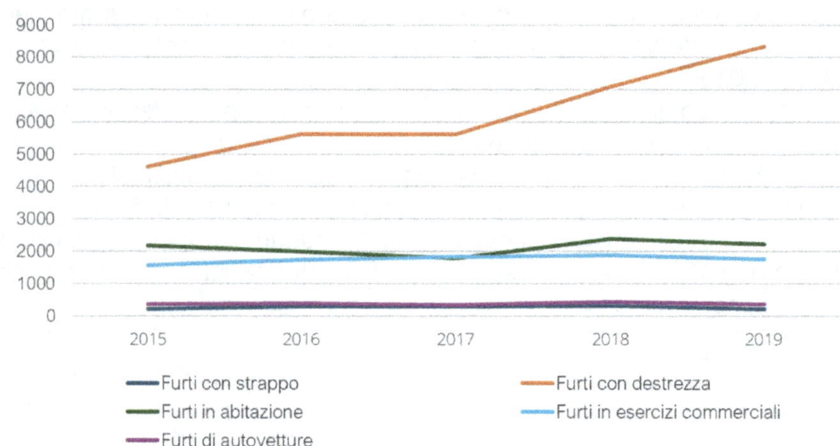

Grafico 2 - Andamento dei furti per tipologia 2015-2019.

Per quanto riguarda le rapine, il numero di casi più elevato si verifica nel 2018, per poi subire una riduzione del 25,5% nell'anno successivo.

Il trend è influenzato principalmente dall'andamento delle rapine in pubblica via, la tipologia più diffusa a livello comunale. Si presentano pertanto con valori molto inferiori (meno di 90 reati in un anno) le altre tipologie di rapine, che negli anni mantengono andamenti costanti complessivamente in leggera decrescita.

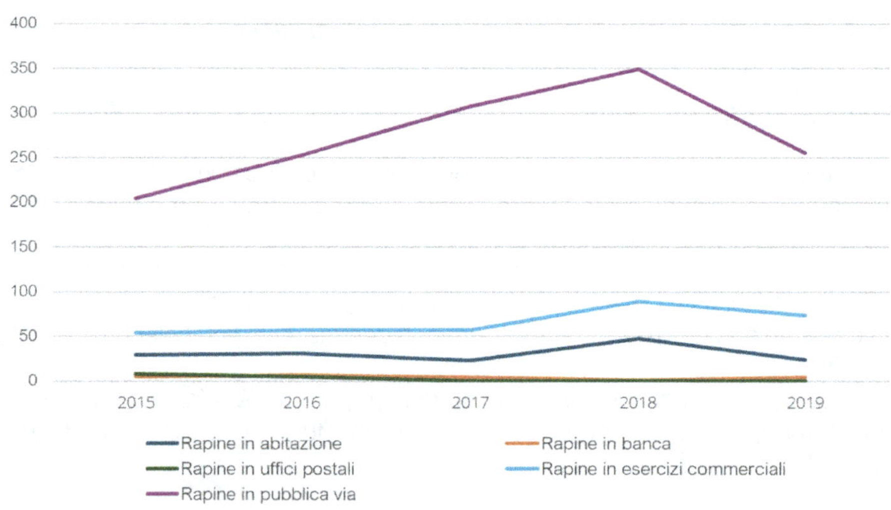

Grafico 3 - Andamento delle rapine per tiologia 2015-2019.

Produzione, traffico e spaccio di sostanze stupefacenti

Per quanto riguarda i crimini legati alla filiera della droga, l'andamento generale dei reati è fortemente condizionato da quello di spaccio, il più diffuso e in progressiva crescita (+7,1% tra il 2018 e il 2019).

Meno diffusi risultano invece i reati di produzione e traffico di droga, che in particolare nell'ultimo anno sono diminuiti circa del 30%.

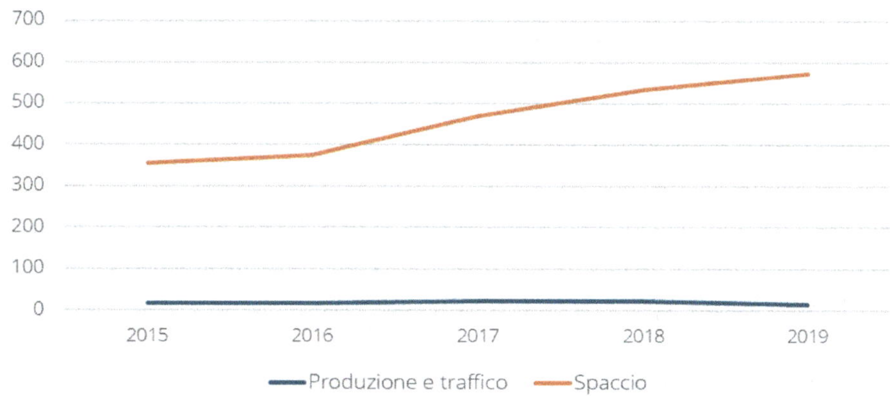

Grafico 4 - Andamento dei reati di produzione, traffico e spaccio di stupefacenti 2015-2019.

Sfruttamento della prostituzione e pornografia minorile

Tra i reati maggiormente in crescita vi sono quelli legati alla prostituzione e alla pornografia minorile.

L'andamento di questa tipologia di reato aumenta in particolar modo nel 2019, dove si assiste ad un incremento di oltre il 50% rispetto al 2018 (43 delitti).

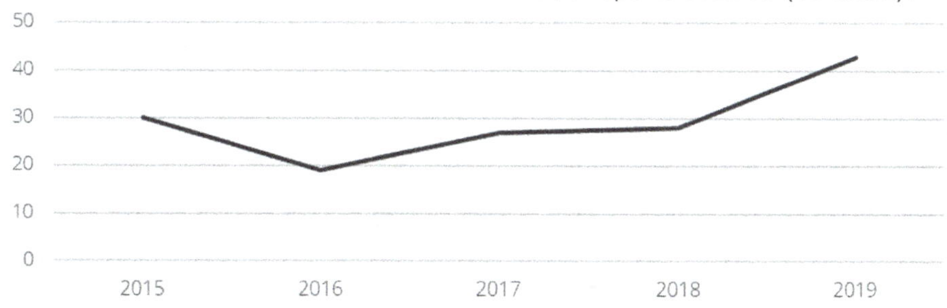

Grafico 5 - Andamento dello sfruttamento della prostituzione e pornografia minorile 2015-2019.

Lesioni personali dolose e percosse

In merito al verificarsi di lesioni dolose, nell'arco temporale analizzato si registra una costante crescita del fenomeno fino al 2018, per poi diminuire del 6,7% nel 2019. Per quanto riguarda le percosse, invece, l'andamento si presenta abbastanza costante fino al 2018, per poi subire un aumento del 12,9% nell'ultimo anno.

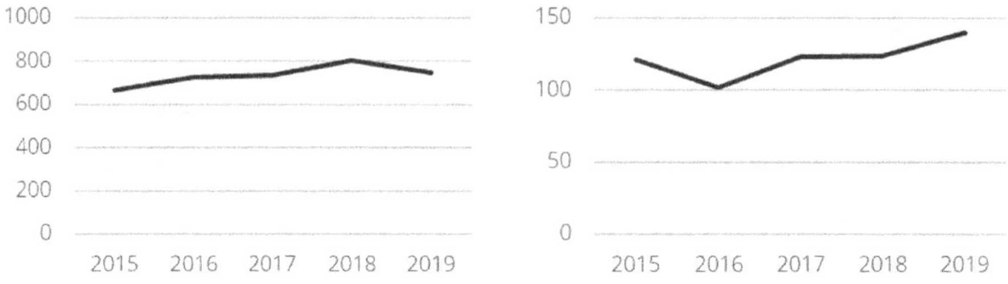

Grafico 6 - A sinistra, l'andamento delle lesioni dolose 2015-2019. A destra, l'andamento delle percosse 2015-2019.

Violenza sessuale

L'andamento di questa tipologia di reato si presenta in costante crescita fino al 2018, quando si registra il numero massimo di violenze sessuali (98).

In seguito, nell'ultimo anno si assiste ad una riduzione del numero di reati dell'11% rispetto al 2018.

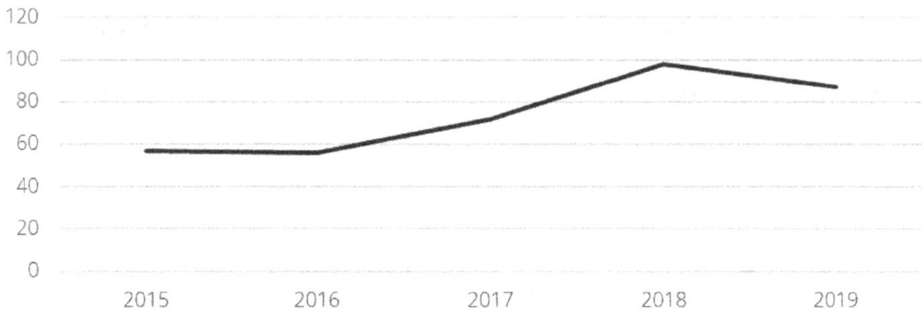

Grafico 7 - Andamento delle violenze sessuali 2015-2019.

Altri reati: omicidi e sequestri di persona

Tra i reati meno frequenti nel Comune di Firenze vi sono i sequestri di persona e gli omicidi volontari.

In merito al primo reato, il maggior numero di sequestri si è verificato nel 2018 (13 delitti), per poi subire una drastica variazione nel 2019 in cui si sono verificati solo 4 sequestri (-69,2%).

Per quanto riguarda gli omicidi, tra il 2016 e il 2019 se ne sono verificati 11, con un massimo di quattro delitti per anno (2016 e 2018).

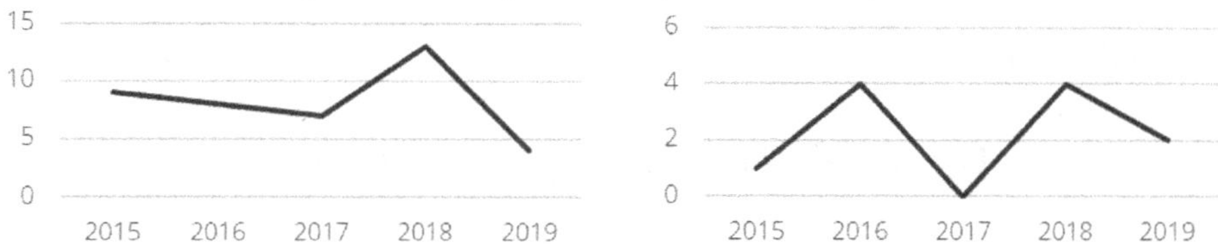

Grafico 8 - A sinistra, l'andamento dei sequestri di persona 2015-2019; a destra, l'andamento degli omicidi volontari consumati 2015-2019.

Capitolo VII

Lo studio della morfologia urbana

Note metodologiche

L'analisi morfo-tipologica della città di Firenze è stata condotta a partire da una fase di osservazione della struttura planimetrica della città.

Le basi cartografiche utilizzate sono state la Carta Tecnica Regionale (CTR) Toscana in scala 1:2000 e l'Ortofotocarta (OFC) al 2016[94].

Per poter elaborare una prima suddivisione della città in tessuti urbani è stato tenuto conto delle seguenti caratteristiche:

- la maglia viaria, con particolare riguardo all'andamento delle strade (rettilineo o curvilineo), alla struttura degli incroci (acuti, ortogonali, etc.) e alla presenza o all'assenza di gerarchia stradale;
- il rapporto tra i pieni (l'edificato) e i vuoti (gli spazi aperti);
- la forma degli isolati (chiusi, semichiusi, aperti, etc.);
- la presenza di edilizia specialistica e relative aree di pertinenza (aree produttive, piattaforme specializzate, emergenze urbane).

Una volta individuate le macro-aree lo studio è stato articolato in tre parti:

1. in una prima fase sono state individuate le configurazioni spaziali che caratterizzano le diverse parti della città;
2. nella seconda, è stata effettuata un'opera di 'scomposizione' delle stesse, cercando di individuarne le componenti dal punto di vista morfologico e dimensionale;
3. nella terza, i *pattern* 'smontati' precedentemente sono stati ricomposti per capirne le regole di composizione dello spazio, quindi le relazioni spaziali (simmetrie, gerarchie, etc.) nonché i loro rapporti geometrici e dimensionali.

[94] La fase osservativa è stata implementata con l'utilizzo di Google Map, nonché la fonte cartografica più aggiornata.

In particolare, i tessuti sono stati classificati in base a:

- tipi edilizi principali;
- densità edilizia media;
- ampiezza media delle strade;
- altezza media degli edifici;
- disposizione dei volumi edilizi rispetto alla viabilità (edifici lungo-strada, arretrati, isolati su lotto, etc.);
- superficie coperta degli isolati;
- presenza di pertinenze private e relative caratteristiche (recinzioni, etc.).

Il metodo di lettura urbana utilizzato nella ricerca si è basato su alcuni fondamenti concettuali, tra cui quello di 'tipo'. Quatremère de Quincy fu uno dei primi studiosi a riflettere sulla differenza tra tale concetto e quello di 'modello': mentre quest'ultimo si presenta come la riproposizione di un elemento definito e concluso, il tipo si caratterizza per la sua natura dinamica ed operativa, nonché la capacità di evolversi nel tempo in risposta ad una o più necessità.

Su questo pensiero si fonderà negli anni '50 la filosofia della scuola di Saverio Muratori che affonda le sue radici nell'idea del tipo inteso appunto come 'modello evolutivo', prodotto di un processo tipologico influenzato dai cambiamenti dettati dal tempo e dallo spazio, nonché dall'esperienza diretta con il reale (Saragosa, 2016).

Secondo il pensiero muratoriano, il tipo è anche "sintesi a priori", "un'astrazione che sta già nella mente di un artefice prima di realizzare una casa, e non è una prefigurazione di uno o pochi aspetti che saranno assunti dal prodotto costruito, ma di tutti insieme: è un vero e proprio organismo, inverante l'intera realtà prima che questa esista fisicamente" (Caniggia, Maffei, 1979). Dal tipo astratto si passa allo spazio organizzato che tenendo conto del contesto acquista la sua unicità, risolvendo i problemi che emergono proprio in quel luogo; questo processo adattivo sviluppandosi conserva la struttura fondamentale esistente, rendendola più complessa e arricchendola passo dopo passo (Saragosa, 2016).

La scuola di Muratori applica il concetto di tipo nell'architettura: analizzando la struttura di un edificio, la scuola di Muratori individua quattro categorie di componenti collegate organicamente e gerarchicamente: elementi, strutture di elementi, sistemi di strutture, organismo di sistemi.

La stessa classificazione è possibile utilizzarla per definire le forme della città: edifici, tessuti, quartieri, città, etc. (Saragosa, 2011).

Sempre legato all'idea di tipo, nello stesso periodo ma in un contesto spazio-culturale ben diverso, Christopher Alexander sviluppa negli Stati Uniti il concetto di *pattern*. Egli ne individua due categorie, *pattern of events* e *pattern of space*: con il primo si intendono tutte quelle azioni che avvengono quotidianamente, comportamenti comuni.

Il secondo, invece, racchiude tutte quelle forme e geometrie che compongono lo spazio fisico.

Entrambi i tipi di *pattern* mostrano delle invarianze strutturali, ma allo stesso tempo si presentano in maniera diversa a seconda del luogo e dell'ambiente culturale in cui si manifestano.

Nei *pattern of space* ciò che rimane invariante è uno schema strutturale che organizza la forma a partire da un elemento assunto come parte essenziale e privilegiata, lo scheletro strutturale, che nonostante sia sottoposto a ripetute contestualizzazioni, mantiene i caratteri identitari di fondo (Saragosa, 2016).

C. Alexander individua 253 *pattern* in tre categorie secondo un preciso ordine gerarchico, inter-scalare e lineare (*towns, buildings, costruction*).

I riferimenti concettuali e metodologici riportati costituiscono il fondamento dello studio delle configurazioni spaziali che caratterizza questa fase della ricerca.

La metodologia adottata è stata fondamentale per definire quali siano gli *interlocking pattern* (Alexander, 1977) che compongono la città a livello di tessuti urbani, studiarne le componenti negli specifici aspetti morfologici e dimensionali e, infine, capirne le relazioni spaziali che ne definiscono il linguaggio costruttivo (Alexander, 1977).

Risultati ottenuti

Sono stati individuati complessivamente 21 tessuti urbani, suddivisi in tre categorie: storici, contemporanei, specialistici ed emergenze urbane.

Tali tessuti sono stati mappati tramite software GIS.

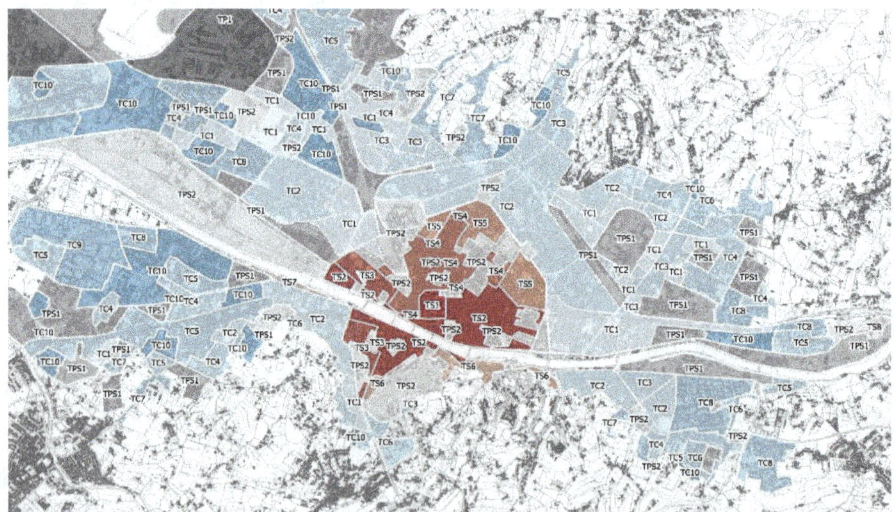

Figura 4 - Estratto della carta dei tessuti urbani della città di Firenze.

Tessuti storici
TS1 - Tessuto a scacchiera compatto
TS2 - Tessuto sinuoso compatto
TS3 - Tessuto con edilizia a pettine
TS4 - Tessuto con composizione a mosaico
TS5 - Tessuto di completamento
TS6 - Tessuto lineare compatto
TS7 - Tessuto con "isolati" lineari
TS8 - Nuclei storici ancora riconoscibili

Tessuti contemporanei
TC1 - Tessuto con isolati chiusi ad alta densità
TC2 - Tessuto con isolati chiusi a densità medio-alta
TC3 - Tessuto con isolati chiusi e semi-chiusi con composizione a pettine
TC4 - Tessuto con isolati porosi
TC5 - Tessuto lineare evoluto
TC6 - Tessuto con edifici residenziali isolati su lotto
TC7 - Tessuto lineare di frangia
TC8 - Grandi blocchi residenziali
TC9 - Grandi blocchi residenziali con ampi spazi aperti
TC10 - Tipologie miste

Tessuti specialistici ed emergenze urbane
TSP1 - Aree produttive
TSP2 - Piattaforme specializzate
TSP2 - Emergenze

Si riporta di seguito l'abaco descrittivo delle caratteristiche morfologiche di ogni tessuto individuato.

Tessuti storici

TS1 - Tessuto a scacchiera compatto

Il tessuto urbano presenta un'alta densità edilizia con un impianto fortemente ortogonale.

Le strade hanno un'ampiezza media di 10 metri; non vi è una specifica gerarchia stradale, né per dimensione né per forma.

Gli isolati sono prevalentemente chiusi, costituiti da edifici di 5-6 piani in linea disposti lungo-strada; i 2/3 della superficie coperta (Sc) totale sono caratterizzati da volumi edilizi con una Sc > 400 mq.

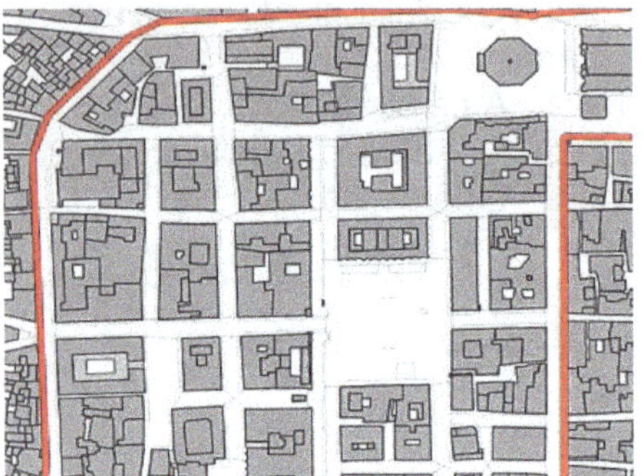

Figura 5 - Individuazione del tessuto TS1 su Carta Tecnica Regionale (CTR) Toscana 2k e su Ortofotocarta (OFC) 2016.

TS2 - Tessuto sinuoso compatto

Il tessuto urbano presenta un'alta densità edilizia con un impianto sinuoso, dove la morfologia urbana segue l'andamento del terreno.

Le strade hanno un'ampiezza media di 6 metri; è leggibile una certa gerarchia stradale, caratterizzata dalla diversa ampiezza delle strade principali e secondarie.

Gli isolati sono per la maggior parte chiusi, costituiti da edifici di 4-5 piani prevalentemente in linea disposti lungo-strada; i 2/3 della superficie coperta (Sc) totale sono caratterizzati da volumi edilizi con una Sc > 300 mq.

Figura 6 - Individuazione del tessuto TS2 su Carta Tecnica Regionale (CTR) Toscana 2k e su Ortofotocarta (OFC) 2016.

TS3 - Tessuto con edilizia a pettine

Il tessuto urbano presenta un'alta densità edilizia con un impianto regolare e gli isolati prevalentemente chiusi. Le strade hanno un'ampiezza media di 7 metri; è leggibile una certa gerarchia stradale, caratterizzata dalla diversa ampiezza delle strade principali e secondarie. Gli edifici, di 3-4 piani sono prevalentemente a schiera e disposti a pettine rispetto agli assi stradali con un rapporto tra fronte stradale e profondità degli edifici di 1:3. I 2/3 della superficie coperta (Sc) totale sono caratterizzati da volumi edilizi con una Sc < 200 mq.

Figura 7 - Individuazione del tessuto TS3 su Carta Tecnica Regionale (CTR) Toscana 2k e su Ortofotocarta (OFC) 2016.

TS4 - Tessuto con composizione a mosaico

Il tessuto urbano presenta un'alta densità edilizia con un impianto regolare. Le strade hanno un'ampiezza media di 12 metri; è leggibile una certa gerarchia stradale, caratterizzata dalla diversa ampiezza delle strade principali e secondarie.

Gli isolati sono prevalentemente chiusi, costituiti da edifici di 3-4 piani prevalentemente a schiera e in linea disposti lungo-strada.

L'assetto urbano è il risultato di una composizione a "mosaico" di volumi edilizi di dimensioni medio-piccole. I 2/3 della superficie coperta (Sc) totale sono caratterizzati da volumi edilizi con una Sc > 200 mq.

Figura 8 - Individuazione del tessuto TS4 su Carta Tecnica Regionale (CTR) Toscana 2k e su Ortofotocarta (OFC) 2016.

TS5 - Tessuto di completamento

Il tessuto urbano presenta una densità edilizia medio-alta.

L'impianto regolare è composto da isolati chiusi costituiti da edifici di 4-5 piani prevalentemente in linea disposti lungo-strada.

L'andamento delle strade segue il naturale prolungamento del tessuto edilizio preesistente, costituendone una sorta di ricucitura con i grandi viali. Le strade hanno un'ampiezza media di 11 metri; non vi è una specifica gerarchia stradale, né per dimensione né per forma.

Figura 9 - Individuazione del tessuto TS5 su Carta Tecnica Regionale (CTR) Toscana 2k e su Ortofotocarta (OFC) 2016.

TS6 - Tessuto lineare compatto

Il tessuto urbano presenta un'alta densità edilizia con un impianto sinuoso, dove la morfologia urbana segue l'andamento del terreno.

La gerarchia stradale risulta molto marcata dalla presenza di un asse viario centrale che costituisce la spina dorsale dell'insediamento. Tale asse si caratterizza per avere un'ampiezza (di circa 6 metri) maggiore rispetto alle vie secondarie, che vi si innestano perpendicolarmente.

Gli edifici, di 4-5 piani, sono prevalentemente a schiera e in linea e sono disposti a pettine lungo l'asse centrale con un rapporto tra fronte stradale e profondità degli edifici di almeno 1:2.

Figura 10 - Individuazione del tessuto TS6 su Carta Tecnica Regionale (CTR) Toscana 2k e su Ortofotocarta (OFC) 2016.

TS7 - Tessuto con "isolati" lineari

Il tessuto urbano presenta un'alta densità edilizia.

Le strade hanno un'ampiezza media di 12 metri; non vi è una specifica gerarchia stradale, né per dimensione né per forma.

L'assenza di una gerarchia urbana è denotata anche da una disposizione lineare degli edifici lungo le strade che non differenzia gli affacci principali da quelli secondari (fronti e retri).

Gli edifici, prevalentemente a schiera e in linea con un'altezza di 2-3 piani, si dispongono lungo le strade con un fronte più ampio della profondità del corpo edilizio in un rapporto medio di 1:2. I 2/3 della superficie coperta (Sc) totale sono caratterizzati da volumi edilizi con una Sc > 200 mq.

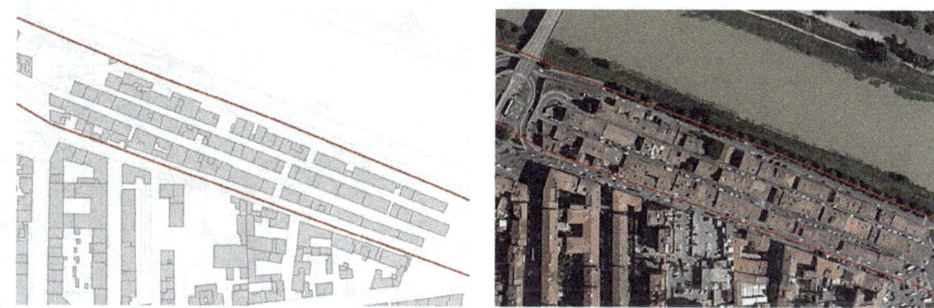

Figura 11 - Individuazione del tessuto TS7 su Carta Tecnica Regionale (CTR) Toscana 2k e su Ortofotocarta (OFC) 2016.

TS8 – Nuclei storici ancora riconoscibili

Si tratta di un nucleo storico di origine rurale che in seguito alla crescita urbana della città è rimasto inglobato tra i tessuti più recenti o è stato soggetto ad un fenomeno di conurbazione.

La gerarchia stradale è segnata dalla presenza di un'asse viario centrale che costituisce la spina dorsale dell'insediamento.

Il tessuto urbano ha una densità edilizia medio-alta con un impianto sinuoso, dove la morfologia urbana segue l'andamento del terreno.

Gli edifici sono prevalentemente a schiera o in linea disposti lungo-strada.

Figura 12 - Individuazione del tessuto TS8 su Carta Tecnica Regionale (CTR) Toscana 2k e su Ortofotocarta (OFC) 2016.

Tessuti contemporanei

TC1 - Tessuto con isolati chiusi ad alta densità

Il tessuto urbano presenta un'alta densità edilizia con un impianto prevalentemente regolare. Gli isolati sono principalmente chiusi, costituiti da edifici di 3-5 piani per la maggior parte in linea disposti lungo-strada. Negli isolati, la superficie coperta media corrisponde a circa il 50% di quella totale.

Le strade presentano un'ampiezza media di 13 metri; è leggibile una certa gerarchia stradale, caratterizzata dalla diversa ampiezza delle strade principali e secondarie.

Figura 13 - Individuazione del tessuto TC1 su Carta Tecnica Regionale (CTR) Toscana 2k e su Ortofotocarta (OFC) 2016.

TC2 - Tessuto con isolati chiusi con densità medio-alta

Il tessuto urbano presenta una densità edilizia medio-alta con un impianto prevalentemente regolare. Gli isolati sono per la maggior parte chiusi, costituiti da edifici di 3-5 piani principalmente in linea disposti lungo-strada. Negli isolati, la superficie coperta media è circa il 45% di quella totale.

Le strade presentano un'ampiezza media di 13 metri; è leggibile una certa gerarchia stradale, caratterizzata dalla diversa ampiezza delle strade principali e secondarie.

Figura 14 - Individuazione del tessuto TC2 su Carta Tecnica Regionale (CTR) Toscana 2k e su Ortofotocarta (OFC) 2016.

TC3 - Tessuto con isolati chiusi e semi-chiusi con composizione a pettine

Il tessuto urbano presenta una densità edilizia media con un impianto regolare.

Le strade hanno un'ampiezza media di 14 metri; non vi è nella maggior parte dei casi una specifica gerarchia stradale, né per dimensione né per forma.

I lotti edificati sono disposti a pettine rispetto agli assi stradali con un rapporto tra fronte stradale e profondità del lotto di 1:3.

Gli isolati sono costituiti da edifici di 2-3 piani disposti lungo-strada, talvolta in posizione leggermente arretrata; i lati degli isolati, prevalentemente chiusi o semi-chiusi, sono caratterizzati da un rapporto di almeno 1:2.

Figura 15 - Individuazione del tessuto TC3 su Carta Tecnica Regionale (CTR) Toscana 2k e su Ortofotocarta (OFC) 2016.

TC4 - Tessuto con isolati porosi

Il tessuto urbano presenta una densità edilizia medio-bassa.

Le strade non hanno un'ampiezza standard e non vi è nella maggior parte dei casi una specifica gerarchia stradale.

Gli edifici, prevalentemente in linea, sono di altezze variabili tra i 3 e i 5 piani e si trovano generalmente a filo strada o in posizione leggermente arretrata; sono inoltre intervallati da spazi aperti che ne garantiscono la permeabilità e/o l'intervisibilità.

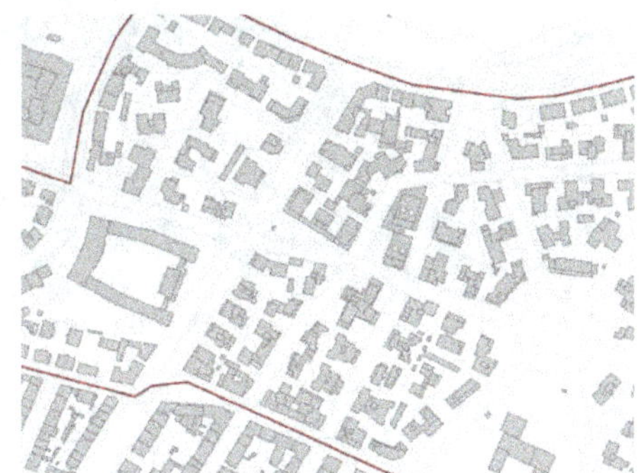

Figura 16 - Individuazione del tessuto TC4 su Carta Tecnica Regionale (CTR) Toscana 2k e su Ortofotocarta (OFC) 2016.

TC5 - Tessuto lineare evoluto

Il tessuto urbano è il risultato dell'evoluzione di un insediamento originariamente di tipo lineare (caratteristiche descritte nel TS6 - Tessuto lineare compatto).

Allontanandosi dall'asse centrale, che resta ben riconoscibile, la densità edilizia diminuisce e l'altezza e la composizione dei volumi edilizi (di diverse tipologie) non sono organiche rispetto al tessuto edilizio preesistente.

Gli isolati sono generalmente aperti, senza specifici rapporti dimensionali.

Figura 17 - Individuazione del tessuto TC5 su Carta Tecnica Regionale (CTR) Toscana 2k e su Ortofotocarta (OFC) 2016.

TC6 - Tessuto con edifici residenziali isolati su lotto

Il tessuto urbano presenta una densità edilizia bassa.

Le strade non hanno un'ampiezza standard e non vi è nella maggior parte dei casi una specifica gerarchia stradale.

Gli edifici, mono o plurifamiliari, si trovano generalmente al centro del lotto con altezze inferiori o uguali a tre piani.

Gli spazi aperti privati sono per la maggior parte recintati e non sono pertanto attraversabili, ma garantiscono l'intervisibilità.

Figura 18 - Individuazione del tessuto TC6 su Carta Tecnica Regionale (CTR) Toscana 2k e su Ortofotocarta (OFC) 2016.

TC7 - Tessuto lineare di frangia

Il tessuto urbano ha una densità edilizia bassa.

La gerarchia stradale è segnata dalla presenza di un'asse viario centrale che costituisce la spina dorsale dell'insediamento. Tale asse si caratterizza per avere un'ampiezza (di circa 8-10 metri) maggiore rispetto alle vie secondarie, che vi si innestano perpendicolarmente.

Gli edifici che vi si affacciano, mono o plurifamiliari, hanno altezze inferiori o uguali a tre piani.

Gli spazi aperti privati sono per la maggior parte recintati e non sono pertanto attraversabili, ma garantiscono l'intervisibilità.

Figura 19 - Individuazione del tessuto TC7 su Carta Tecnica Regionale (CTR) Toscana 2k e su Ortofotocarta (OFC) 2016.

TC8 - Grandi blocchi residenziali

Il tessuto urbano presenta una densità edilizia medio-alta.

Le strade hanno un'ampiezza media di 10-15 metri e non vi è nella maggior parte dei casi una specifica gerarchia stradale.

Gli edifici, prevalentemente in linea, hanno altezze variabili tra i 7 e i 9 piani e si trovano generalmente a filo strada o in posizione leggermente arretrata; sono inoltre intervallati da spazi aperti che ne garantiscono la permeabilità e/o l'intervisibilità.

Figura 20 - Individuazione del tessuto TC8 su Carta Tecnica Regionale (CTR) Toscana 2k e su Ortofotocarta (OFC) 2016.

TC9 - Grandi blocchi residenziali con ampi spazi aperti

Il tessuto urbano ha una densità edilizia bassa.

Le strade presentano un'ampiezza media di 10-15 metri e non vi è nella maggior parte dei casi una specifica gerarchia stradale.

Gli edifici, prevalentemente in linea, hanno altezze variabili tra i 4 e i 7 piani e sono immersi in ampi spazi aperti che ne garantiscono la permeabilità e/o l'intervisibilità.

Figura 21 - Individuazione del tessuto TC9 su Carta Tecnica Regionale (CTR) Toscana 2k e su Ortofotocarta (OFC) 2016.

TC10 - Tipologie miste

Il tessuto urbano si presenta disorganico e disomogeneo.

Non vi sono specifici rapporti dimensionali tra i volumi. Gli edifici, di diverse tipologie, hanno altezze variabili.

Non vi è nella maggior parte dei casi una gerarchia urbana riconoscibile.

Si tratta di un 'tessuto non-tessuto', poiché non segue un disegno urbano complessivo e non vi è possibile identificare specifiche regole costruttive.

Figura 22 - Individuazione del tessuto TC10 su Carta Tecnica Regionale (CTR) Toscana 2k e su Ortofotocarta (OFC) 2016.

Tessuti specialistici ed emergenze urbane

TP1 - Aree produttive

Tessuto specialistico costituito da grandi piattaforme cementate ed edificate dedicate interamente ad attività produttive e commerciali.

Figura 23 - Individuazione del tessuto TP1 su Carta Tecnica Regionale (CTR) Toscana 2k e su Ortofotocarta (OFC) 2016.

TSP1 - Piattaforme specializzate

Aree urbane caratterizzate da una funzione prevalente, in particolare legata ad ambiti infrastrutturali o di servizio.

Si presentano come delle 'isole' aventi specifiche caratteristiche morfologiche e funzionali diverse dal contesto in cui si inseriscono.

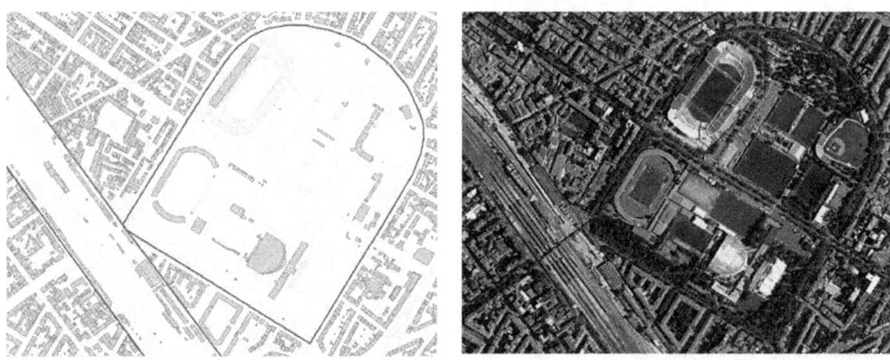

Figura 24 - Individuazione del tessuto TSP1 su Carta Tecnica Regionale (CTR) Toscana 2k e su Ortofotocarta (OFC) 2016.

TSP2 – Emergenze

Edifici o complessi edilizi fuori-scala, generalmente sedi di funzioni pubbliche che, sebbene rappresentino delle eccezionalità, si relazionano con il contesto mediante rapporti morfologici, funzionali e sociali, strutturando l'assetto urbano circostante.

La loro presenza è enfatizzata dalla presenza di ampi spazi pubblici (piazze o slarghi) di fronte alle facciate principali.

Possono presentarsi come singolarità o come sistemi di elementi in cui i volumi e gli spazi aperti si relazionano in maniera coerente e strutturante (temi organici).

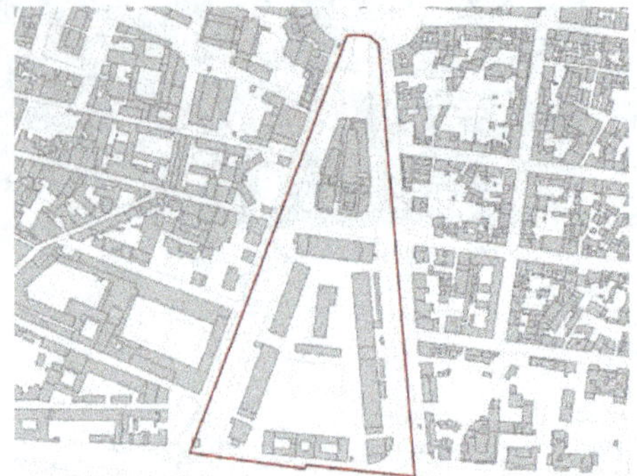

Figura 25 - Individuazione del tessuto TSP2 su Carta Tecnica Regionale (CTR) Toscana 2k e su Ortofotocarta (OFC) 2016.

Capitolo VIII

La caratterizzazione dei tessuti urbani

Note metodologiche

Una volta analizzata la forma urbana di Firenze si è proceduto con uno studio improntato sulla caratterizzazione dei tessuti urbani dal punto di vista funzionale, economico e socio-demografico.

I criteri utilizzati sono stati scelti in relazione alla finalità della ricerca; sono stati pertanto selezionati gli aspetti ritenuti più idonei all'indagine delle correlazioni con la presenza di reati, di seguito riportati.

Aspetti socio-demografici

Al fine di indagare questi aspetti sono state utilizzati i dati del Censimento della popolazione ISTAT 2011. La distribuzione spaziale delle informazioni socio-demografiche è stata individuata, in un primo momento, sommando i valori di tutte le sezioni censuarie contenute in ogni tessuto urbano[95] e calcolando il numero di abitanti per chilometro quadrato di ogni tessuto.

Gli aspetti da approfondire nel corso dell'indagine sono stati scelti in linea con quelli utilizzati nelle ricerche svolte in ambito internazionale, descritte nel Capitolo I.

Le analisi hanno pertanto riguardato i seguenti temi:

1. Residenti (totali, maschi, femmine);
2. Fasce d'età (0-14,15-24, 25-39, 40-59, > 60 anni);
3. Livello di istruzione (alfabeti e analfabeti, licenza elementare, licenza media inferiore e superiore, laurea);
4. Occupazione (studenti, occupati, disoccupati in cerca di occupazione);
5. Pendolari;
6. Stranieri (totali, europei, africani, americani, asiatici).

---

[95] Nei casi in cui i perimetri delle sezioni censuarie non coincidessero con quelli dei tessuti urbani sono stati calcolati dei valori percentuali di ogni sezione in base al volume di edifici presenti.

Sistema della mobilità

Le caratteristiche del sistema della mobilità di ogni tessuto urbano sono state individuate prevalentemente grazie all'utilizzo di open-data geografici pubblicati sul sito del Comune di Firenze[96].

L'analisi ha riguardato:

1. Aree pedonali;
2. Zone a Traffico Limitato (ZTL);
3. Arterie stradali più trafficate[97];
4. Piste ciclabili;
5. Stazioni taxi;
6. Fermate bus;
7. Fermate tramvia.

Nel caso in cui si trattasse di dati areali (1 e 2) la percentuale è stata calcolata in base al rapporto con la superficie totale del tessuto, mentre per i dati lineari (3 e 4) sono stati calcolati i metri o i chilometri che ricadono in ogni tessuto. Infine, per i dati puntuali (5, 6 e 7) è stato calcolato il numero degli stessi ricadenti in ogni tessuto urbano[98].

Principali funzioni e attività della città

La fonte dati e la procedura adottata per questo tipo di analisi sono le stesse di quelle utilizzate per il sistema della mobilità.

L'indagine ha riguardato le seguenti attività:

- Grande e media distribuzione commerciale;
- Commercio di vicinato;
- Rivenditori biglietti Ataf (edicole, tabaccherie)[99];
- Servizi culturali (musei, teatri, biblioteche);
- Scuole (di ogni ordine e grado).

Valori immobiliari

La valutazione immobiliare dei tessuti urbani è stata possibile grazie all'utilizzo delle quotazioni relative alle zone OMI (Osservatorio Mercato Immobiliare) reperite dall'Agenzia delle Entrate.

Per ogni tessuto è stata fatta la media dei valori di mercato (€/mq) delle zone OMI ricadenti in ognuno di essi.

---

[96] *www.opendata.comune.fi.it*

[97] Fonte dato: Catapano C. (2019), *Paura e criminalità a Firenze, proposta metodologica per lo studio dei due fenomeni e delle loro correlazioni*, tesi di laurea in Pianificazione della città, del territorio e del paesaggio, Università degli studi di Firenze.

[98] Tramite la funzione *"Conta i punti nel poligono"* presente sul software QGis è stato individuato il numero di punti totali appartenenti ad ogni tessuto.

[99] È stato ritenuto importante considerare questo tipo di attività in virtù della loro funzione capillare di 'occhio sulla strada'.

Sulla base delle fasce di valori ottenute, è stata elaborata la classificazione illustrata nel successivo paragrafo (risultati ottenuti).

Sistemi di videosorveglianza

La distribuzione dei sistemi di videosorveglianza pubblici all'interno dei vari tessuti è stata individuata con la stessa procedura utilizzata per i dati puntuali delle precedenti elaborazioni[100].

Risultati ottenuti

Aspetti socio-demografici

Dall'analisi socio-demografica è emerso che il maggior numero dei residenti risiede nei tessuti con composizione a pettine, sia quello contemporaneo (TC3) con circa 15790 ab/kmq che quello storico (TS3) con 15657 ab/kmq.
A seguire, vi sono i tessuti caratterizzati da una morfologia più compatta, sia contemporanei (TC1 e TC2) che storici (TS3).
Non si sono riscontrate particolari differenze tra la distribuzione dei maschi e delle femmine.

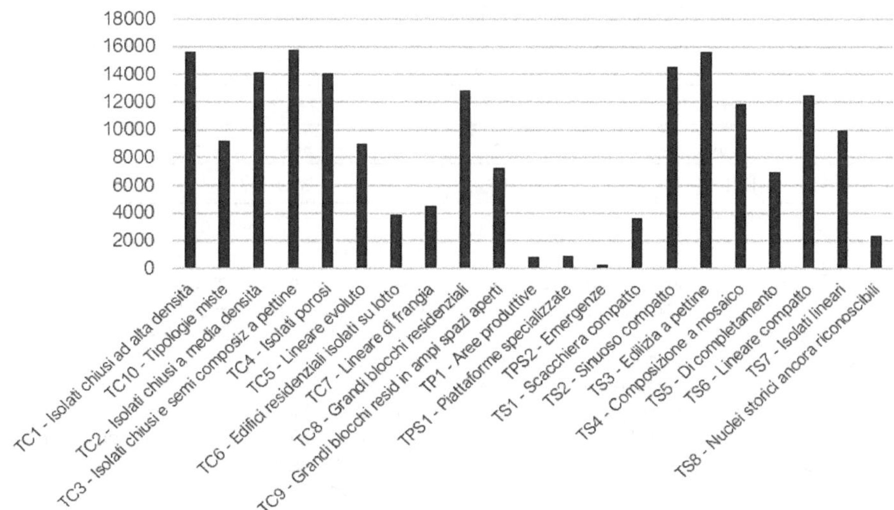

Grafico 9 - Distribuzione dei residenti totali/kmq di ogni tessuto urbano.

[100] Fonte dato (2018): Catapano C. (2019), *Paura e criminalità a Firenze, proposta metodologica per lo studio dei due fenomeni e delle loro correlazioni*, tesi di laurea in Pianificazione della città, del territorio e del paesaggio, Università degli studi di Firenze.

Si riportano di seguito i dati demografici specifici di ogni tessuto.

TESSUTO URBANO	TOTALI/Kmq	MASCHI/Kmq	FEMMINE/Kmq
TC3	15790	7153	8637
TS3	15657	7431	8226
TC1	15656	7150	8506
TS2	14605	6822	7783
TC2	14185	6478	7707
TC4	14096	6306	7525
TC8	12853	5924	6929
TS6	12506	5722	6784
TS4	11882	5661	6221
TS7	9977	4862	5115
TC10	9187	4316	4871
TC5	9018	4277	4763
TC9	7247	3395	3852
TS5	7000	3199	3801
TC7	4514	2001	2513
TC6	3917	1790	2126
TS1	3659	1820	1839
TS8	2393	1112	1281
TPS1	884	420	464
TP1	813	399	414
TPS2	270	132	138

TS1 - Tessuto a scacchiera compatto
TS2 - Tessuto sinuoso compatto
TS3 - Tessuto con edilizia a pettine
TS4 - Tessuto con composizione a mosaico
TS5 - Tessuto di completamento
TS6 - Tessuto lineare compatto
TS7 - Tessuto con "isolati" lineari
TS8 - Nuclei storici ancora riconoscibili

TC1 - Tessuto con isolati chiusi ad alta densità
TC2 - Tessuto con isolati chiusi a densità medio-alta
TC3 - Tessuto con isolati chiusi e semi-chiusi con composizione a pettine
TC4 - Tessuto con isolati porosi
TC5 - Tessuto lineare evoluto
TC6 - Tessuto con edifici residenziali isolati su lotto
TC7 - Tessuto lineare di frangia
TC8 - Grandi blocchi residenziali
TC9 - Grandi blocchi residenziali con ampi spazi aperti
TC10 - Tipologie miste

TSP1 - Aree produttive
TSP2 - Piattaforme specializzate
TSP2 - Emergenze

FASCE D'ETÀ					
TESSUTO URBANO	0-14 anni/Kmq	15-24 anni/Kmq	25-39 anni/Kmq	40-59 anni/Kmq	> 60 anni/Kmq
TC3	1943	1211	2745	4808	5082
TC1	1887	1222	2974	4609	4972
TS3	1783	1195	3294	5211	4175
TC2	1632	1139	2523	4178	4713
TS6	1604	879	2499	4047	3478
TC4	1578	1048	2121	3922	5154
TS2	1550	1075	3206	4828	3945
TC8	1447	935	2069	3573	4842
TS4	1271	930	2788	3869	3024
TC5	1149	723	1654	2585	2902
TC10	1088	681	1736	2578	3103
TS7	1074	600	2668	3110	2526
TS5	811	559	1256	2133	2242
TC9	780	561	1160	2001	2745
TC7	538	368	794	1241	1573
TC6	448	336	565	1088	1486
TS1	360	270	757	1099	1172
TS8	254	145	483	641	870
TPS1	116	68	170	262	269
TP1	111	80	171	231	220
TPS2	32	22	51	94	70

TS1 - Tessuto a scacchiera compatto
TS2 - Tessuto sinuoso compatto
TS3 - Tessuto con edilizia a pettine
TS4 - Tessuto con composizione a mosaico
TS5 - Tessuto di completamento
TS6 - Tessuto lineare compatto
TS7 - Tessuto con "isolati" lineari
TS8 - Nuclei storici ancora riconoscibili

TC1 - Tessuto con isolati chiusi ad alta densità
TC2 - Tessuto con isolati chiusi a densità medio-alta
TC3 - Tessuto con isolati chiusi e semi-chiusi con composizione a pettine
TC4 - Tessuto con isolati porosi
TC5 - Tessuto lineare evoluto
TC6 - Tessuto con edifici residenziali isolati su lotto
TC7 - Tessuto lineare di frangia
TC8 - Grandi blocchi residenziali
TC9 - Grandi blocchi residenziali con ampi spazi aperti
TC10 - Tipologie miste

TSP1 - Aree produttive
TSP2 - Piattaforme specializzate
TSP2 - Emergenze

LIVELLO DI ISTRUZIONE					
TESSUTO URBANO	Analfabeti/Kmq	Alfabeti/Kmq	Licenza elementare/Kmq	Licenza media/Kmq	Laurea/Kmq
TC1	46	827	2395	3333	3355
TC3	51	843	2531	3230	3352
TS3	104	823	1990	3163	4221
TC4	48	730	2617	3096	2510
TC8	58	716	2479	3041	1898
TC2	45	711	1855	2799	3655
TS7	95	537	2052	2542	1768
TS2	67	677	1473	2535	4728
TC10	52	552	1677	2265	1395
TC9	83	515	1892	2250	484
TC5	58	546	1888	2236	1177
TS4	51	542	1222	2188	3770
TS6	28	581	1361	2181	3927
TS5	28	340	502	1021	2727
TC7	66	225	646	876	1024
TC6	10	199	520	710	1018
TS8	24	133	544	665	326
TS1	63	108	370	568	1090
TP1	9	59	184	242	72
TPS1	6	53	157	210	141
TPS2	1	10	29	55	76

TS1 - Tessuto a scacchiera compatto
TS2 - Tessuto sinuoso compatto
TS3 - Tessuto con edilizia a pettine
TS4 - Tessuto con composizione a mosaico
TS5 - Tessuto di completamento
TS6 - Tessuto lineare compatto
TS7 - Tessuto con "isolati" lineari
TS8 - Nuclei storici ancora riconoscibili

TC1 - Tessuto con isolati chiusi ad alta densità
TC2 - Tessuto con isolati chiusi a densità medio-alta
TC3 - Tessuto con isolati chiusi e semi-chiusi con composizione a pettine
TC4 - Tessuto con isolati porosi
TC5 - Tessuto lineare evoluto
TC6 - Tessuto con edifici residenziali isolati su lotto
TC7 - Tessuto lineare di frangia
TC8 - Grandi blocchi residenziali
TC9 - Grandi blocchi residenziali con ampi spazi aperti
TC10 - Tipologie miste

TSP1 - Aree produttive
TSP2 - Piattaforme specializzate
TSP2 - Emergenze

OCCUPAZIONE				
TESSUTO URBANO	Occupati/Kmq	Disoccupati/Kmq	Studenti/Kmq	Pendolari/Kmq
TC6	7455	623	858	1176
TC7	7089	447	958	995
TC4	6914	375	944	1327
TC1	6912	366	947	1221
TS3	6164	312	934	1080
TP1	5992	290	680	927
TS8	5696	431	766	784
TC8	5660	307	790	1105
TPS1	5131	426	347	995
TC10	5031	328	649	1145
TC3	3904	262	465	838
TC2	3884	204	497	968
TS1	3122	135	557	447
TC9	2639	276	296	701
TS2	1893	86	321	452
TS5	1884	81	252	225
TS7	1654	72	277	408
TPS2	1051	48	133	278
TS4	387	20	51	88
TC5	344	24	44	90
TS6	131	7	17	11

TS1 - Tessuto a scacchiera compatto
TS2 - Tessuto sinuoso compatto
TS3 - Tessuto con edilizia a pettine
TS4 - Tessuto con composizione a mosaico
TS5 - Tessuto di completamento
TS6 - Tessuto lineare compatto
TS7 - Tessuto con "isolati" lineari
TS8 - Nuclei storici ancora riconoscibili

TC1 - Tessuto con isolati chiusi ad alta densità
TC2 - Tessuto con isolati chiusi a densità medio-alta
TC3 - Tessuto con isolati chiusi e semi-chiusi con composizione a pettine
TC4 - Tessuto con isolati porosi
TC5 - Tessuto lineare evoluto
TC6 - Tessuto con edifici residenziali isolati su lotto
TC7 - Tessuto lineare di frangia
TC8 - Grandi blocchi residenziali
TC9 - Grandi blocchi residenziali con ampi spazi aperti
TC10 - Tipologie miste

TSP1 - Aree produttive
TSP2 - Piattaforme specializzate
TSP2 - Emergenze

	STRANIERI				
TESSUTO URBANO	Europei/Kmq	Africani/Kmq	Americani/Kmq	Asiatici/Kmq	Totali/Kmq
TS3	1003	462	528	1025	3026
TS7	995	332	584	1010	2921
TS4	865	359	361	1089	2679
TS2	1003	300	435	846	2592
TC1	761	192	451	568	1974
TS6	712	76	446	537	1783
TC2	660	165	365	504	1695
TC3	583	171	354	384	1491
TC8	586	148	245	290	1261
TC4	522	161	287	236	1186
TC5	456	121	169	465	1170
TC10	508	168	173	306	1158
TS5	389	90	152	317	951
TS1	117	63	117	370	685
TC9	315	122	83	162	683
TC7	165	23	81	139	408
TC6	571	8	57	72	249
TP1	60	25	10	93	187
TS8	97	0	0	12	109
TPS1	33	12	12	22	79
TPS2	14	6	6	8	33

TS1 - Tessuto a scacchiera compatto
TS2 - Tessuto sinuoso compatto
TS3 - Tessuto con edilizia a pettine
TS4 - Tessuto con composizione a mosaico
TS5 - Tessuto di completamento
TS6 - Tessuto lineare compatto
TS7 - Tessuto con "isolati" lineari
TS8 - Nuclei storici ancora riconoscibili

TC1 - Tessuto con isolati chiusi ad alta densità
TC2 - Tessuto con isolati chiusi a densità medio-alta
TC3 - Tessuto con isolati chiusi e semi-chiusi con composizione a pettine
TC4 - Tessuto con isolati porosi
TC5 - Tessuto lineare evoluto
TC6 - Tessuto con edifici residenziali isolati su lotto
TC7 - Tessuto lineare di frangia
TC8 - Grandi blocchi residenziali
TC9 - Grandi blocchi residenziali con ampi spazi aperti
TC10 - Tipologie miste

TSP1 - Aree produttive
TSP2 - Piattaforme specializzate
TSP2 - Emergenze

Sistema della mobilità

Dal punto di vista della mobilità, le strade più trafficate sono presenti per la maggior parte nel tessuto storico lineare (TS7), dove la viabilità costituisce la spina dorsale del sistema insediativo (circa 1100 m/mq).

Altri tessuti interessati dalle arterie stradali maggiormente trafficate sono i quelli contemporanei ad isolati chiusi con composizione a pettine (TC3), quelli ad alta e media densità (TC1 e TC2) e quelli lineari evoluti (TC5).

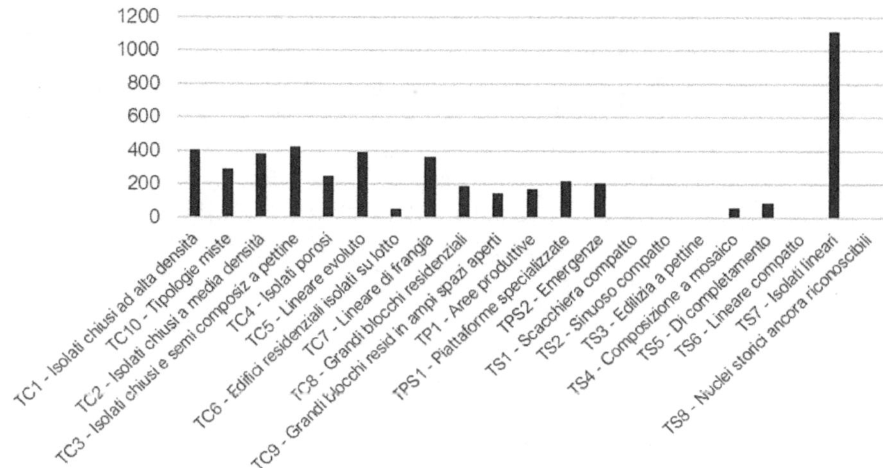

Grafico 10 - Distribuzione delle strade più trafficate nei vari tessuti urbani (m/mq).

Per quanto riguarda le aree pedonali, i tessuti maggiormente interessati sono quelli del centro storico, in particolare quello a scacchiera compatto (TS1).

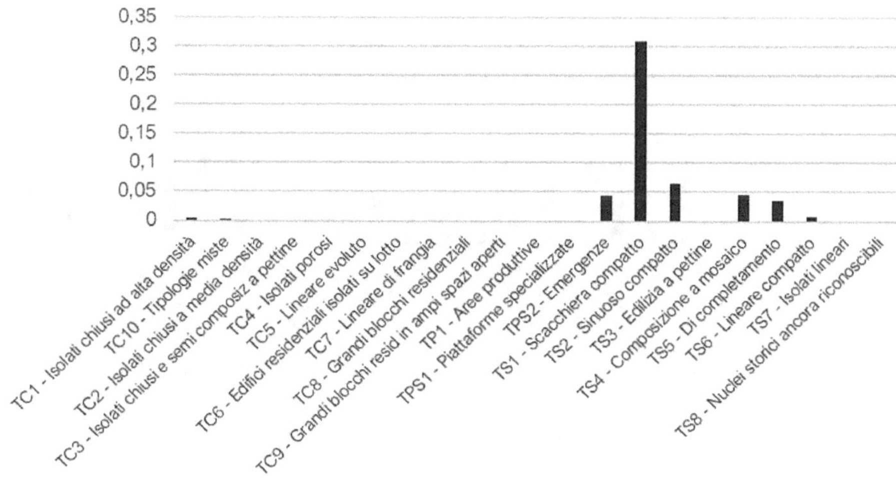

Grafico 11 - Rapporto tra la superficie pedonale e la superficie totale di ogni tessuto urbano.

In merito alla presenza di piste ciclabili, i tessuti maggiormente interessati sono quelli lineari (TS7) e di completamento (TS5), seguiti dal tessuto delle emergenze (TPS2).

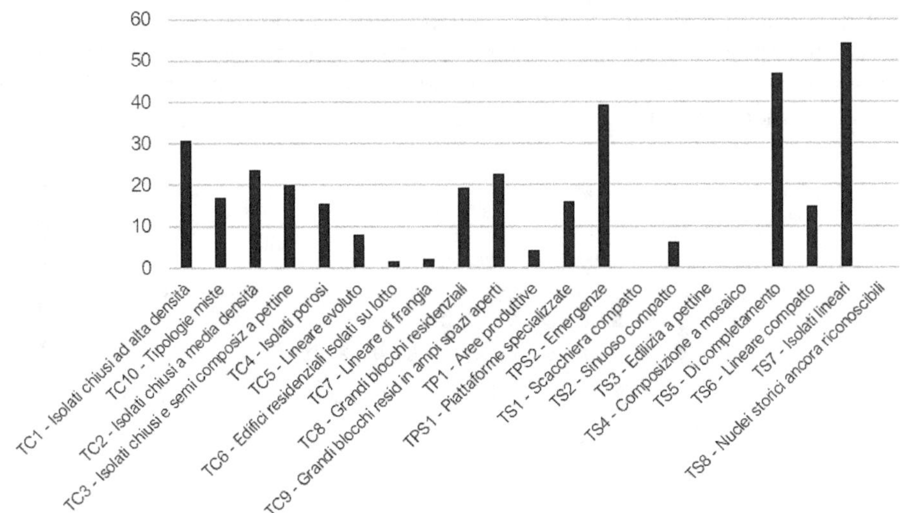

Grafico 12 -Km di piste ciclabili/Kmq di ogni tessuto urbano.

Un altro aspetto indagato riguarda il trasporto pubblico, in particolare la presenza o meno di fermate dei bus e della tramvia nei vari settori urbani.

Il tessuto che presenta una maggior concentrazione di fermate bus (stazioni/kmq) è quello storico a scacchiera compatto (TS1), seguito da quello storico lineare (TS7).

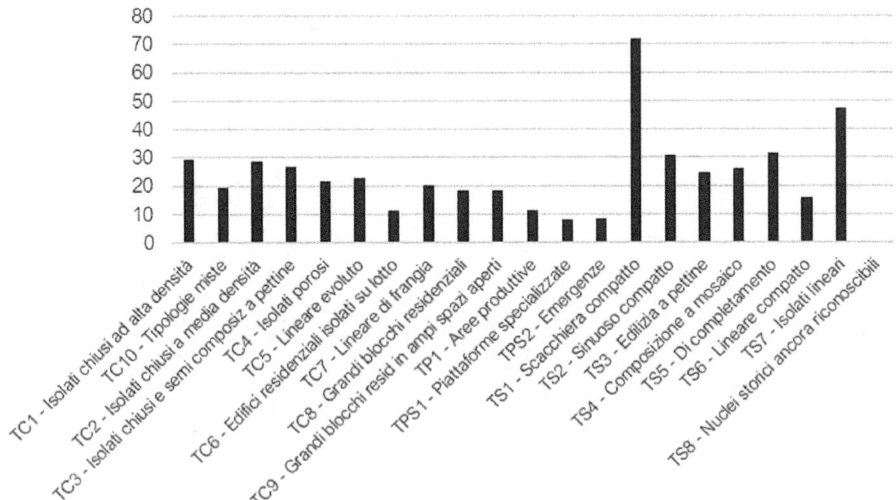

Grafico 13 - Concentrazione di fermate bus/Kmq di ogni tessuto urbano.

In merito al sistema tramviario, invece, il tessuto in cui vi è maggior concentrazione di fermate è quello con la composizione a mosaico (TS4), seguito dal tessuto ad isolati chiusi ad alta densità (TC1) e da quello a isolati porosi (TC4).

Infine, l'ultimo aspetto indagato in merito al sistema della mobilità è la presenza delle stazioni taxi. In questo caso, la maggior parte del servizio è concentrato nel tessuto storico a scacchiera compatto (TS1).

Principali funzioni e attività della città

In merito alle funzioni commerciali, dall'analisi è emerso che gli esercizi di vicinato sono prevalentemente situati nel centro storico.

Il tessuto maggiormente interessato dal commercio di vicinato è quello a scacchiera compatto (TS1), seguito da quelli a composizione a mosaico (TS4) e sinuosi compatti (TS2).

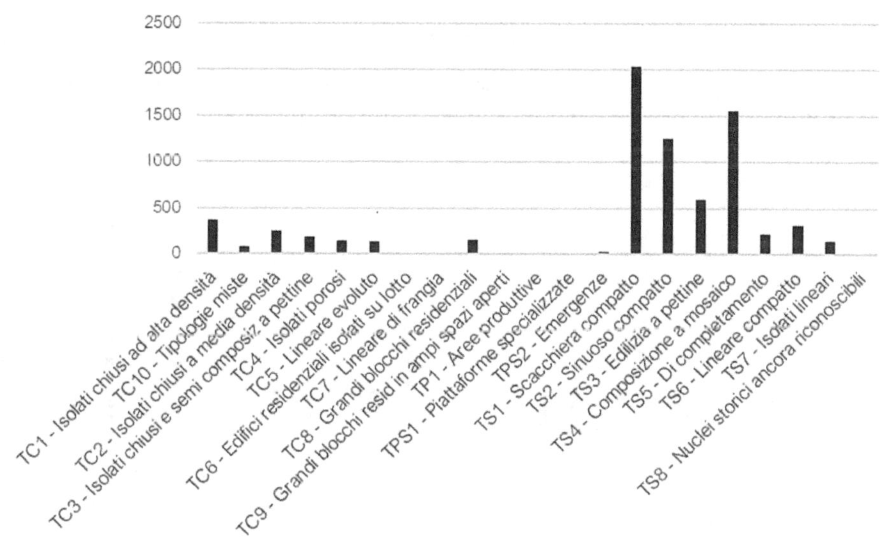

Grafico 14 - Esercizi di vicinato/Kmq in ogni tessuto urbano.

Per quanto riguarda invece attività come edicole e tabaccherie (rivenditori di biglietti Ataf), i tessuti più interessati sono quello con composizione a mosaico (TS4) e quello a scacchiera compatto (TS1).

Per quanto riguarda i servizi culturali (musei, teatri, biblioteche), i tessuti maggiormente coinvolti sono quelli storici e in particolare quelli compatti: a scacchiera (TS1), sinuoso (TS2) e lineare (TS6).

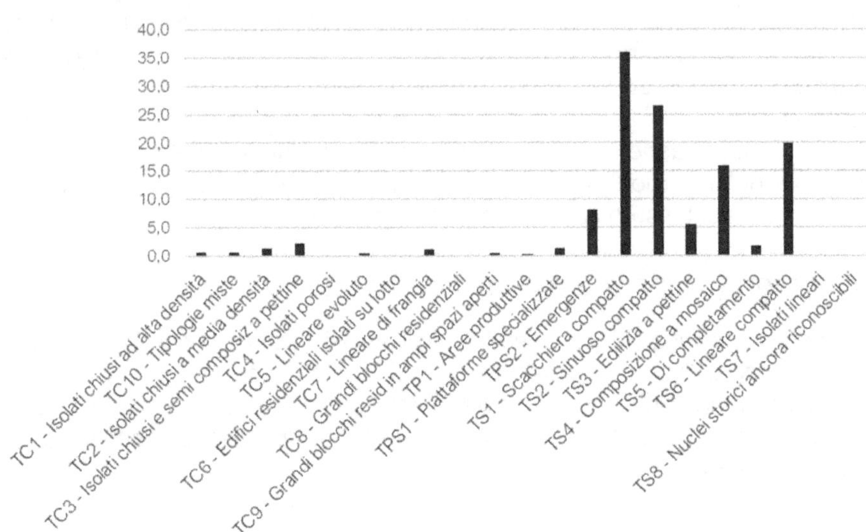

Grafico 15 - Servizi culturali/Kmq in ogni tessuto urbano.

In merito al servizio scolastico, invece, i tessuti in cui si concentrano più strutture sono quello di completamento (TS5) e quello con edilizia a pettine (TS3).

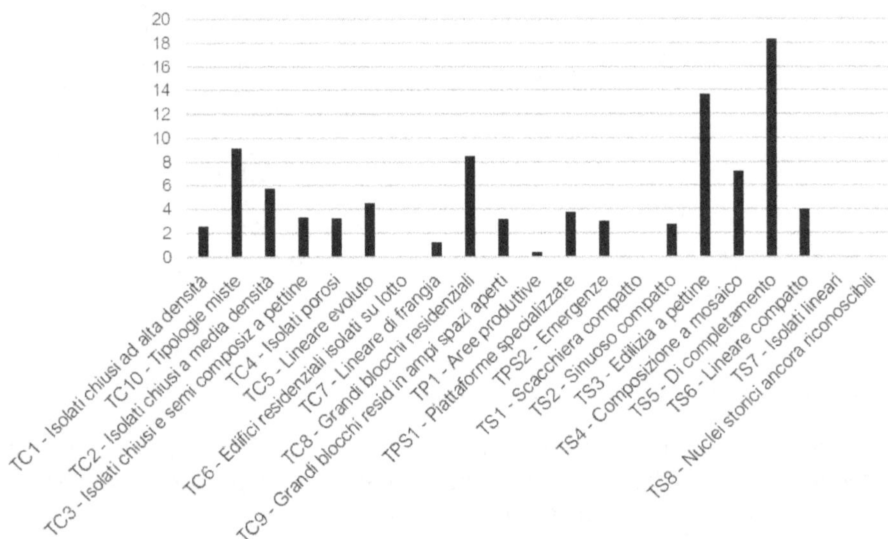

Grafico 16 - Scuole/Kmq in ogni tessuto urbano.

Valori immobiliari

Dall'analisi svolta è emersa la classificazione di seguito riportata.

TESSUTO URBANO	VALORE MEDIO (€/mq)	FASCE VALORI (€/mq)	CLASSIFICAZIONE
TS1	4100	> 4000	5 - ALTO
TS6	3917	3500-4000	4 - MEDIO-ALTO
TS2	3740		
TS4	3620		
TS3	3550		
TS5	3550		
TPS2	3264	3000-3500	3 - MEDIO
TC6	3037		
TC3	2831	2500-3000	2 - MEDIO-BASSO
TC7	2825		
TC2	2745		
TC1	2657		
TC4	2615		
TC10	2582		
TS8	2575		
TS7	2500	2000-2500	1 - BASSO
TC8	2450		
TC5	2444		
TPS1	2374		
TC9	2175		
TP1	1541	< 2000	0 - SCARSO

TS1 - Tessuto a scacchiera compatto
TS2 - Tessuto sinuoso compatto
TS3 - Tessuto con edilizia a pettine
TS4 - Tessuto con composizione a mosaico
TS5 - Tessuto di completamento
TS6 - Tessuto lineare compatto
TS7 - Tessuto con "isolati" lineari
TS8 - Nuclei storici ancora riconoscibili

TC1 - Tessuto con isolati chiusi ad alta densità
TC2 - Tessuto con isolati chiusi a densità medio-alta
TC3 - Tessuto con isolati chiusi e semi-chiusi con composizione a pettine
TC4 - Tessuto con isolati porosi
TC5 - Tessuto lineare evoluto
TC6 - Tessuto con edifici residenziali isolati su lotto
TC7 - Tessuto lineare di frangia
TC8 - Grandi blocchi residenziali
TC9 - Grandi blocchi residenziali con ampi spazi aperti
TC10 - Tipologie miste

TSP1 - Aree produttive
TSP2 - Piattaforme specializzate
TSP2 - Emergenze

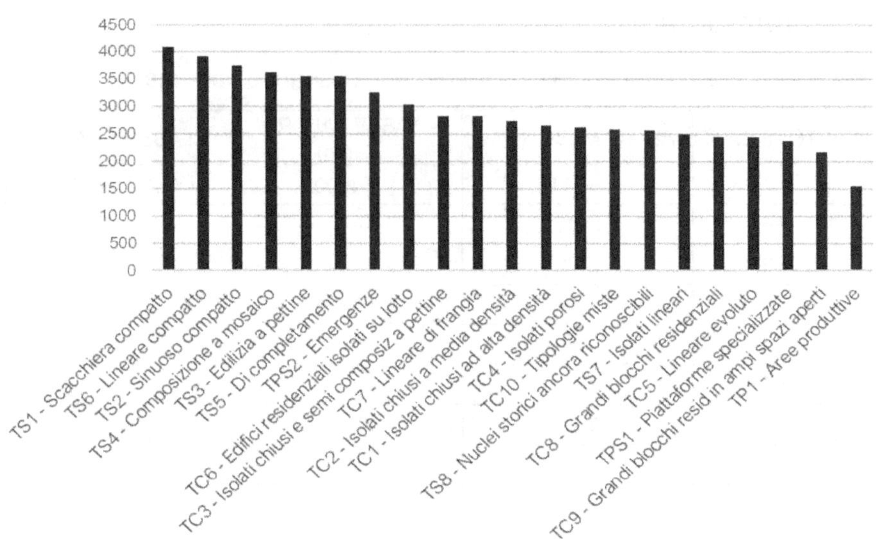

Grafico 17 - Valore medio di mercato (€/mq) di ogni tessuto urbano.

Sistemi di videosorveglianza

Per quanto concerne i sistemi di videosorveglianza, il tessuto maggiormente servito è quello delle emergenze (TPS2), dove è posizionato circa il 35% delle telecamere totali.

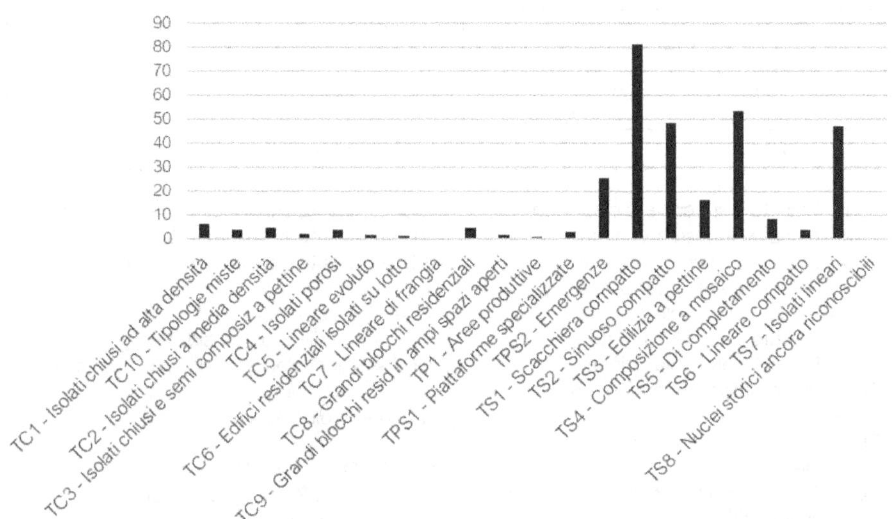

Grafico 18 - Telecamere pubbliche/Kmq in ogni tessuto urbano.

TERZA PARTE

INDAGINE SULLE CORRELAZIONI

Capitolo IX

L'analisi e la mappatura dei reati

Note metodologiche

I dati sui reati commessi nella città di Firenze nel 2019 sono stati forniti dalla Prefettura di Firenze in formato tabellare.

I tipi di reati individuati per l'analisi delle correlazioni, di natura predatoria, sono stati scelti in accordo con la Prefettura sulla base della relazione che tali delitti hanno con gli aspetti spaziali della città.

Si tratta di reati contro la persona (lesioni, percosse, violenze sessuali, etc.), contro il patrimonio (danneggiamenti, furti e rapine, etc.) o inerenti la detenzione di sostanze stupefacenti.

Si elencano di seguito quelli ritenuti più idonei per la ricerca:

1. Danneggiamenti
2. Furti in abitazione
3. Furti con destrezza
4. Furti di autovetture
5. Furti in esercizi commerciali
6. Furti con strappo
7. Rapine in abitazione
8. Rapine in banca
9. Rapine in esercizi commerciali
10. Rapine in pubblica via
11. Lesioni dolose
12. Omicidi volontari
13. Percosse
14. Produzione di sostanze stupefacenti
15. Spaccio di sostanze stupefacenti
16. Violenze sessuali

Tra i reati più diffusi nella città di Firenze nel 2019 vi sono al primo posto i furti con destrezza (5191), seguiti dai danneggiamenti (3360) e dai furti in esercizi commerciali (1562).

Nella tabella sottostante si riportano i numeri totali dei reati commessi per ogni tipologia.

TIPO DI REATO	n. (2019)
Furti con destrezza	5191
Danneggiamenti	3360
Furti in abitazione	2110
Furti in esercizi commerciali	1562
Lesioni dolose	591
Spaccio di sostanze stupefacenti	495
Furti di autovetture	329
Rapine in pubblica via	222
Furti con strappo	189
Percosse	98
Rapine in esercizi commerciali	72
Violenze sessuali	62
Rapine in abitazione	24
Produzione di sostanze stupefacenti	10
Rapine in banca	4
Omicidi volontari	2

Per ogni tipo di reato è stata fornita una tabella in cui era riportata la specifica localizzazione (via o piazza e dove presente il numero civico) e il numero di illeciti commessi, per esempio: 5 furti in abitazione in via Empoli[101].

Dalle elaborazioni svolte è emersa una mappatura puntuale dei diversi tipi di crimini e dei reati totali, con cui è stato possibile realizzare delle mappe di concentrazione che individuano le aree della città più o meno soggette a un certo tipo di reato rispetto ad un'altra.

Un altro tipo di analisi spaziale prodotta è quella che attribuisce i reati puntuali ai singoli tessuti urbani[102]. In questo caso, in ogni tessuto è stato calcolato il numero di illeciti commessi (relativi alla stessa tipologia di reato) per chilometro quadrato.

---

[101] Le tabelle, fornite in formato .exe sono state convertite in file .csv e successivamente georeferenziate con software GIS (QGis) tramite la funzione *"Geocode CSV with Web Service"*. Gli errori dovuti all'elaborazione automatica sono stati in gran parte corretti manualmente.

[102] Tramite la funzione *"Conta i punti nel poligono"* presente sul programma QGis è stato individuato il numero di reati totali e specifici per ogni tipologia che ricadono nei vari tessuti.

Tale operazione è stata svolta per le tipologie di delitti che contano almeno 50 illeciti commessi in un anno. Sono stati pertanto esclusi dall'analisi i reati di rapine in abitazione, produzione di sostanze stupefacenti, rapine in banca e omicidi volontari, poiché il numero di delitti commessi non è stato ritenuto sufficiente per redigere analisi statistiche efficaci.

Le analisi spaziali sono state implementate da analisi di correlazione statistica mediante regressione lineare. In particolare, in questa parte della ricerca sono state rapportate le informazioni emerse dalla caratterizzazione dei tessuti urbani con la presenza dei vari tipi di reati all'interno degli stessi.

Le correlazioni sono state indagate tra variabili a due, a due estrapolate dal set di dati a disposizione.

Dal punto di vista metodologico, per individuare il grado di correlazione sono stati utilizzati i grafici a dispersione (o *scatter plot*). Si tratta di spazi cartesiani su cui i dati si presentano come una nuvola di punti attraversati da una linea (*identity line*): maggiore è la correlazione, maggiore è la concentrazione dei punti lungo la linea d'identità.

I grafici riportano inoltre il coefficiente di correlazione lineare R (o indice di correlazione di Pearson), che esprime la presenza o l'assenza di una relazione di linearità tra le variabili.

L'indice R può assumere valori compresi fra -1 e +1: i valori positivi indicano l'esistenza di una correlazione lineare positiva, dove +1 ne costituisce il valore massimo; i valori negativi indicano una correlazione negativa, con -1 come valore massimo. Il valore 0 indica l'assenza di correlazione lineare (Istat, 2011).

I risultati ottenuti dalle elaborazioni redatte a partire dai dati della Prefettura sono stati integrati da osservazioni personali constatate con sopralluoghi diretti in loco e attraverso l'utilizzo dell'applicazione *Street View* di Google.

Risultati ottenuti

La prima mappa di concentrazione[103] elaborata è stata quella relativa al numero di reati totali.

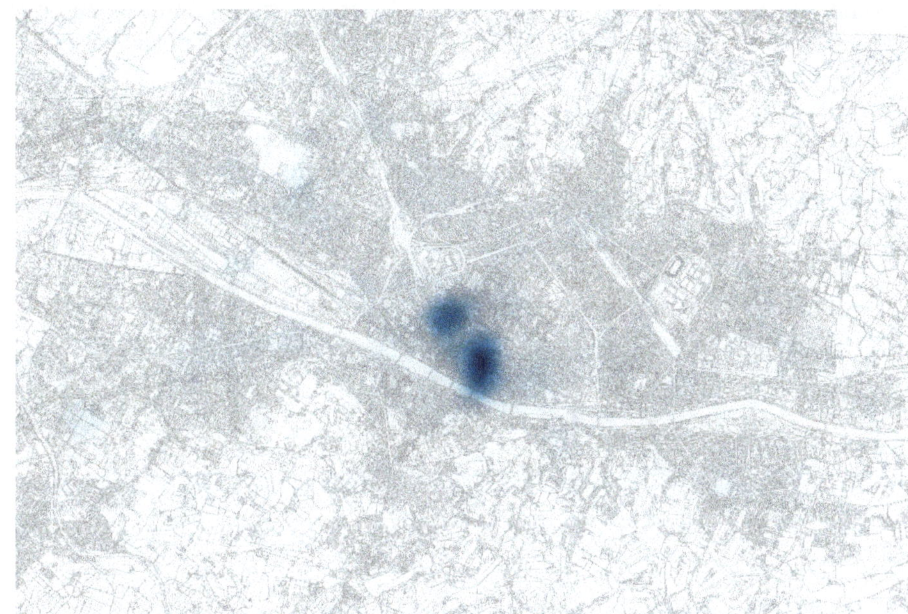

Figura 26 - Estratto della mappa di concentrazione dei reati totali (11812 nel 2019).

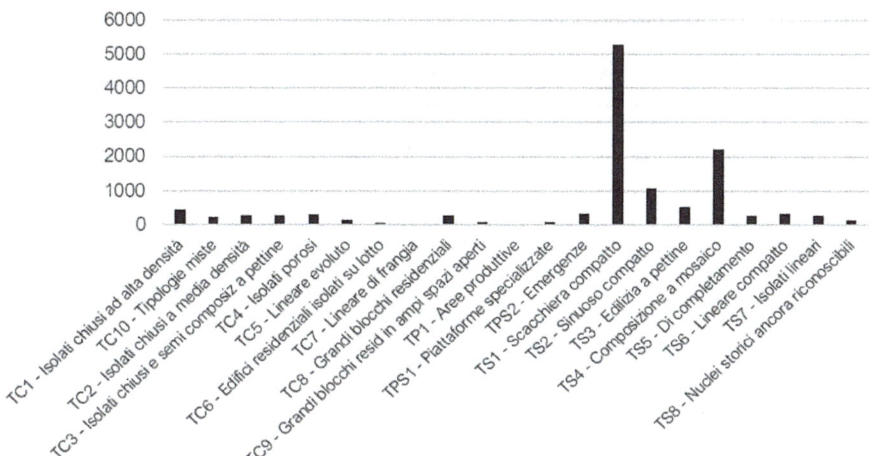

Grafico 19 - Distribuzione dei reati totali/kmq per tessuto.

---

[103] La concentrazione di reati è stata restituita graficamente utilizzando un raggio di 10 metri da ogni elemento puntuale della mappa (la localizzazione dei reati) e 'pesata' con il numero di illeciti commessi (per ogni tipo di crimine) in quel punto.

Da una prima lettura d'insieme emerge chiaramente che a Firenze la maggior parte dei reati si concentra prevalentemente nel centro storico, in *primis* nel tessuto a scacchiera compatto (TS1) e a seguire in quello a composizione a mosaico (TS4).

In particolare, le zone più colpite sono quella compresa tra l'Arno e la piazza della Cattedrale di Santa Maria del Fiore e quella in prossimità della Stazione di Santa Maria Novella (a est).

Osservando la mappa di concentrazione dei reati è possibile notare che non vi sia una relazione con la distribuzione della popolazione residente, collocata prevalentemente nelle aree esterne al tessuto TS1 in cui si verifica la maggior parte dei reati.

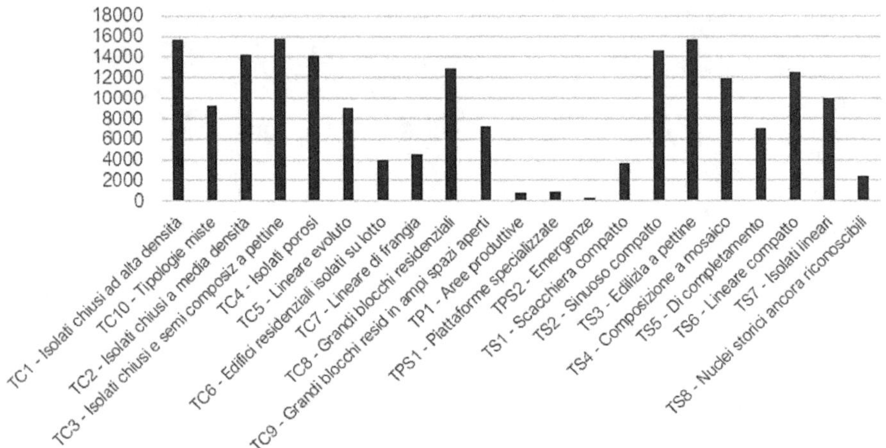

Grafico 20 - Distribuzione dei residenti totali/kmq relativo ad ogni tessuto urbano.

Questa ipotesi è avvalorata dal coefficiente di Pearson risultante dalla correlazione dei due fattori, tendente allo zero (R = 0,002).

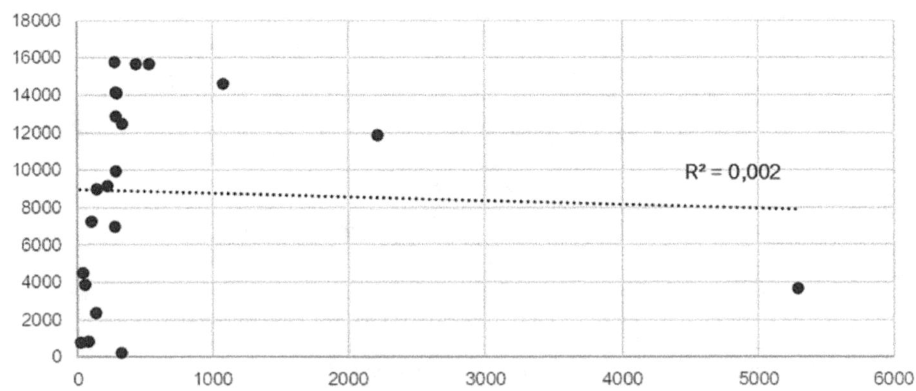

Grafico 21 - Correlazione lineare tra il numero di residenti totali/kmq per tessuto (y) e il numero di reati totali/kmq verificatisi nel 2019 (x).

Le aree in cui si verificano maggiormente i reati sono invece quelle in cui diversi studi registrano il maggior afflusso di persone.

Si suppone che questa dinamica sia dovuta anche - e soprattutto - alla forte accezione turistica della città.

A supporto di questa ipotesi si riportano alcuni studi ed elaborazioni volti ad individuare le zone più attraversate della città. I dati più aggiornati sono relativi all'anno 2017 poiché non è stato possibile reperire fonti più recenti.

Il primo elaborato è quello riportato nella tesi di Claudio Catapano "*Paura e criminalità a Firenze*" ed elaborata dal Prof. Iacopo Bernetti sul modello della tesi magistrale di Elena Barbierato e Irene Capecchi[104]. La mappa è stata realizzata sfruttando le geolocalizzazioni delle foto caricate sulla piattaforma social Flickr all'interno dell'area comunale nel periodo 2005-2017 e convertite in una nuvola di punti.

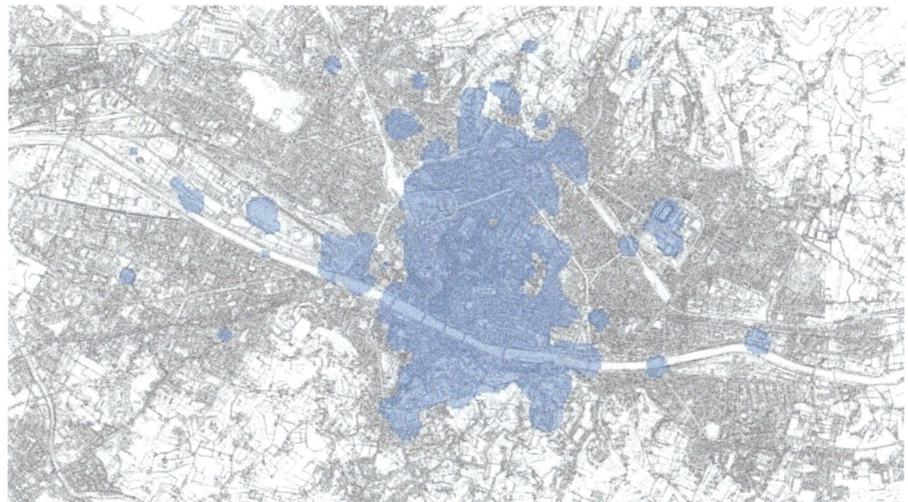

Figura 27 - Geolocalizzazione delle foto di Flickr 2005-2017. Dati elaborati dal Prof. Iacopo Bernetti. Fonte dati: tesi "Paura e criminalità a Firenze" di Claudio Catapano.

La mappa è da indicativa dei fenomeni indagati, poiché, anche supponendo che ogni persona possieda un cellulare:

- non tutte le persone che attraversano la città fanno foto;
- solo una parte di queste utilizza Flickr.

Altre ricerche che analizzano i movimenti delle persone in città sono quelle svolte dal laboratorio di ricerca DISIT (Distributed Systems and Internet Technologies Lab) del Dipartimento di Ingegneria dell'Informazione dell'Università degli studi di Firenze[105].

---

[104] Barbierato E., Capecchi I. (2017), *Emozione e spazio configurato: Una proposta metodologica per l'analisi percettiva della qualità urbana nella città di Livorno*, tesi di laurea in Pianificazione e Progettazione della città e del territorio, Università degli studi di Firenze.

[105] *www.km4city.org*

Tra queste vi è uno studio sui movimenti dei *city user* che si basa sulle traiettorie GPS dei cellulari. Il risultato ottenuto è una mappa interattiva che analizza i flussi di persone in città: traiettorie, *cluster*, etc.

Questo strumento permette di effettuare l'analisi dei flussi a diversi livelli di dettaglio, per tipologia di utenti (cittadini, turisti, pendolari, etc.), per periodo di tempo di giorno, etc.

La mappa di concentrazione mostra le zone più attraversate, che ricadono anche in questo caso prevalentemente nel centro storico.

Tornando all'analisi della distribuzione dei reati, i fenomeni osservati relativi ai reati totali si verificano allo stesso modo anche per i furti con destrezza, i furti con strappo e le rapine in pubblica via, come è possibile osservare dalle elaborazioni di seguito riportate.

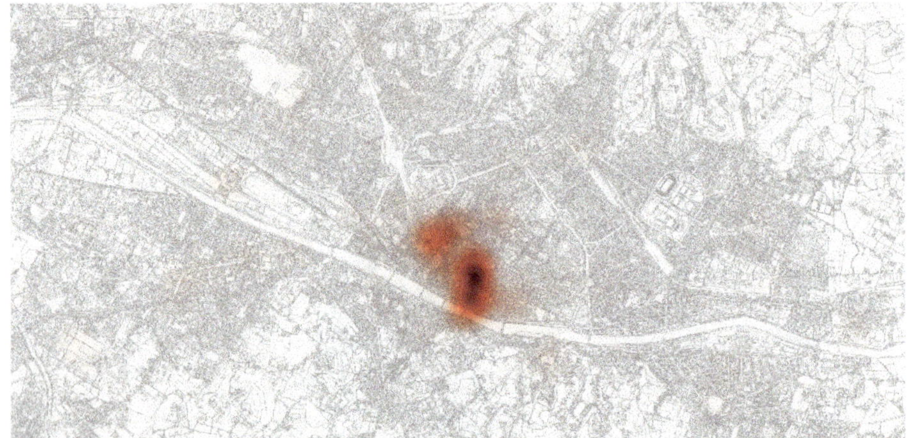

Figura 28 - Estratto della mappa di concentrazione dei furti con destrezza (5191 nel 2019).

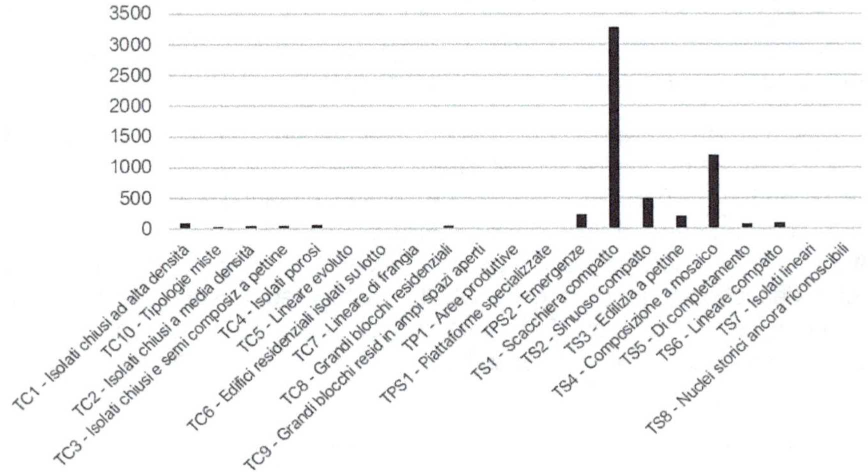

Grafico 22 - Distribuzione dei furti con destrezza/kmq per tessuto.

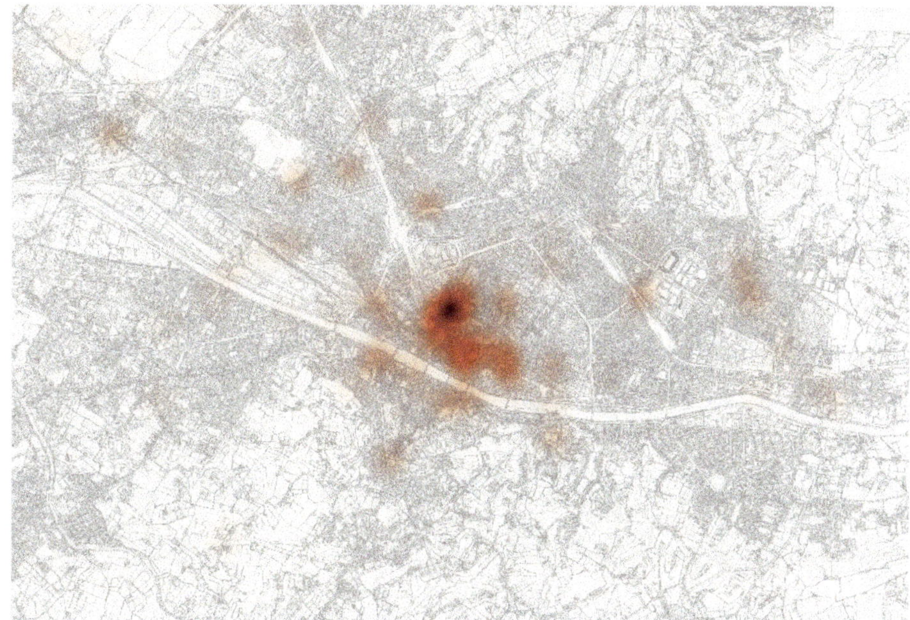

Figura 29 - Estratto della mappa di concentrazione dei furti con strappo (189 nel 2019).

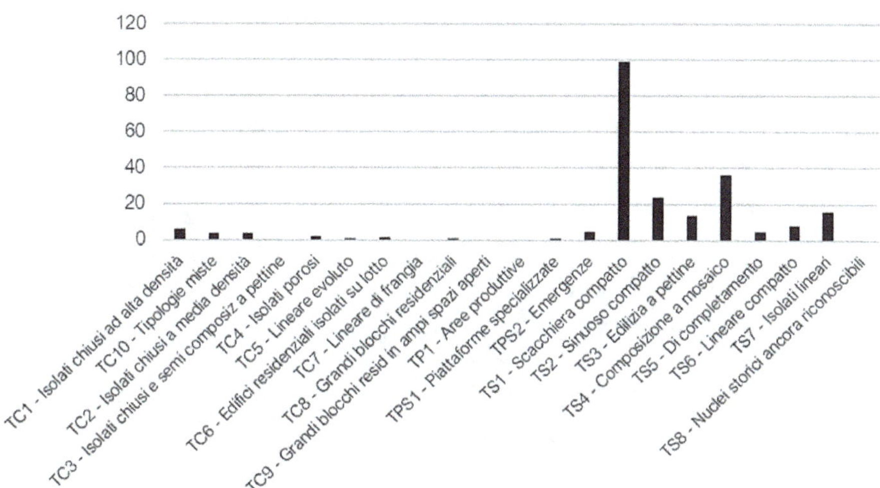

Grafico 23 - Distribuzione dei furti con strappo/kmq per tessuto.

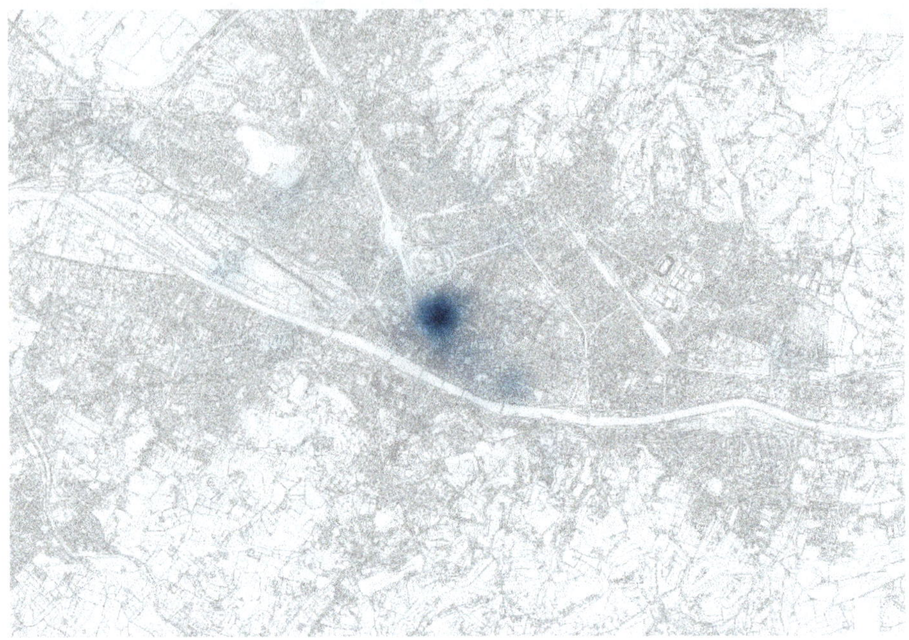

Figura 30 - Estratto della mappa di concentrazione delle rapine in pubblica via (222 nel 2019).

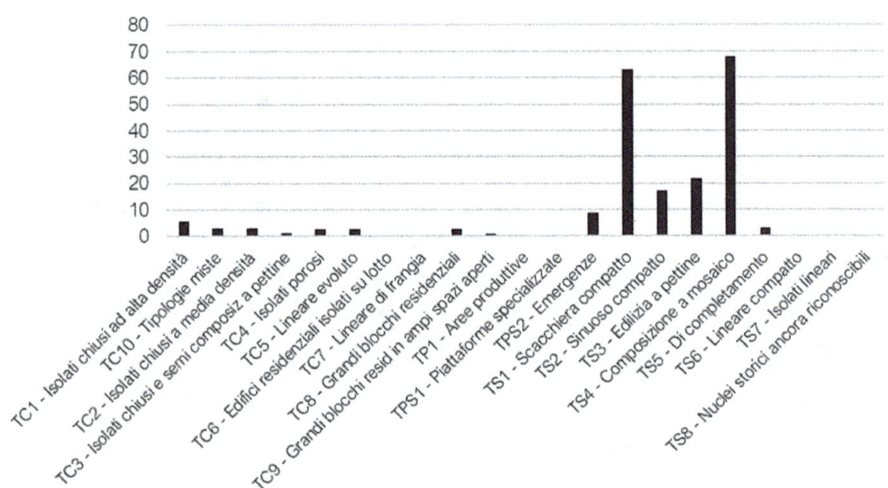

Grafico 24 - Distribuzione delle rapine in pubblica via/kmq per tessuto.

I dati analizzati mostrano che la microcriminalità 'di strada' si verifica laddove vi è un numero elevato di possibili vittime e dove il criminale può commettere il reato e allontanarsi senza essere notato, disperdendosi nella folla.

Questi tipi di reati sono pertanto strettamente legati alla presenza di flussi di persone, lasciando in secondo piano il fattore ambientale e le caratteristiche dello spazio in cui si verificano.

Fenomeni diversi si verificano invece in relazione ai furti in abitazione.

Questo tipo di reato si distribuisce in maniera più omogenea, con particolari concentrazioni nei quartieri di Statuto, Isolotto e Gavinana.

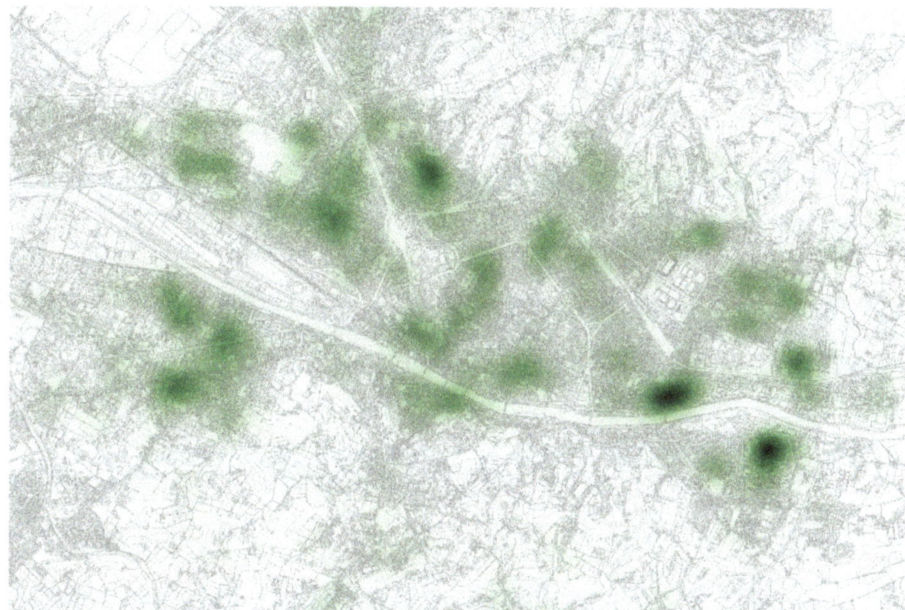

Figura 31 - Estratto della mappa di concentrazione dei furti in abitazione (2110 nel 2019).

È possibile osservare dalla mappa che le zone con maggior concentrazione di illeciti (quelle più scure) sono aree residenziali costituite prevalentemente da edifici in linea di grandi dimensioni (condomini), abitati dalla classe media. Non si tratta di aree della città particolarmente degradate, si osserva solo una diffusa bassa qualità degli infissi.

I condomini sono particolarmente soggetti ai furti poiché in questo tipo di abitazione i rumori vengono ignorati di più e le persone non residenti non destano sospetto; inoltre in orario di ufficio gli appartamenti sono per la maggior parte vuoti.

Le analisi statistiche hanno inoltre rilevato che non vi è correlazione tra la presenza di furti in abitazione e il valore immobiliare delle aree colpite (R= 0,08).

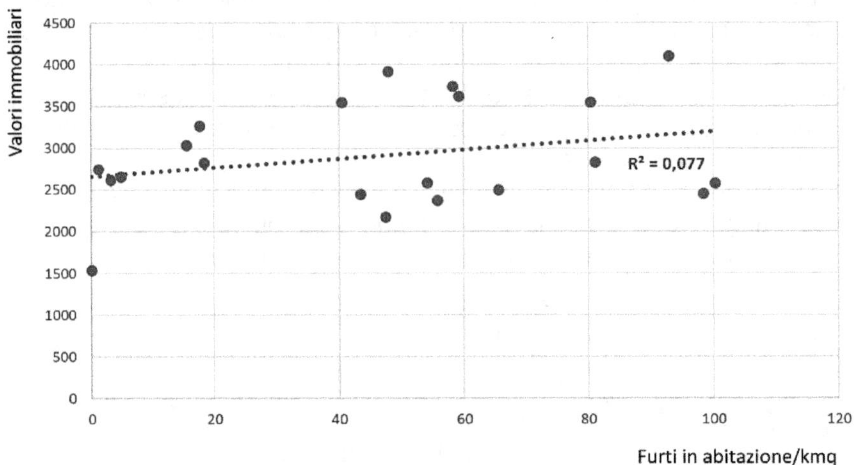

Grafico 25 - Correlazione lineare tra i valori immobiliari dei tessuti (y) e i furti in abitazione/kmq verificatisi nel 2019 (x).

Si riscontra invece una relazione con l'età dei residenti; come emerge dal grafico sottostante, l'indice di correlazione di Pearson tra i furti in abitazione e i residenti che hanno un'età maggiore dei 60 anni è di 0,67.

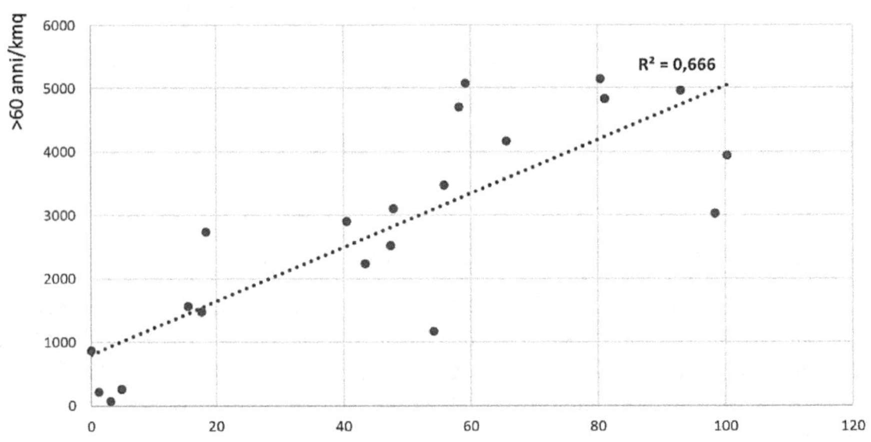

Grafico 26 - Correlazione lineare tra i residenti over 60 dei tessuti urbani (y) e i furti in abitazione/kmq verificatisi nel 2019 (x).

Altri fenomeni interessanti sono emersi in merito alle rapine negli esercizi commerciali. Premesso che questo tipo di reato ormai è un'eccezionalità grazie ai molti sistemi di videosorveglianza, gli esercizi commerciali che rimangono più colpiti sono i bar e i minimarket destinati al turismo di massa[106].

[106] Informazione verificata con il sopralluogo diretto.

La maggior parte dei reati si concentra nel centro storico, nelle zone di Santa Maria Novella, San Lorenzo e Santa Maria del Fiore.

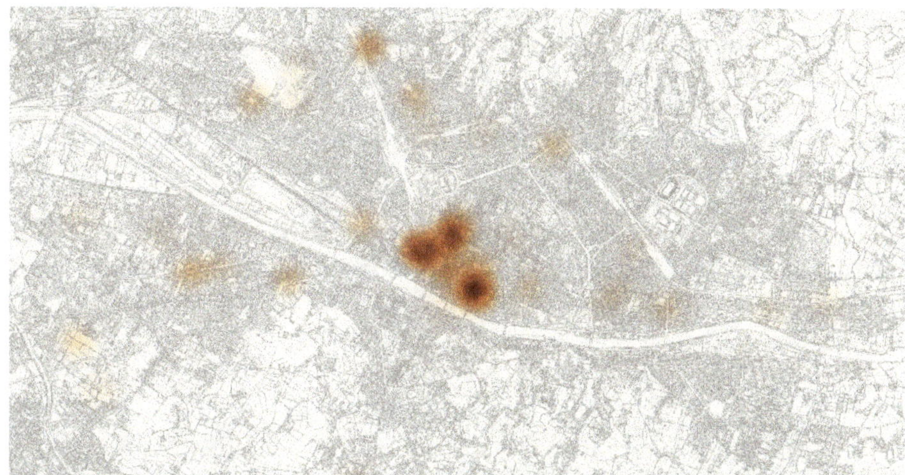

Figura 32 - Estratto della mappa di concentrazione delle rapine in esercizi commerciali (72 nel 2019).

I tessuti maggiormente colpiti da questa tipologia di reati quindi sono quello a scacchiera compatto (TS1) e quello a composizione a mosaico (TS4).

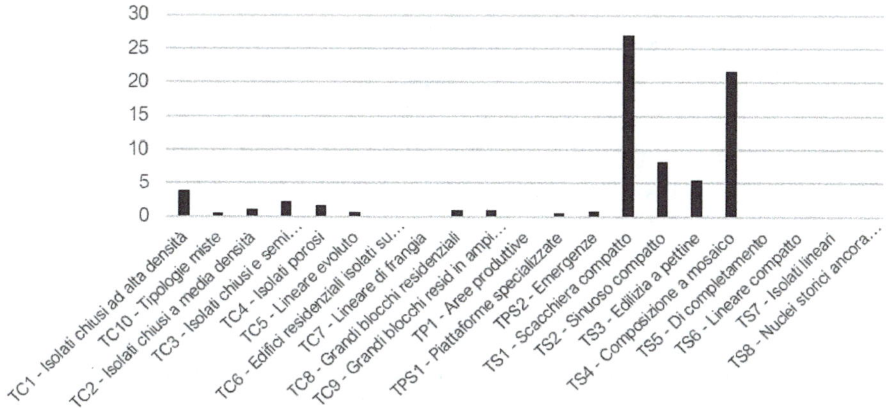

Grafico 27 - Distribuzione delle rapine in esercizi commerciali/kmq per tessuto.

In questi tessuti storici, molti degli esercizi commerciali si trovano 'inglobati' in corpi edilizi preesistenti, dove non è possibile modificare la cubatura interna del negozio. L'esercizio commerciale deve quindi necessariamente adeguarsi alla morfologia esterna; in questi casi l'organizzazione interna del fondo mercantile presenta nello stesso punto l'ingresso, la cassa e l'uscita. Questa configurazione agevola e accelera i movimenti del criminale, facilitando la commissione del reato.

A tal proposito, si ritiene opportuno fare un'osservazione sugli esercizi presenti nei grandi centri commerciali, dove è possibile notare che le rapine sono pressocché nulle. La localizzazione del negozio in un ambiente chiuso e controllato (il centro commerciale) indubbiamente scoraggia il criminale, ma si suppone che i fondi progettati congiuntamente alla struttura dell'involucro edilizio in cui si inseriscono costituisca un deterrente aggiuntivo.

Per quanto riguarda i furti in esercizi commerciali, invece, dalla mappatura emerge che i reati si concentrano prevalentemente nel cuore turistico della città (TS1 - Tessuto a scacchiera compatto).

In questo caso i fenomeni risultano molto simili ai reati di microcriminalità da strada, proprio per la presenza di molte persone durante tutte le ore del giorno che permettono al criminale di agire inosservato e di disperdersi facilmente nella folla.

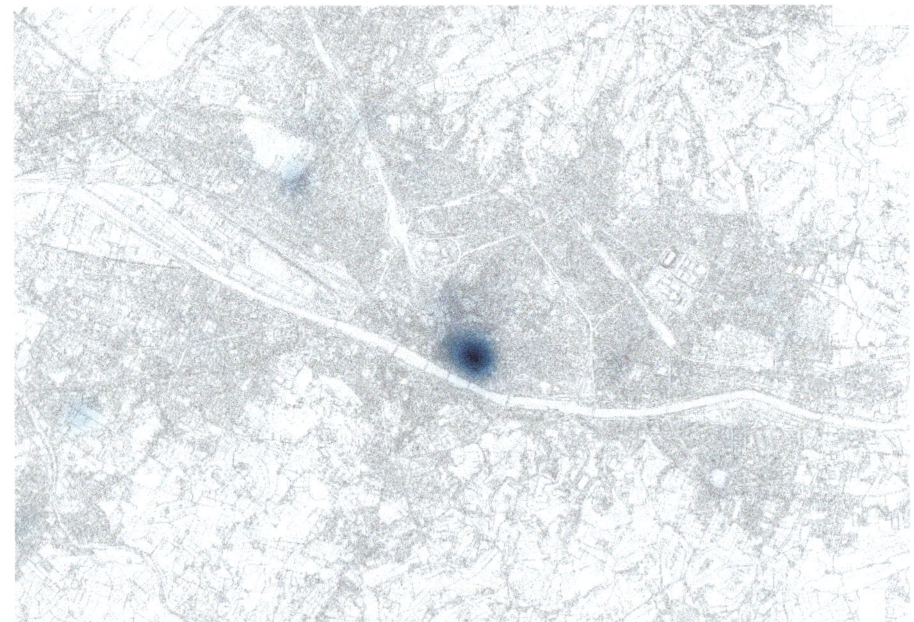

Figura 33 - Estratto della mappa dei furti in esercizi commerciali (1562 nel 2019).

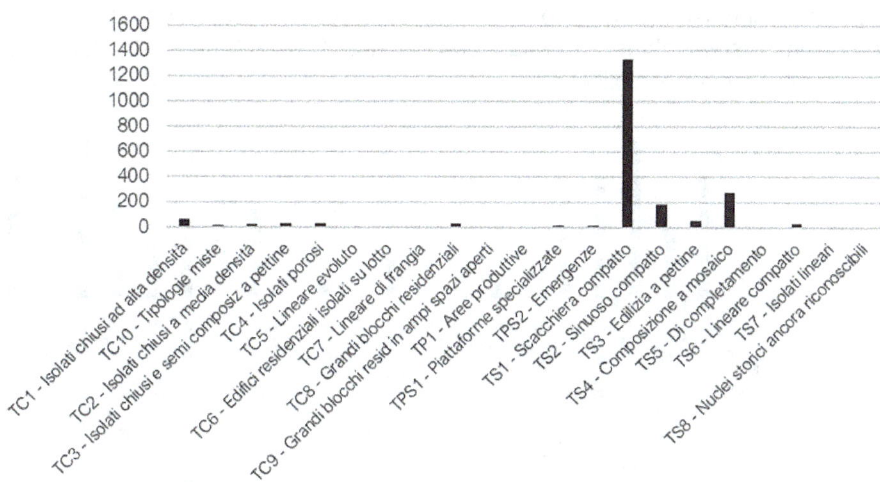

Grafico 28 - Distribuzione dei furti in esercizi commerciali/kmq per tessuto.

Un altro tipo di reato su cui è stato possibile formulare alcune considerazioni è quello dei furti di auto. Si tratta di crimini 'istantanei' che hanno una durata molto breve (in media circa 9 secondi) poiché non devono destare attenzione.

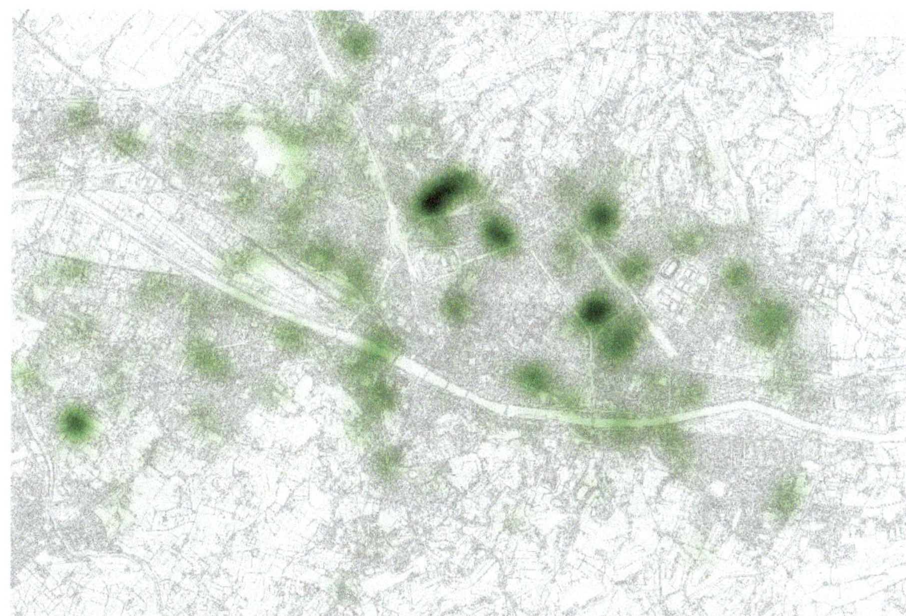

Figura 34 - Estratto della mappa di concentrazione dei furti di auto (329 nel 2019).

Dalla mappatura le zone più colpite da questo tipo di reato sono quelle di Statuto e Campo di Marte.

In termini di tessuti urbani, i più coinvolti sono quello lineare compatto (TS6), quelli con gli isolati chiusi a media e alta densità (TC1, TC2) e quello dei nuclei storici ancora riconoscibili (TS8).

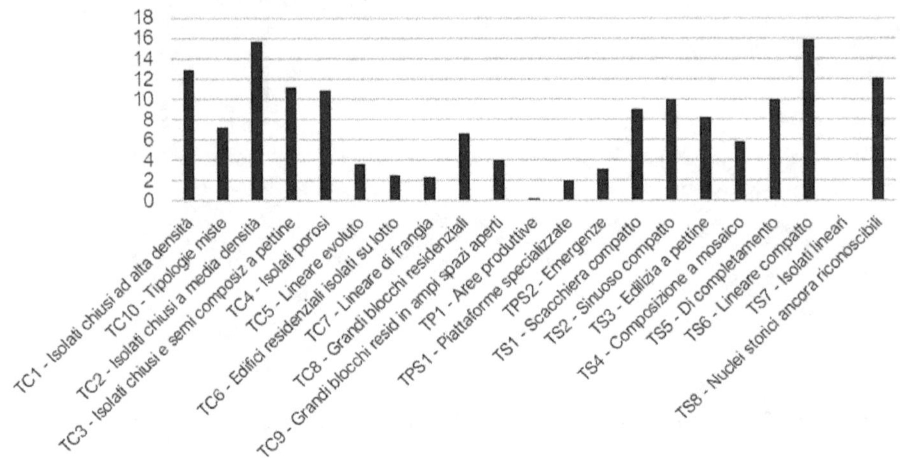

Grafico 29 - Distribuzione dei furti di auto/kmq per tessuto.

Analizzando la morfologia delle zone più colpite, è possibile notare che i furti d'auto si verificano prevalentemente dove gli isolati non presentano cortili interni, garage o pertinenze private per i residenti. Le aree di sosta delle autovetture sono quindi prevalentemente lungo-strada.

È possibile affermare quindi, che vi è una correlazione tra la superficie coperta degli isolati (delle zone in cui sono presenti aree di sosta) e i furti d'auto.

Inoltre, si suppone che la presenza di zone con attività direzionali incida sulla presenza di questo tipo di furti, essendo aree in cui - rispetto ai quartieri residenziali - sono presenti meno elementi che favoriscono il controllo (recinzioni, balconi, etc.).

Andando ad analizzare il reato di spaccio di stupefacenti, la mappatura mostra una netta concentrazione in prossimità della Stazione di Santa Maria Novella.

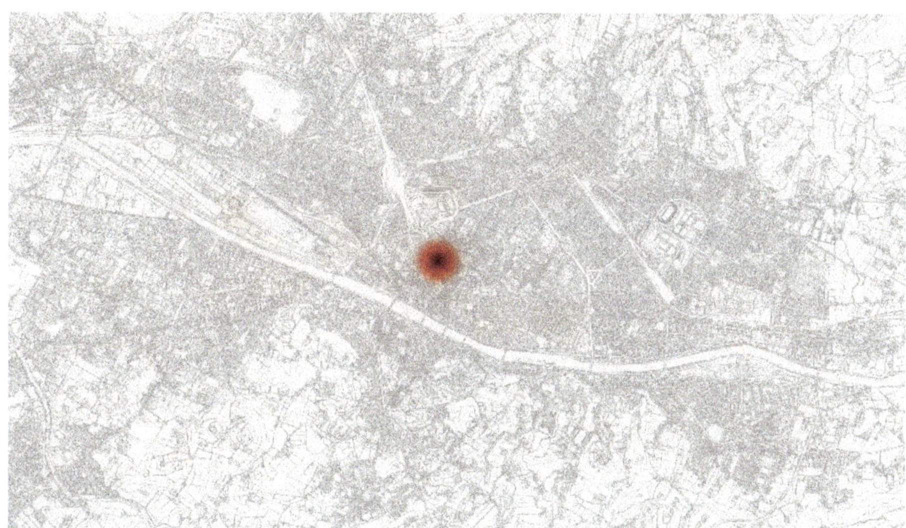

Figura 35 - Estratto della mappa dei reati di spaccio di stupefacenti (495 nel 2019).

Secondariamente, è possibile notare delle velature più scure rispetto al resto della città che rappresentano la concentrazione di reati di spaccio nelle aree del Parco delle Cascine e della Fortezza da Basso.

In linea generale, questo tipo di reato si verifica in zone molto buie, in cui sono presenti molte vie di fuga (aree verdi di grandi dimensioni non recintate, ampi viali, etc.), luoghi di passaggio (stazioni) o attività legate alla vita notturna (discoteche, pub).

In merito al reato di spaccio di stupefacenti si è voluto testare l'ipotesi di una possibile correlazione tra la commissione del reato e la presenza di scuole secondarie o sedi universitarie.

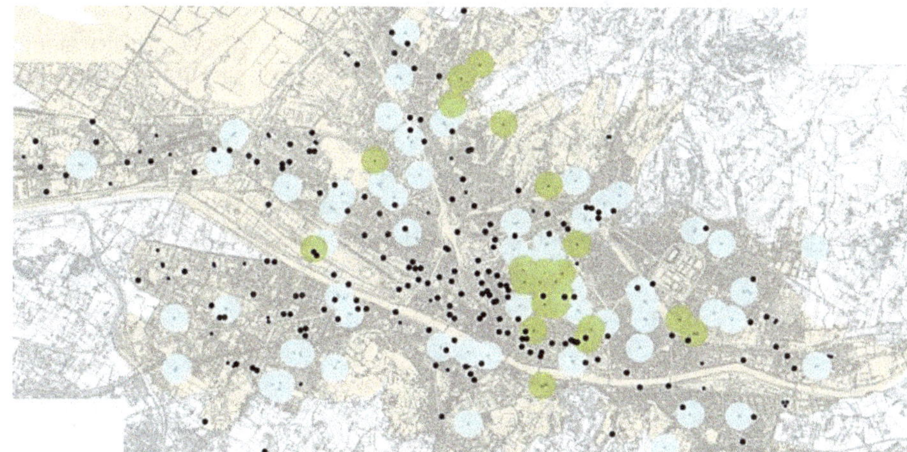

Figura 36 - Mappatura delle sedi scolastiche e universitarie: in verde sono evidenziate con un buffer di 200 metri le 23 sedi universitarie, mentre in celeste vi sono i 63 plessi della scuola secondaria superiore.

Sovrapponendo la mappatura delle sedi scolastiche e universitarie a quella dei reati di spaccio di stupefacenti, emerge che solo il 16% del totale di illeciti avviene entro 200 metri di distanza dalle scuole superiori; solo il 6% entro 200 metri dalle sedi universitarie.

Passando al reato di violenza sessuale, le maggiori concentrazioni si riscontrano nelle zone del centro storico, in particolare in prossimità della Stazione di Santa Maria Novella e nella zona compresa tra la piazza della cattedrale e Piazza Santa Croce.

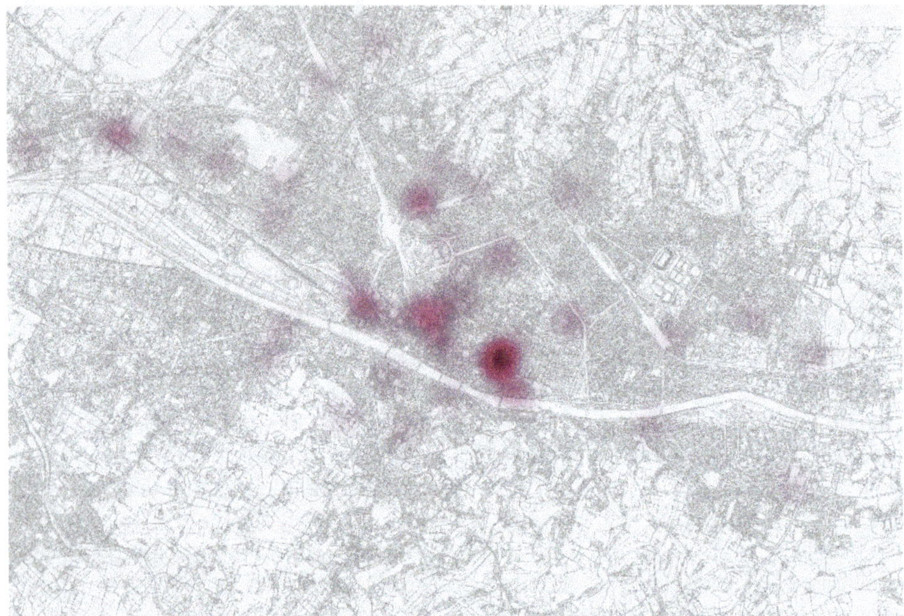

Figura 37 - Estratto della mappa delle violenze sessuali (62 nel 2019).

Vi sono infine una serie di casi in cui la ricerca non ha riscontrato alcuna correlazione specifica tra la presenza di reati e gli altri fattori analizzati (ambientali, sociali, economici, etc.).

Si tratta dei danneggiamenti, delle lesioni dolose e delle percosse.

Per quanto riguarda i danneggiamenti, dalla mappatura e dal grafico riportati di seguito è possibile notare che si tratti di un reato ampiamente diffuso, sia in termini numerici che in relazione alla distribuzione geografica.

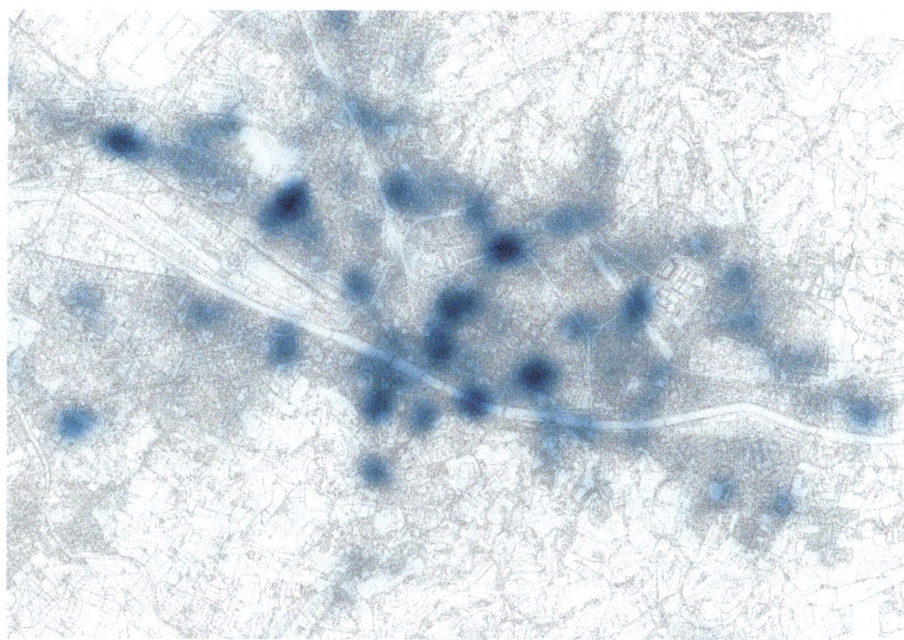

Figura 38- Estratto della mappa di concentrazione dei danneggiamenti (3360 nel 2019).

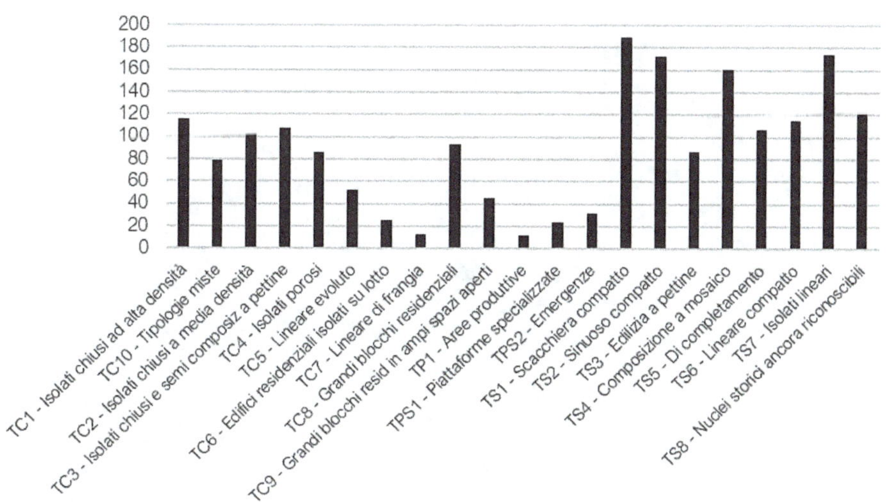

Grafico 30 - Distribuzione dei danneggiamenti/kmq per tessuto.

Per quanto riguarda le lesioni dolose e le percosse, la concentrazione maggiore degli episodi si riscontrano nelle stesse aree, ovvero in prossimità della Stazione di Santa Maria Novella, Borgo San Lorenzo e nei dintorni di Piazza della Repubblica.

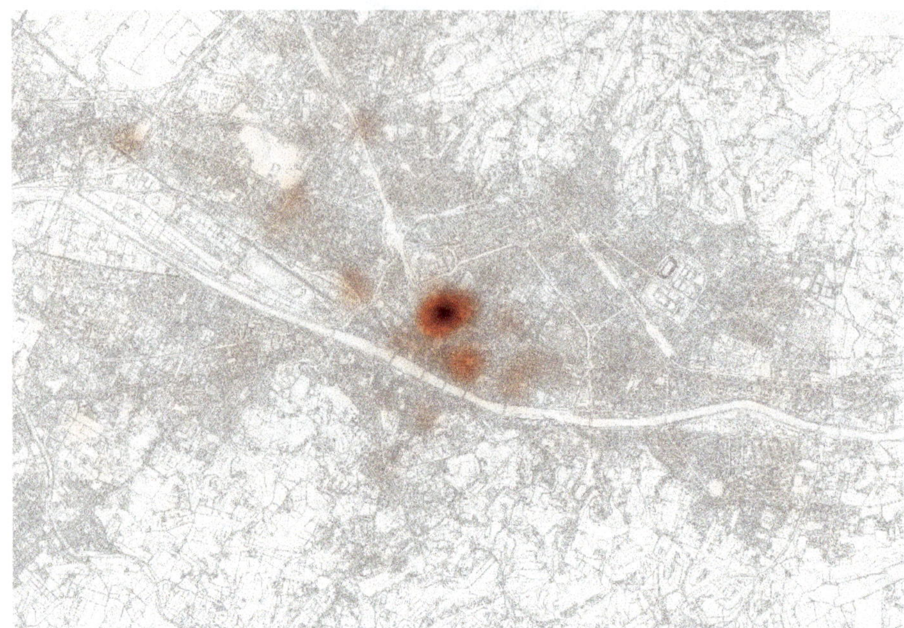

Figura 39 - Estratto della mappa di concentrazione delle lesioni dolose (591 nel 2019).

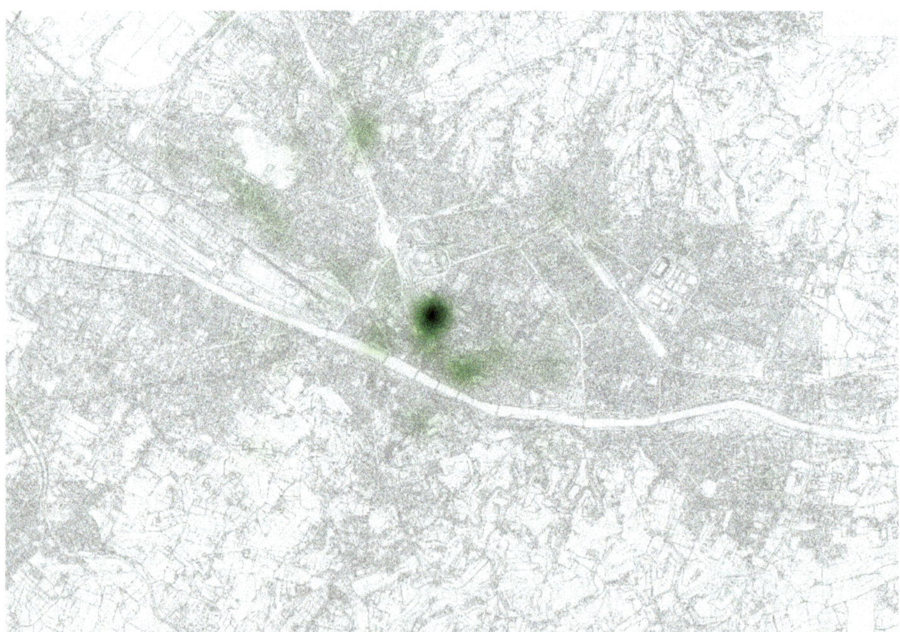

Figura 40 - Estratto della mappa di concentrazione delle percosse (98 nel 2019).

Capitolo X

La reputazione dei luoghi in termini di sicurezza

Note metodologiche

Questa parte dello studio è stato approfondito seguendo tre filoni di ricerca:

1. analisi quali-quantitativa della rassegna stampa;
2. analisi qualitativa della documentazione comunale;
3. questionario online sulla percezione di paura e sul senso di insicurezza rivolto agli abitanti della città.

Analisi quali-quantitativa della rassegna stampa

L'analisi della rassegna stampa sul tema della sicurezza urbana nella città di Firenze ha avuto il fine di individuare quali fossero i luoghi maggiormente citati in relazione alla commissione di crimini in ambito urbano. La banca dati utilizzata per la ricerca è stata fornita dall'Ufficio Stampa del Comune di Firenze. Si tratta di una rassegna di articoli relativi alla sicurezza e all'ordine pubblico degli anni 2019-2020, estrapolati dal sistema informatico dell'amministrazione attraverso una ricerca per parole chiave[107]. Relativamente all'anno 2019 sono stati reperiti 407 articoli, di cui ne sono stati schedati 122.

---

[107] L'obiettivo iniziale della ricerca era quello di analizzare gli articoli relativi all'ultimo triennio (2017-2019), ma il sistema informatico della rassegna stampa non ha permesso il reperimento degli articoli precedenti l'anno corrente. Inoltre, lo stesso sistema risponde a parole-chiavi molto specifiche: è possibile pertanto che alcuni articoli riguardanti i temi di interesse per la ricerca non siano stati selezionati poiché associati a parole-chiave diverse da quelle utilizzate dall'amministrazione per la selezione.

Dal database originario sono stati selezionati gli articoli che trattano di reati predatori o di fenomeni di *incivilities* in cui fosse menzionato il luogo di commissione del crimine[108].

La schedatura è stata strutturata con i seguenti campi:

- data di pubblicazione;
- testata;
- titolo;
- zona o quartiere in cui è avvenuto l'illecito (se citati);
- luogo specifico interessato dal reato (se citato);
- tipo di reato o problematica denunciata (connessa al tema della sicurezza urbana).

Si riporta di seguito un estratto dell'elaborato.

DATA	TESTATA	TITOLO ARTICOLO	QUARTIERE O ZONA DELLA CITTA'	LUOGO SPECIFICO INTERESSATO	TIPO DI REATO O PROBLEMATICA RISCONTRATA
12/04/2019	Repubblica Firenze	Zone rosse, polemiche da sinistra	San Lorenzo San Lorenzo	Via Sant'Antonino	Reati vari
13/04/2019	Nazione Firenze	Sicurezza, piano prevenzione	San Lorenzo San Lorenzo	Via Sant'Antonino	Reati vari
13/04/2019	Corriere Fiorentino	Zone rosse, denunciati, forse dell'ordine: la Prefettura spiega la nuova ordinanza	San Lorenzo San Lorenzo	Via Sant'Antonino	Reati vari
05/06/2019	Repubblica Firenze	Il Tar boccia le zone rosse annullata l'ordinanza	San Lorenzo San Lorenzo	Via Sant'Antonino	Reati vari
04/07/2019	Repubblica Firenze	Ronde all'Isolotto. Nardella si infuria subito annullate	Isolotto	Via Canova	Bullismo
26/07/2019	Nazione Firenze	Sette anni di degrado e di fiorente illegalità	Osmannoro	Via Lucchese	Degrado urbano
23/08/2019	Corriere Fiorentino	Maxi rissa tra rom al parco "Erano una quarantina siamo scappati per la paura"	Isolotto Isolotto	Via Canova Villa Vogel	Risse
23/08/2019	Repubblica Firenze	Maxi rissa all'Isolotto nel parco di Villa Vogel	Isolotto Isolotto	Via Canova Villa Vogel	Risse
15/10/2019	Nazione Firenze	Troppi reati: è emergenza criminalità -	San Lorenzo		Reati vari
12/11/2019	Corriere Fiorentino	C'è una Firenze che fa più paura Ma a volte	Santa Croce		Reati vari
12/11/2019	Corriere Fiorentino	Sicurezza, rinvio tra le proteste - Sicurezza,	San Lorenzo		Reati vari
19/11/2019	Corriere Fiorentino	La lite, il coltello Omicidio in San Lorenzo - La lite, le coltellate: omicidio in strada Choc a San Lorenzo	San Lorenzo San Lorenzo	Via Faenza Via Sant'Antonino	Omicidio Omicidio
31/12/2019	Nazione Firenze	Città sicura, record di telecamere - Città sorvegliata Mille 'occhi' per la sicurezza	 San Lorenzo Santa Croce	Piazza Stazione Santa Maria Novella Piazza San Lorenzo Piazza Santa Croce	Movida notturna Spaccio di droga Degrado urbano

Figura 41 - Estratto della schedatura degli articoli selezionati dalla rassegna stampa 2019 fornita dall'Ufficio stampa del Comune di Firenze.

I luoghi individuati sono 96, di cui 39 in cui è stato nominato il quartiere, e 84 in cui è stato riportato il nome specifico della via o della piazza in cui è stato commesso il reato. In 12 articoli è stato nominato solo il nome del quartiere senza specificare il luogo specifico in cui è stato commesso il reato.

Una volta individuati i luoghi del crimine (o i luoghi della paura) è stato realizzato un database geografico con software GIS, strutturato con i seguenti campi:

- id (numero identificativo del luogo);
- quartiere (nome della zona individuata, se specificato);
- luogo specifico interessato (nome della via o della piazza in cui è stato commesso il reato, se specificato);

[108] Sono stati pertanto esclusi articoli inerenti questioni politico-amministrative, sicurezza stradale, multe e contravvenzioni, etc.).

- tipo di reato/problematica segnalata;
- n. articoli (numero di articoli in cui è stato citato un determinato luogo in relazione alla commissione di un reato)
- controllo di vicinato (numero di articoli in cui è stata segnalata la presenza o la previsione di inserimento del controllo di vicinato nel quartiere citato).

Analisi qualitativa della documentazione comunale

Questa parte della ricerca è stata redatta a partire da una raccolta degli atti di indirizzo e controllo prodotti dal consiglio comunale di Firenze nel 2019 (mozioni, interrogazioni, domande di attualità, *question time*, ordini del giorno, etc.).

I documenti analizzati sono stati estrapolati dal sito ufficiale della Città di Firenze sulla base di una ricerca per parole chiave. Successivamente, sono stati selezionati nove atti in cui venivano citati luoghi specifici della città in relazione al tema della sicurezza urbana: 4 interrogazioni comunali; 3 *question time*, una mozione e un ordine del giorno.

I luoghi oggetto degli atti sono tutti centri dedicati alle persone meno abbienti della città: foresterie e alberghi popolari, mense cittadine, centri accoglienza.

Dalla lettura dei testi si percepisce l'ipotesi che la presenza di questi servizi costituisca un rischio per l'aumento dei livelli di insicurezza reale o percepita delle zone circostanti.

La ricerca ha voluto dare risposta a questa ipotesi indagando le correlazioni tra 'i luoghi della povertà' e la presenza di reati in prossimità di essi.

A tal fine è stato redatto un database georiferito dei servizi della città rivolti a tutte quelle persone che vivono in condizione di povertà e marginalità sociale (senza fissa dimora, immigrati, ex detenuti, etc.).

La costruzione del database è stata possibile grazie alla collaborazione della Caritas Firenze; i dati utili sono stati infatti raccolti mediante un'intervista al Presidente Fondazione Solidarietà Caritas Firenze Marzio Mori.

Il database è costituito dai seguenti campi d'indagine:

- ID (numero identificativo generico);
- F/I (formale o informale), poiché sono stati mappati anche luoghi di ritrovo informali, come le sistemazioni di fortuna;
- nome del centro o servizio;
- tipologia (mensa, centro accoglienza, ambulatorio, centro di ascolto, etc.)
- luogo (dove possibile l'indirizzo completo)
- specifiche, ovvero tutte quelle informazioni utili ad arricchire la conoscenza delle dinamiche di spostamento e stanziamento delle persone interessate (posti letto disponibili nelle strutture, numero di pasti giornalieri serviti nelle mense, etc.)
- note.

Nel paragrafo successivo si riportano i risultati ottenuti dalla sovrapposizione della mappatura dei luoghi della povertà con quella dei reati, da cui non sono emerse relazioni significative.

Questionario online sulla percezione di paura e sul senso di insicurezza

Il questionario online[109] (Allegato A2) è stato inserito nella ricerca allo scopo di ricevere dei feedback sulla percezione di paura e sul senso di insicurezza degli abitanti, nonché spunti di riflessione e suggerimenti per arricchire i temi trattati nella ricerca.

Il sondaggio è stato svolto in maniera anonima ed è stato suddiviso in tre parti:

- la prima, dedicata ad informazioni di carattere generale dell'utente;
- la seconda, incentrata sulla percezione di paura nel proprio quartiere di residenza; la scelta di utilizzare i cinque quartieri di Firenze come base geografica dell'indagine è volta a consentire agli intervistati di orientarsi nello spazio urbano e di riconoscersi il più possibile negli ambienti vissuti quotidianamente;
- la terza, riguardante il senso di insicurezza in tutta la città.

La struttura del questionario è stata impostata sulla base di quello sulla percezione di sicurezza dell'ISTAT e sui sondaggi svolti nelle ricerche citate nel capitolo I.

L'indagine è stata svolta online tramite la diffusione del questionario sui principali canali social (Linkedin, Facebook, Instagram, etc.) e tramite mail con un invito alla compilazione ai principali *stakeholder* locali (comitati di quartiere, associazioni, etc.); a tal fine è stata redatta una mappa degli attori (Allegato A3).

I 26 *stakeholder* che sono stati selezionati appartengono ad ambiti molto diversi (sociale, ambientale, economico, etc.), con l'obiettivo di far diffondere il questionario in maniera capillare e cercando di raggiungere un pubblico più variegato possibile. Inoltre, gli attori sono stati scelti in base alla possibilità di reperire i contatti mail sul web.

---

[109] *https:/forms.gle/AsmNzvkHEfNYwe9V7*

Risultati ottenuti

Analisi quali-quantitativa della rassegna stampa

Partendo dall'analisi a scala più ampia, le aree urbane più menzionate dalla rassegna stampa in relazione alla presenza di reati sono quelle del centro storico - con particolare riferimento al quartiere San Lorenzo - e quelle dell'Isolotto.

QUARTIERE	TIPO DI REATO PROBLEMATICA	ALTRO	N. ARTICOLI
Isolotto	Reati vari		11
San Lorenzo	Reati vari		10
Centro storico (Quartiere I)	Reati vari		4
Santa Croce	Reati vari		2
Novoli	Furto in abitazione, spaccio di droga		2
Ugnano Mantignano		Controllo di vicinato	2
Gavinana	Furto in abitazione		1
Osmannoro	Degrado urbano		1
Bellosguardo		Controllo di vicinato	1
Careggi		Controllo di vicinato	1
Gavinana	Furto in abitazione		1
Rifredi	Spaccio di droga		1
San Salvi	Reati vari		1
Soffiano	Furto in abitazione		1

Si riporta di seguito la mappatura dei 'luoghi della paura' emersi dalla rassegna stampa e un estratto del relativo database.

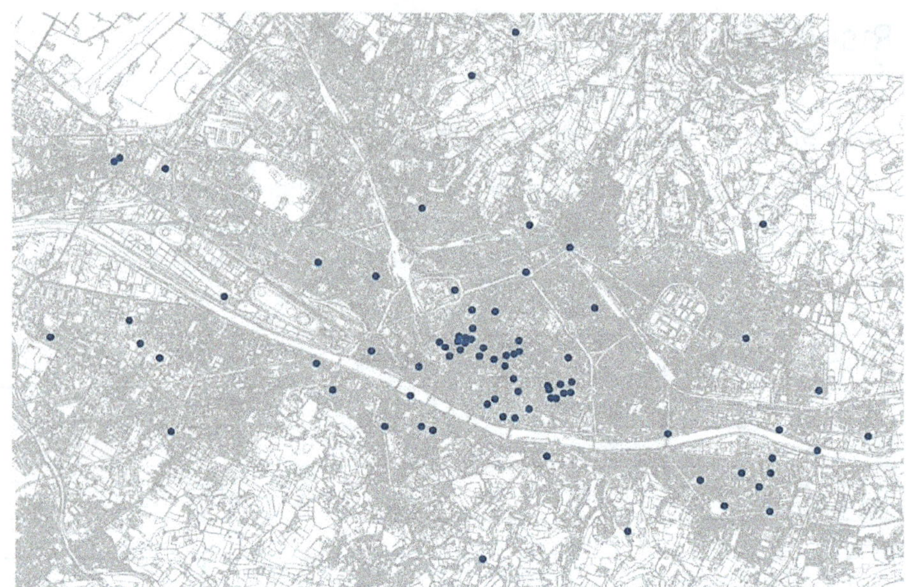

Figura 42 - Mappatura dei 'luoghi della paura' specifici citati negli articoli della rassegna stampa 2019.

ID	Quartiere	Luogo spec	Reato/Prob	N articoli	Controllo
74	Santa Croce	Piazza Santa Croce	Reati vari	1	
75	San Lorenzo	Piazza San Lorenzo	Movida notturna	1	
53	San Lorenzo	Via Faenza	Omicidio	1	
22	Isolotto	Via Canova	Omicidio, Bullismo, ...	4	
24	Isolotto	Via Massa	Furto in abitazione	3	
32	Isolotto	Villa Vogel	Risse	2	
69	Gavinana	Via Datini- Piazza Dalla Costa	Furto in abitazione	1	
84		Fermata tram Arcipressi	Spaccio di droga	1	
2		Fortezza da Basso	Reati vari	19	
31		Giardini di Via Galliano	Bivacco, Ubriachezza	3	
83		Giardino della Montagnola	Spaccio di droga	1	
30		Giardino di Via Allori	Bivacco, Ubriachezza	3	
10		Largo Fratelli Alinari	Reati vari	9	
9		Largo Pietro Annigoni	Reati vari	9	
41		Lungarno Colombo	Spaccio di droga, Fu...	2	
82		Parco dell'Anconella	Reati vari	1	
4		Parco delle Cascine	Reati vari	18	

Figura 43 - Estratto del database georiferito dei 'luoghi della paura' individuati nella mappa sopra.

Una volta individuati i luoghi più citati dai media in relazione alla presenza di reati, si è cercato di verificarne la correlazione con la reale pericolosità della città.

Si è così proceduto con un'indagine statistica di correlazione lineare tra:

- il numero di articoli pubblicati nel 2019 che citano uno stesso luogo in relazione ad uno o più reati;
- la concentrazione reale dei reati totali verificati in città nel 2019.

Il grafico sottostante rappresentata la correlazione tra le due variabili.

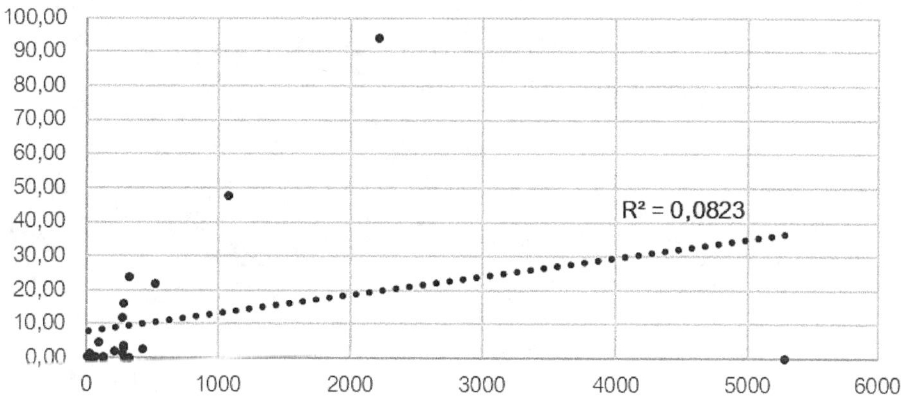

Grafico 31 - Correlazione tra la concentrazione di reati di ogni tessuto (n/kmq) verificatisi nel 2019 (asse x) e quella degli articoli della rassegna stampa (2019) in cui vengono citati eventi criminosi in specifici luoghi (asse y).

L'indice R è pari a 0,08 (tendente allo 0), perciò è possibile affermare che non vi sia una correlazione tra la reale presenza di reati e la descrizione dei fenomeni criminosi riportata dai media sulla stampa.

Analisi qualitativa della documentazione comunale

Sono stati individuati complessivamente 26 servizi rivolti a persone che vivono in situazione di marginalità, di cui si riporta un estratto della mappatura e del relativo database:

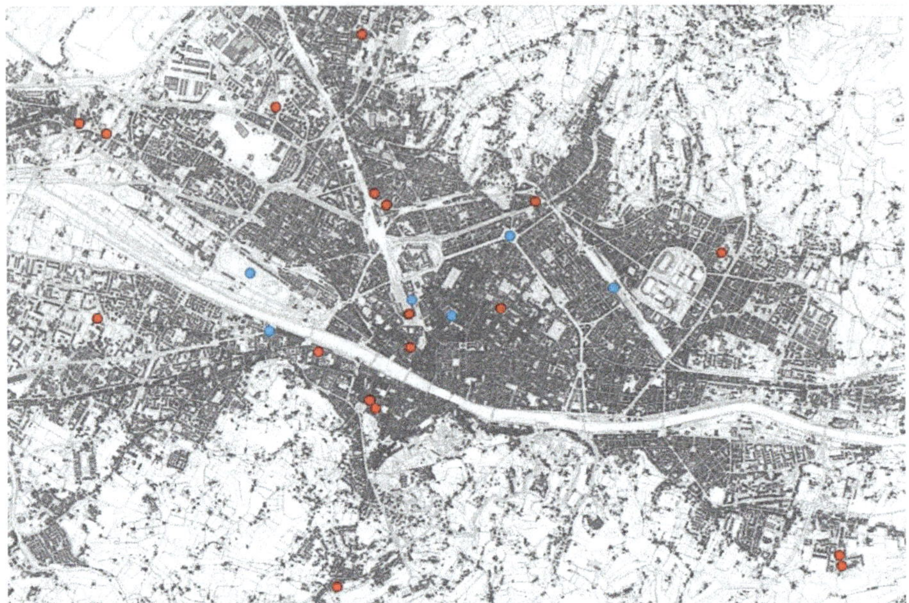

Figura 44 - Mappatura dei luoghi della povertà formali (in rosso) e informali (in blu).

ID ▲	F/I	Nome	Tipologia	Luogo	Specifiche	Note
1	Formale	Sede Caritas - S. Francesco	Mensa cittadina	Piazza Santissima Annunziata 2	200 pasti al giorno aperta solo a pranzo	
2	Formale	Sede Caritas	Mensa cittadina	Via Giuseppe Pietri 1	400-500 pasti al giorno aperta solo a pranzo	
3	Formale	Parrocchia dei Santi Fiorentini	Mensa cittadina	Via delle Cento Stelle 9	50 pasti al giorno aperta solo a pranzo	
4	Formale	Sede Caritas - Le Torri	Mensa diffusa	Via delle Torri 7	20-30 posti	Servizio sospeso in emergenza sanitaria Covid
5	Formale	Centro Sociale Sorgane	Mensa diffusa	Via Tagliamento 2	20-30 posti	Servizio sospeso in emergenza sanitaria Covid
6	Formale	Circolo ARCI Le Panche	Mensa diffusa	Via Giulio Caccini 13	20-30 posti	Servizio sospeso in emergenza sanitaria Covid
7	Formale	Casa Caciolle	Centro di accoglienza detenuti	Via di Caciolle 7	20 posti letto	
8	Formale	Chiesa di Santa Maria al Pignone	Mensa diffusa	Via Felice Cavallotti 11	20-30 posti	Servizio sospeso in emergenza sanitaria Covid
9	Formale	Centro Samaritano	Centro di accoglienza detenuti	Via Francesco Baracca 150/e	24 posti letto	
10	Formale	Foresteria Sandro Pertini	Centro di prima accoglienza	Via Tagliamento	84 posti	Centro di accoglienza invernale (fino al 31/03)
11	Formale	Albergo Popolare Fioretta Mazzei	Centro di accoglienza	Via della Chiesa 66	200 persone	Percorsi diversi: prima, lunga, ordinaria

Figura 45 - Estratto del database associato alla mappatura dei luoghi della povertà.

Sovrapponendo questa mappatura a quella dei reati è emerso che solo il 10% dei crimini totali della città avviene entro 200 metri dai luoghi della povertà, il 18% entro 300 metri.

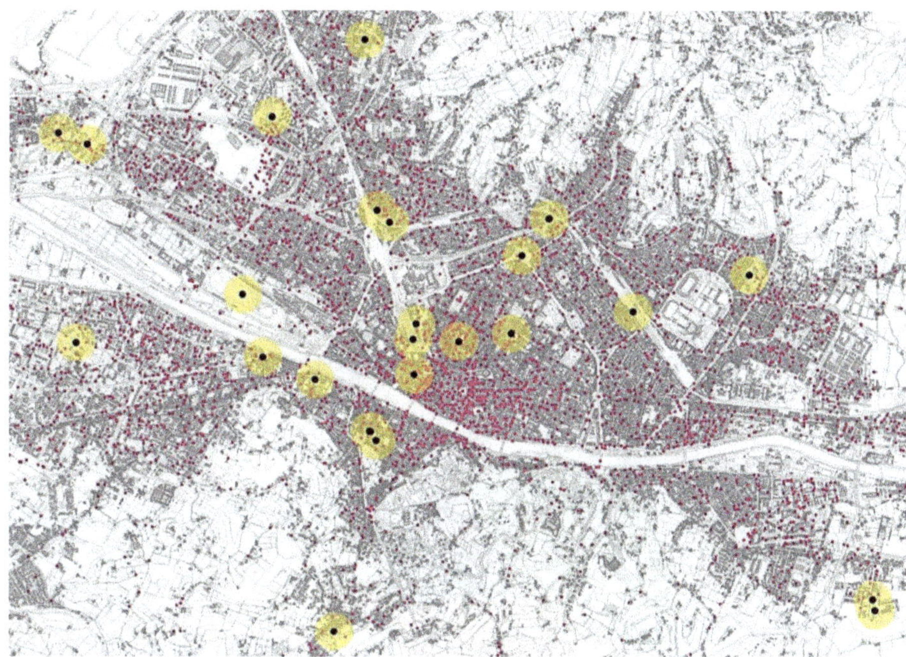

Figura 46 - Estratto della mappatura dei reati totali (in rosa) e dei luoghi della povertà (in nero) evidenziati con un buffer di 200 metri (in giallo).

Questionario online sulla percezione di paura e sul senso di insicurezza

Il questionario online è stato pubblicato il 18 agosto 2021 e chiuso il 30 settembre, ottenendo complessivamente 128 risposte.

Sebbene il numero di utenti non sia statisticamente significativo rispetto al numero degli abitanti totali della città, i risultati ottenuti ci permettono di avanzare alcune riflessioni interessanti.

I partecipanti al sondaggio, tutti di nazionalità italiana e per il 60% donne, sono prevalentemente persone di 40-59 anni (43%) e 25-39 anni (38,3%).

Con percentuali minori vi sono gli anziani over 65 (7,8%) e gli adulti di 60-65 anni (7%).

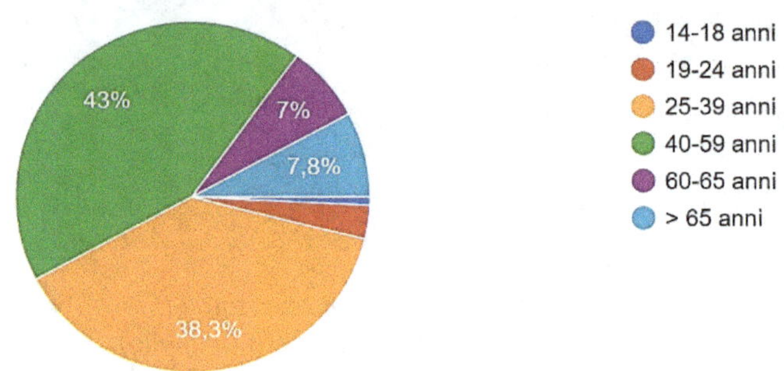

Grafico 32 - Età dei partecipanti al sondaggio.

Gli utenti sono per la maggior parte impiegati nel settore privato (30,5%) e pubblico (22,7%), seguiti da liberi professionisti (11,7%), pensionati (7,8%) e studenti (7%).

Dal punto di vista del titolo di studio più alto conseguito, circa la metà dei partecipanti ha ottenuto il diploma di scuola media superiore (49,2%).

Gli altri hanno conseguito la laurea magistrale o quinquennale (24,2%), la laurea triennale (14,1%) e il dottorato di ricerca, specializzazione post laurea o master (7,8%). Solo il 4,7% possiede solo la licenza media inferiore.

I partecipanti hanno complessivamente nuclei familiari medio piccoli: il 34,4% è costituito da due persone, il 26,6% da un singolo e il 23,4% da tre componenti; solo il 13,3% da quattro persone e il 2,3% da cinque.

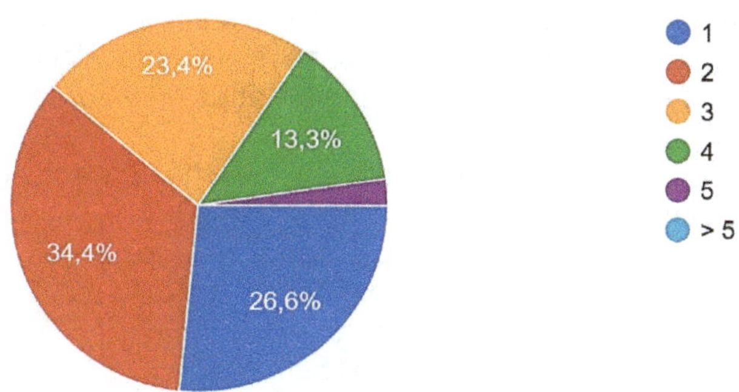

Grafico 33 - Numero di componenti familiari conviventi.

Per quanto riguarda i quartieri di residenza, i partecipanti al questionario sono distribuiti come riportato nel grafico sottostante, e risiedono per la maggior parte in abitazioni civili (appartamenti in condominio).

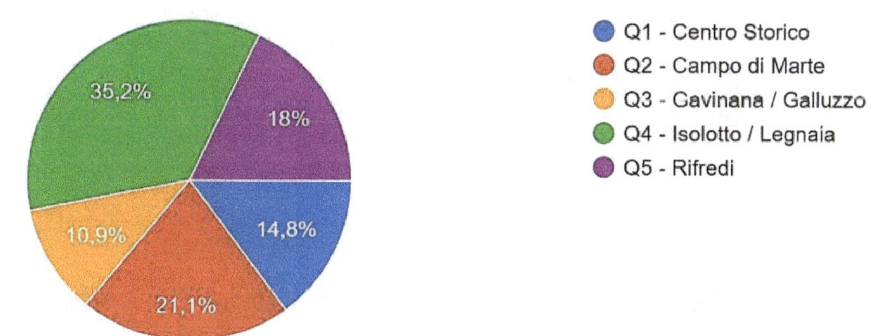

Grafico 34 - Quartieri di residenza dei partecipanti al sondaggio.

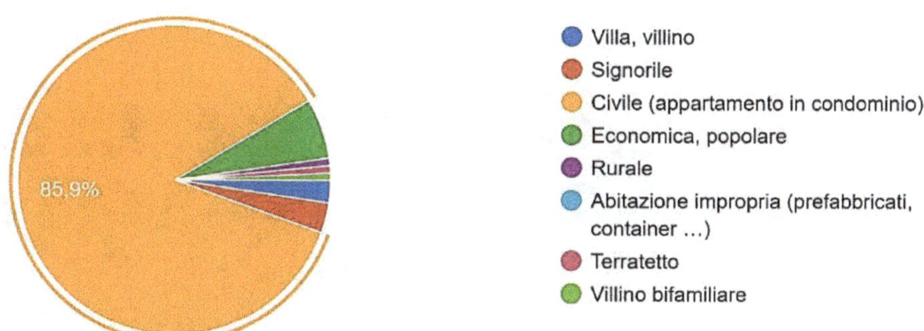

Grafico 35 - Tipo di abitazione in cui risiedono i partecipanti.

Andiamo ora ad analizzare i risultati del sondaggio riguardanti la percezione di paura e il senso di insicurezza nei diversi quartieri.

Per iniziare, agli intervistati sono state fatte alcune domande a cui era possibile rispondere semplicemente attraverso l'osservazione quotidiana del proprio quartiere.

In primo luogo, è stato chiesto loro con che frequenza gli capitasse di vedere nella zona di residenza:

1. persone che fanno uso di sostanze stupefacenti;
2. persone che spacciano droga;
3. prostitute in cerca di clienti;
4. atti di vandalismo contro i beni pubblici;
5. vagabondi, persone senza fissa dimora, nomadi.

Si riportano i risultati suddivisi per quartiere di residenza.

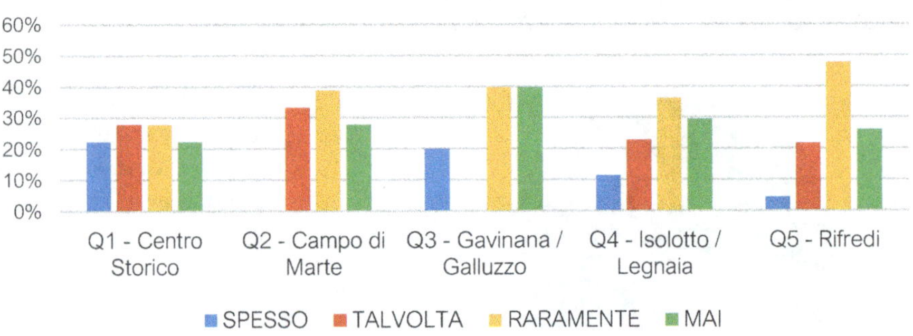

Grafico 36 - Frequenza con cui ai residenti capita di vedere persone che fanno uso di stupefacenti nel proprio quartiere.

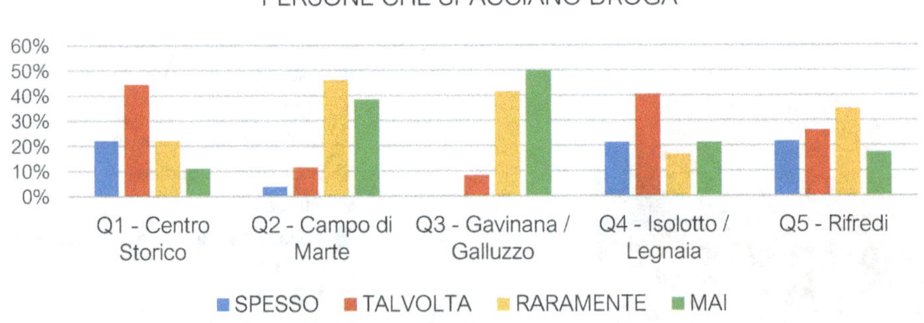

Grafico 37 - Frequenza con cui ai residenti capita di vedere persone che spacciano droga nel proprio quartiere.

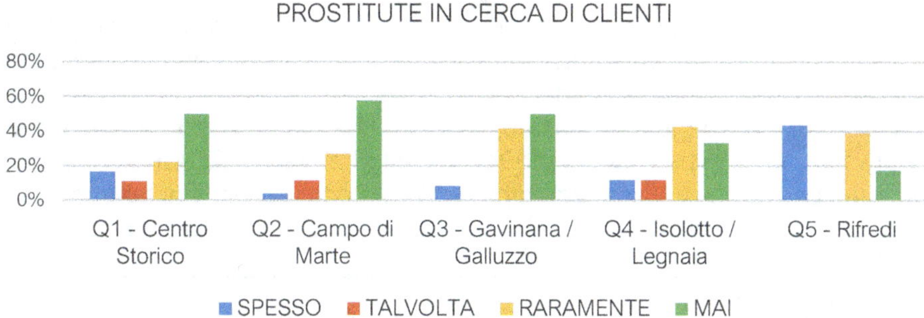

Grafico 38 - Frequenza con cui ai residenti capita di vedere prostitute in cerca di clienti nel proprio quartiere.

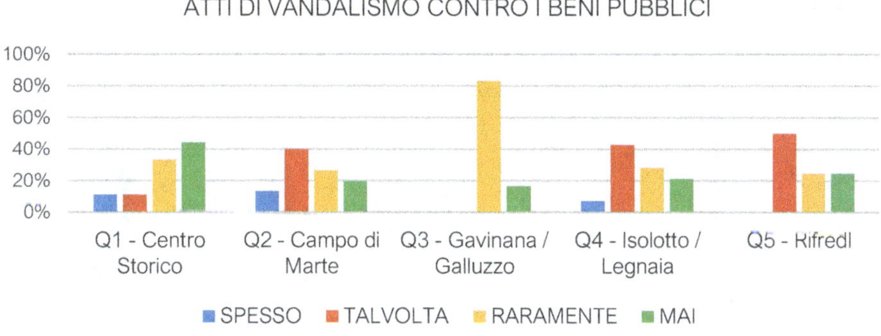

Grafico 39 - Frequenza con cui ai residenti capita di vedere atti di vandalismo contro i beni pubblici nel proprio quartiere.

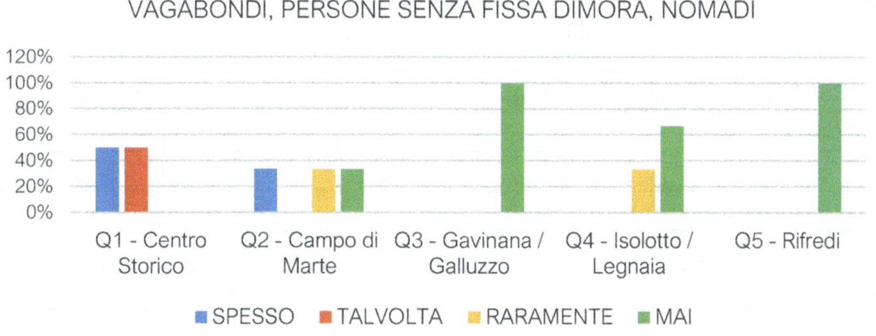

Grafico 40 - Frequenza con cui ai residenti capita di vedere vagabondi, persone senza fissa dimora, nomadi nel proprio quartiere.

In secondo luogo, è stato chiesto agli abitanti se nella propria zona di residenza fossero presenti aree degradate (edifici abbandonati o decadenti, zone verdi abbandonate, automobili abbandonate o bruciate) e zone con scarsa illuminazione delle strade.

Nella maggior parte dei casi è emerso che sono poco presenti aree degradate, se non per i quartieri Q4 - Isolotto/Legnaia e Q5 - Rifredi in cui il 50% dei partecipanti al sondaggio ha confermato la presenza di tali zone.

AREE DEGRADATE	SI	NO
Q1 - Centro Storico	20%	80%
Q2 - Campo di Marte	25%	75%
Q3 - Gavinana / Galluzzo	38%	63%
Q4 - Isolotto / Legnaia	53%	47%
Q5 - Rifredi	50%	50%

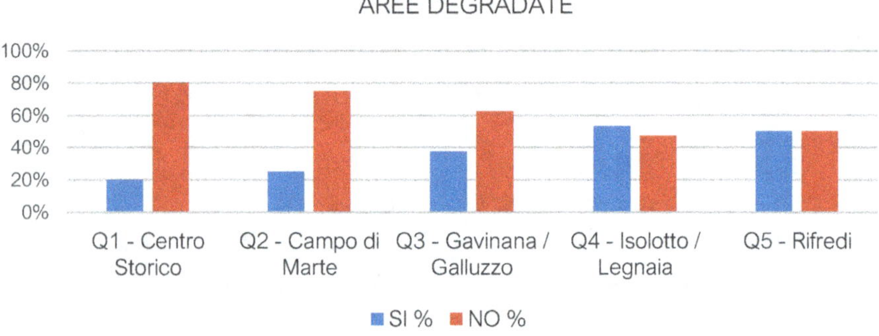

Grafico 41 - Segnalazione di aree degradate da parte dei residenti.

Dal punto di vista dell'illuminazione stradale, il quartiere in cui le strade sono percepite come più buie è il Q4 - Isolotto/Legnaia (più del 50% ha risposto sì).

SCARSA ILLUMINAZIONE DELLE STRADE	SI	NO
Q1 - Centro Storico	30%	70%
Q2 - Campo di Marte	25%	75%
Q3 - Gavinana / Galluzzo	38%	63%
Q4 - Isolotto / Legnaia	53%	47%
Q5 - Rifredi	25%	75%

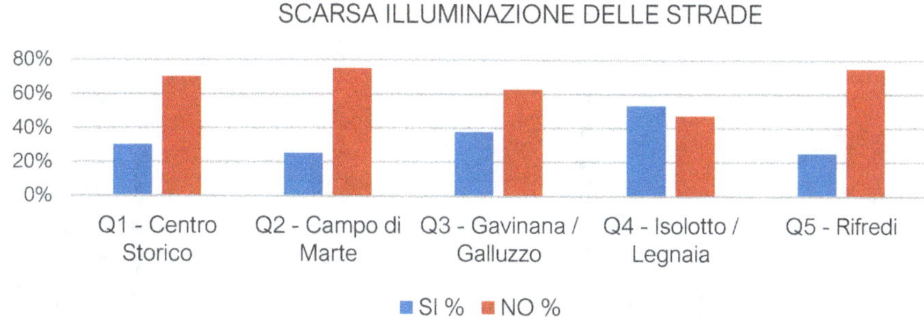

Grafico 42 - Segnalazione della scarsa illuminazione delle strade da parte dei residenti.

Successivamente, le domande poste ai partecipanti erano volte ad indagare gli aspetti percettivi in termini di sensazioni provate nel proprio quartiere.

In tal senso, per prima cosa è stato chiesto agli abitanti quanto si sentissero sicuri - in linea generale - nel proprio quartiere, in una scala da 1 (poco) a 10 (molto).

Si riporta di seguito quanto emerso dal sondaggio.

QUARTIERE	1	2	3	4	5	6	7	8	9	10
Q1 - Centro Storico	5%	0%	5%	5%	11%	0%	16%	42%	11%	5%
Q2 - Campo di Marte	0%	4%	0%	4%	4%	11%	22%	33%	15%	7%
Q3 - Gavinana Galluzzo	0%	0%	0%	7%	0%	14%	36%	29%	14%	0%
Q4 – Isolotto Legnaia	4%	4%	2%	4%	9%	13%	18%	24%	20%	0%
Q5 - Rifredi	4%	4%	9%	9%	9%	35%	22%	4%	4%	0%

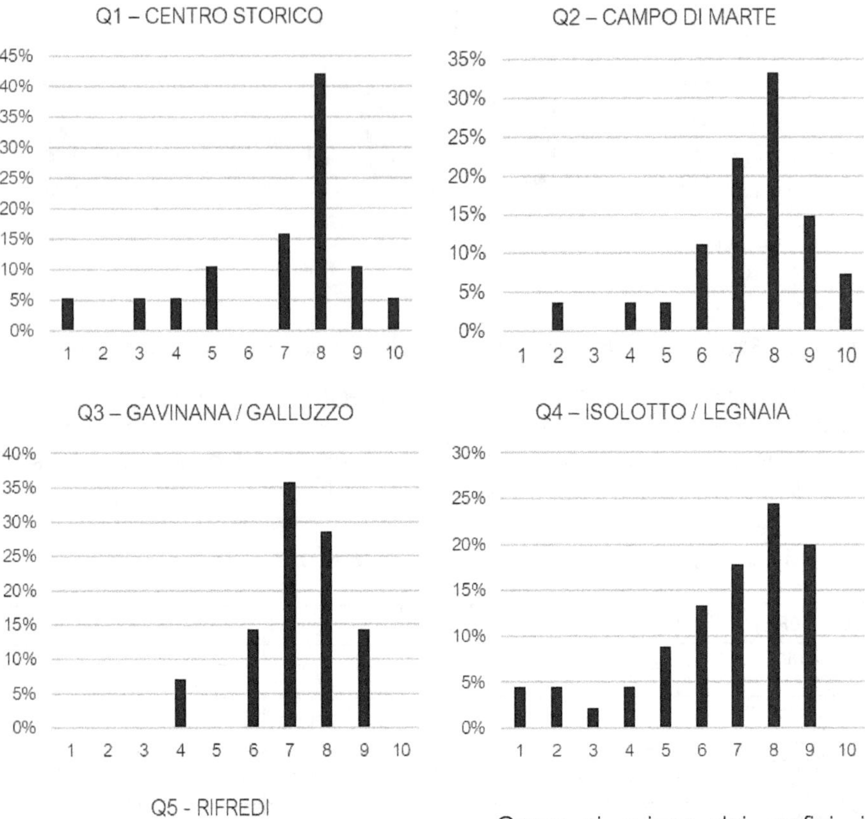

Grafico 43 - Percezione di sicurezza dei residenti di ogni quartiere in una scala da 1 a 10.

Come si evince dai grafici, il quartiere in cui i residenti si sentono più sicuri è il Q1 - Centro storico (oltre il 40% degli intervistati ha dato un punteggio di 8/10), mentre quello in cui si avverte maggior senso di insicurezza è il Q5 - Rifredi, dove circa il 35% dei residenti ha dato un punteggio di 6/10.

Gli altri quartieri hanno ricevuto valutazioni più eterogenee.

In un secondo momento, è stato chiesto agli intervistati quanto si sentissero sicuri a camminare per strada, da soli e al buio, nel proprio quartiere.

QUARTIERE	SICURO/A				NON ESCO MAI DA SOLO/A
	MOLTO	ABBASTANZA	POCO	PER NIENTE	
Q1 - Centro Storico	11%	53%	16%	16%	5%
Q2 - Campo di Marte	11%	59%	19%	11%	0%
Q3 - Gavinana Galluzzo	7%	79%	0%	14%	0%
Q4 – Isolotto Legnaia	9%	44%	20%	18%	9%
Q5 - Rifredi	0%	26%	39%	30%	4%

In questo caso, la maggior parte dei residenti dei diversi quartieri ha affermato di sentirsi abbastanza sicuro (53% nel Q1, 59% nel Q2, 44% nel Q4), in particolare nel Q3 - Gavinana Galluzzo (79%).

Si conferma un maggior senso di insicurezza nel quartiere Q5 - Rifredi, dove la maggior parte dei residenti intervistati ha dichiarato di sentirsi poco sicuro (39%) e per niente sicuro (30%).

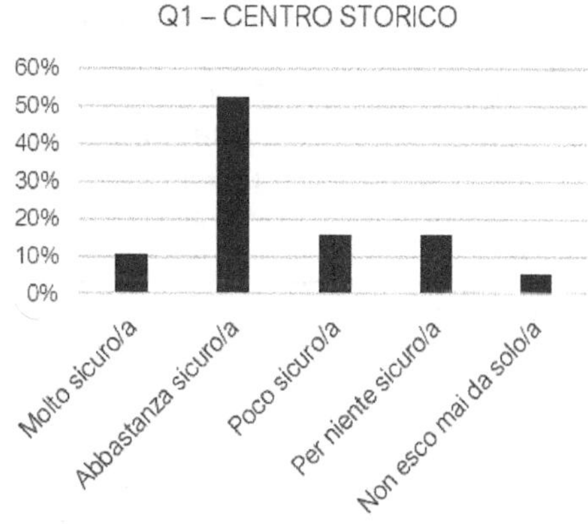

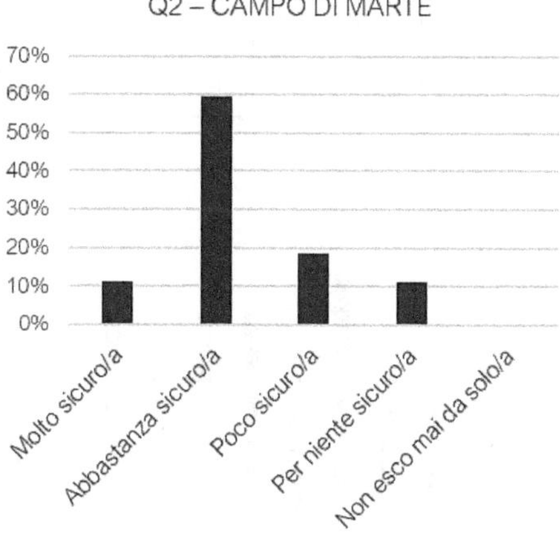

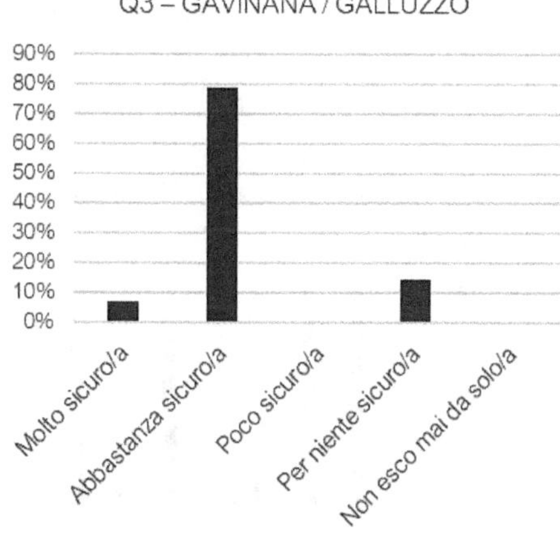

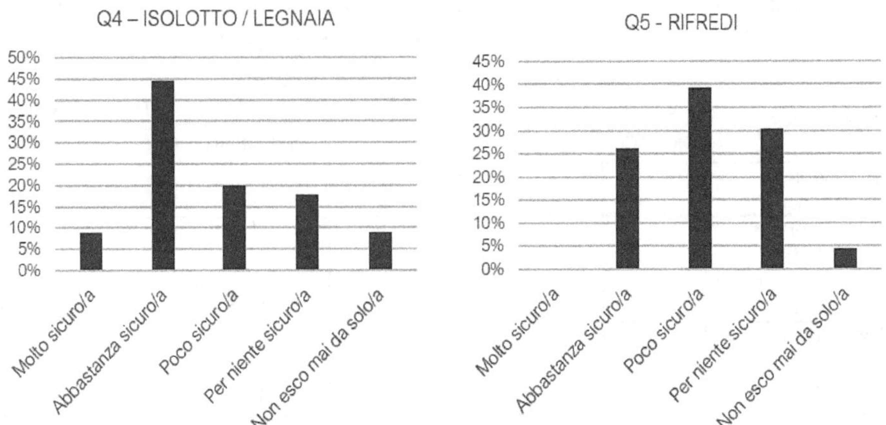

Grafico 44 - Percezione degli intervistati su quanto si sentano sicuri a camminare per strada, da soli e al buio, nel proprio quartiere.

Successivamente, le domande sono state incentrate sulla percezione del rischio, ovvero su quanto, in una scala da 1 (poco) a 10 (molto), i residenti ritenessero possibile essere vittime di reati nel proprio quartiere, ed eventualmente di che tipo. Ne è emerso quanto segue.

QUARTIERE	1	2	3	4	5	6	7	8	9	10
Q1 - Centro Storico	0%	21%	21%	11%	0%	16%	5%	16%	0%	11%
Q2 - Campo di Marte	7%	7%	19%	7%	15%	15%	11%	15%	0%	4%
Q3 – Gavinana Galluzzo	0%	7%	7%	36%	14%	14%	0%	0%	21%	0%
Q4 - Isolotto Legnaia	4%	9%	9%	9%	18%	16%	7%	13%	7%	9%
Q5 - Rifredi	4%	0%	4%	4%	17%	0%	30%	26%	0%	13%

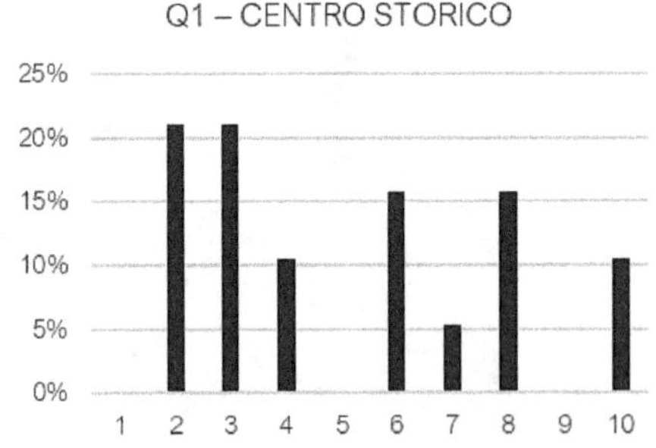

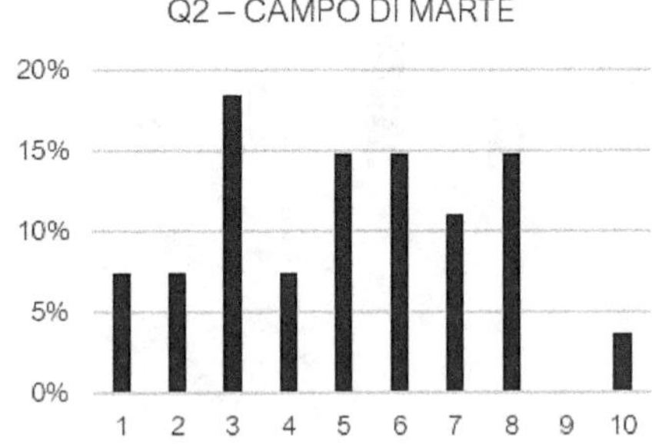

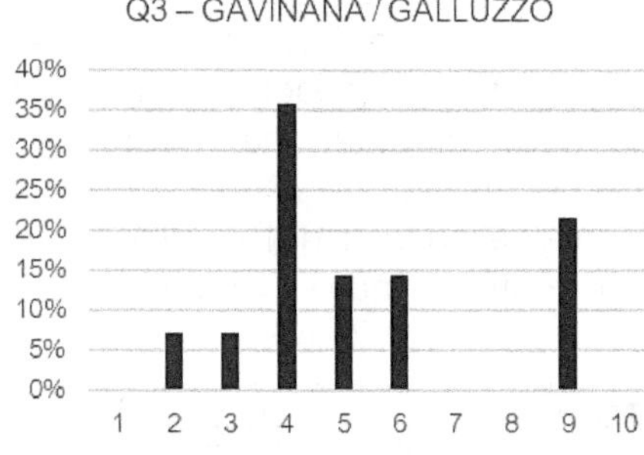

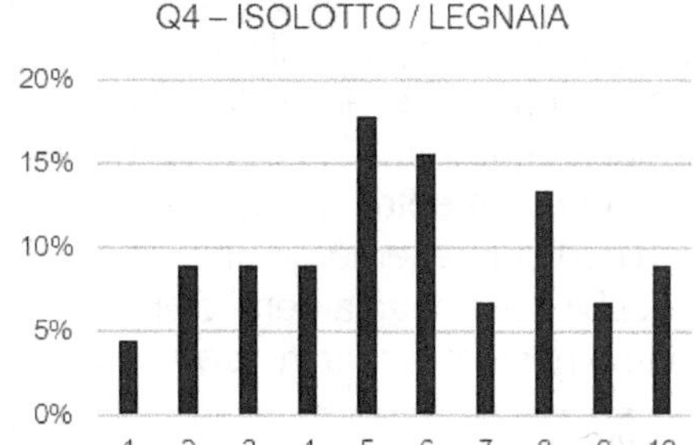

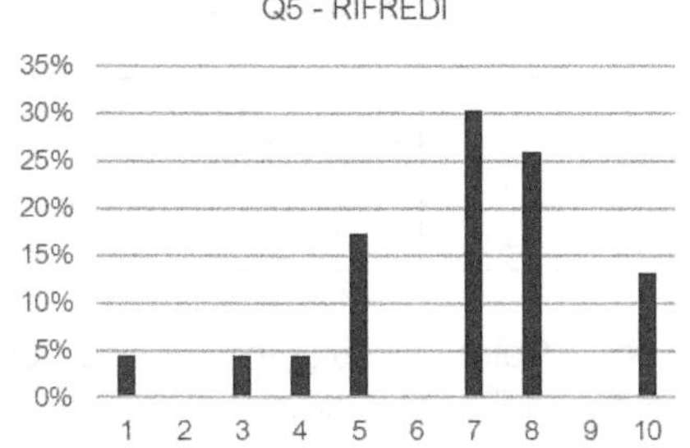

Grafico 45 - Percezione dei residenti relativa al rischio di poter essere vittime di reati nel proprio quartiere in una scala da 1 a 10.

L'andamento dei grafici confermano una valutazione di percezione del rischio più eterogenea per i quartieri Q1, Q2 e Q4, bassi valori di rischio per il Q3 (il 35% ha votato 4) e valori più elevati per il Q5 (il 35% ha votato 7, il 25% 8).

Per quanto riguarda i tipi di reato che i residenti temono di subire di più, è emerso quanto segue.

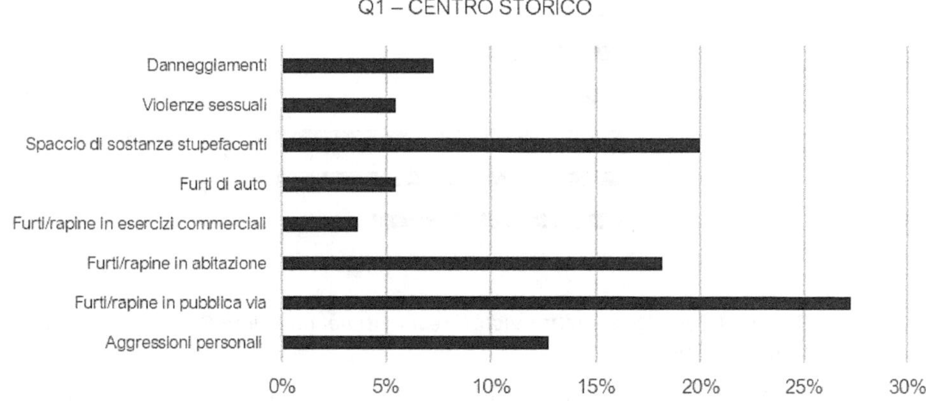

Grafico 46 - Tipi di reato che gli intervistati residenti nel quartiere Q1 - Centro storico temono di subire di più.

Confrontando i risultati emersi con le mappe di concentrazione dei reati (Capitolo IX), è possibile affermare che la percezione degli intervistati è in linea con la reale presenza di reati per alcuni tipi di crimini (spaccio di sostanze stupefacenti, furti/rapine in pubblica via, furti in abitazione, aggressioni personali), mentre vi sono delle discrepanze per altri illeciti.

In particolare, emerge un timore relativamente basso (sotto il 10% di risposte) di subire danneggiamenti o violenze sessuali, reati per i quali il Quartiere 1 è al primo posto per crimini registrati nel 2019.

QUARTIERE	DANNEGGIAMENTI	VIOLENZE SESSUALI
Q1 - Centro Storico	857	38
Q2 - Campo di Marte	667	4
Q3 – Gavinana, Galluzzo	265	2
Q4 – Isolotto, Legnaia	415	2
Q5 - Rifredi	880	15

Risulta inoltre molto basso il timore di subire furti/rapine in esercizi commerciali, uno dei reati maggiormente diffusi nel centro storico.

Questo può essere dovuto al fatto che nessuno dei partecipanti al questionario (residente nel Quartiere 1) lavora nel settore commerciale.

Gli intervistati sono pertanto meno coinvolti dalle dinamiche che riguardano questi tipi di reati.

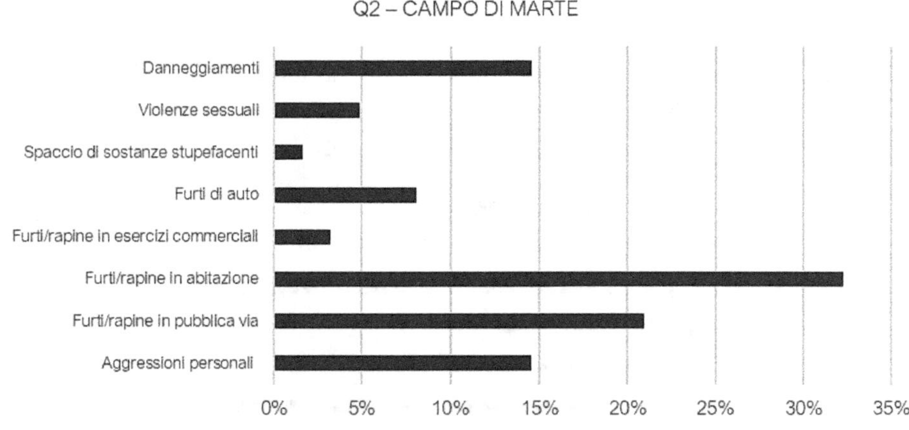

Grafico 47 - Tipi di reato che gli intervistati residenti nel quartiere Q2 - Campo di Marte temono di subire di più.

Nel caso del quartiere di Campo di Marte, invece, la percezione dei residenti emerge un po' alterata rispetto alla realtà.

Gli intervistati hanno infatti affermato di temere di subire maggiormente reati come furti e rapine in pubblica via (oltre il 20% di risposte) e aggressioni personali (quasi il 15% di risposte), crimini 'di strada' che sono invece più diffusi nel centro storico.

Si riportano di seguito i dati relativi a questi tipi di reati commessi nel 2019 nei diversi quartieri.

QUARTIERE	FURTI E RAPINE IN PUBBLICA VIA			
	FURTI CON STRAPPO	FURTI CON DESTREZZA	RAPINE IN PUBBLICA VIA	TOTALI
Q1 - Centro Storico	111	3456	141	3708
Q2 - Campo di Marte	24	317	9	350
Q3 – Gavinana, Galluzzo	1	121	5	127
Q4 – Isolotto, Legnaia	11	386	15	412
Q5 - Rifredi	29	365	40	434

QUARTIERE	AGGRESSIONI PERSONALI		
	LESIONI DOLOSE	PERCOSSE	TOTALI
Q1 - Centro Storico	262	50	312
Q2 - Campo di Marte	51	8	59
Q3 – Gavinana, Galluzzo	28	1	29
Q4 – Isolotto, Legnaia	50	6	56
Q5 - Rifredi	116	24	140

Un altro risultato emerso dal questionario che non corrisponde a pieno con le dinamiche criminali reali riguarda la percezione dei furti d'auto.

Questo tipo di reato infatti, non ha ricevuto neanche il 10% di risposte.

Il Quartiere 2 è invece al secondo posto come numero di illeciti commessi nel 2019.

QUARTIERE	FURTI DI AUTO (2019)
Q1 - Centro Storico	66
Q2 - Campo di Marte	77
Q3 – Gavinana, Galluzzo	21
Q4 – Isolotto, Legnaia	57
Q5 - Rifredi	82

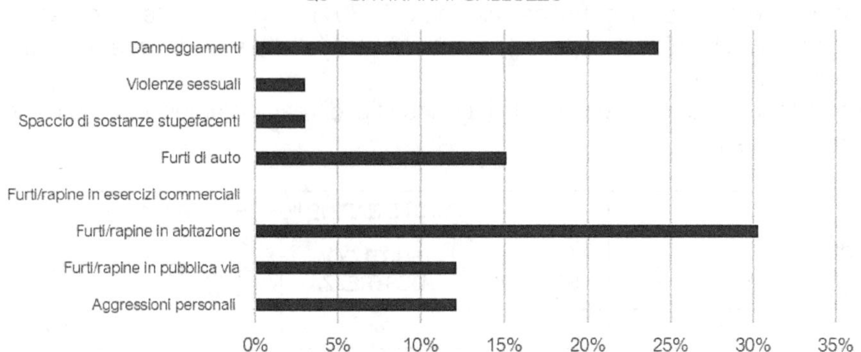

Grafico 48 - Tipi di reato che gli intervistati residenti nel quartiere Q3 - Gavinana/Galluzzo temono di subire di più.

Per quanto riguarda il Quartiere 3, quasi il 25% delle risposte degli intervistati rivela il timore di poter subire danneggiamenti nel proprio quartiere.

Gavinana/Galluzzo è invece la zona di Firenze in cui si sono verificati meno illeciti di questo tipo (265 nel 2019).

Un'altra percentuale di risposte abbastanza elevata è quella che riguarda i furti di auto (15%), perché anche in questo caso il Quartiere 3 è quello meno interessato da questo tipo di reato (21 illeciti nel 2019).

Stesse dinamiche si verificano anche per quanto riguarda il timore di subire furti/rapine in pubblica via e aggressioni personali, che hanno ottenuto circa il 13% delle risposte. In entrambi i casi, Gavinana/Galluzzo è il quartiere meno interessato da questo tipo di illeciti.

Un fenomeno che merita una riflessione più ampia è quello che riguarda i furti in abitazione nel Quartiere 3.

QUARTIERE	FURTI IN ABITAZIONE (2019)
Q1 - Centro Storico	382
Q2 - Campo di Marte	530
Q3 – Gavinana, Galluzzo	239
Q4 – Isolotto, Legnaia	312
Q5 - Rifredi	474

Osservando i dati riportati nella tabella, il Quartiere 3 si presenta come la zona di Firenze meno interessata da questa tipologia di reato.

Dalle mappe di concentrazione dei reati (Capitolo IX) è emerso invece che una delle zone più colpite dai furti in abitazione risiede proprio a Gavinana.

Ciò sembrerebbe corrispondere anche con il timore di subire un furto/rapina in abitazione emerso dal questionario rivolto ai residenti del quartiere (oltre il 30% di risposte conferma che gli intervistati hanno timore di subire questo tipo di crimine).

Si suppone che tale discrepanza possa dipendere da due fattori:

- Gavinana/Galluzzo è il quartiere che comprende un territorio agricolo di dimensioni più rilevanti rispetto alle altre quattro zone della città, per cui include anche meno aree edificate in cui poter commettere questo tipo di crimine;
- i residenti che hanno partecipato al questionario abitano nella zona in cui la concentrazione di furti in abitazione è molto elevata.

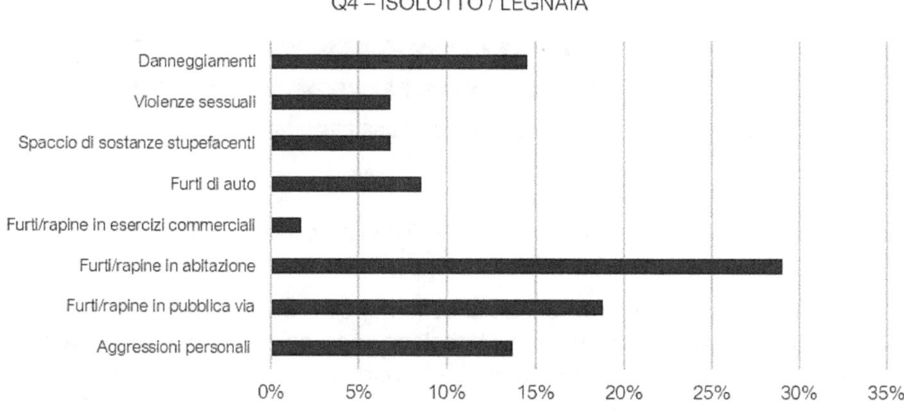

Grafico 49 - Tipi di reato che gli intervistati residenti nel quartiere Q4 - Isolotto/Legnaia temono di subire di più.

Un fenomeno simile si registra per lo stesso tipo di reato nel Quartiere 4.
In questo caso, il furto in abitazione è il reato più temuto (oltre il 30% di risposte), ma stando ai dati suddivisi per quartiere, Isolotto/Legnaia risulta al penultimo posto in merito alla presenza di questo tipo di crimine.
Analogamente al Quartiere 3, però, le *crime map* mostrano che in questa zona sono presenti aree con concentrazioni elevate di furti in abitazione.
Analizzare i dati in base alla suddivisione amministrativa dei quartieri è fortemente necessario quando si lavora su ampia scala per semplificare il confronto tra situazione reale e percepita[110]. Ciò, però, determina una lettura dei fenomeni troppo rigida e talvolta non esplicativa della complessità che caratterizza la distribuzione dei crimini in ambiente urbano.
Per quanto riguarda altre tipologie di reato, dai risultati del questionario emergono percentuali abbastanza elevate di risposte riguardo al temere di subire furti/rapine in pubblica via (quasi il 20%) e aggressioni personali (circa il 17%).
Il Quartiere 4 non è tra i più interessati da questo tipo di illeciti, e lo dimostra anche l'analisi della distribuzione spaziale dei reati esposta nel Capitolo IX.

---

[110] I residenti a cui viene sottoposto un questionario da svolgere in autonomia necessitano di riferimenti spaziali chiari che possono trovare più facilmente nella suddivisione amministrativa dei quartieri, in quanto la più nota e più diffusa.

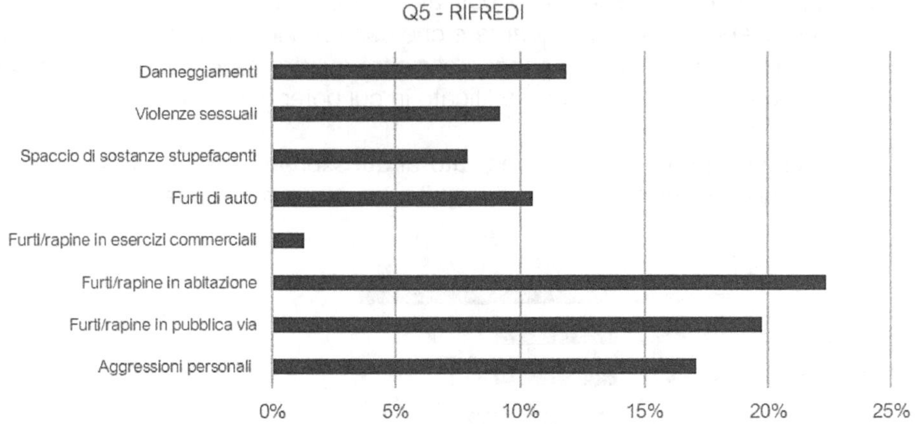

Grafico 50 - Tipi di reato che gli intervistati residenti nel quartiere Q5 - Rifredi temono di subire di più.

In merito al Quartiere 5, oltre il 20% delle risposte degli intervistati riguarda il timore di poter subire un furto in abitazione, percezione in linea con la reale presenza di reati. Rifredi è infatti uno dei quartieri in cui si registra un maggior numero di questa tipologia di illeciti, confermata dalle mappe di concentrazione dei reati.

Anche la percezione dei furti/rapine in pubblica via e delle aggressioni personali risulta abbastanza in linea con la realtà dei fatti.

Tali reati hanno ricevuto risposte tra 15% e il 20%, e sebbene il Quartiere 1 presenti un numero di reati eccessivamente più alto di quelli di Rifredi, nel Quartiere 5 si registrano valori più alti rispetto agli altri tre quartieri.

Riguardo ai danneggiamenti invece vi è una certa discrepanza. Questo tipo di reato ha ottenuto solo il 12% di risposte, ma il Quartiere 5 è quello che presenta il più alto numero di questo tipo di illeciti. Non emerge pertanto una chiara percezione della diffusione dei danneggiamenti in questa zona.

Una volta indagati i reati più temuti dai residenti delle diverse zone, è stato chiesto agli intervistati di specificare (se presenti) dei luoghi particolari del quartiere che evitano di frequentare o in cui si sentono insicuri.

Successivamente, è stato chiesto ai partecipanti al sondaggio cosa pensano che potrebbe accadergli in questi luoghi.

I luoghi individuati dai residenti del Quartiere 1 sono: zona stazione, Borgo Ognissanti, giardino pubblico lungarno in Via della Fonderia e in generale luoghi poco frequentati o bui.

In questi posti i residenti temono principalmente di essere aggrediti fisicamente e di subire furti o rapine in pubblica via (oltre il 20% delle risposte).

Nel Quartiere 2 invece, i luoghi dell'insicurezza emersi dal sondaggio sono: stazione e relativo sovrappasso, sottopasso di Piazza delle Cure, giardini di Viale Malta, Parco Mezzetta, ex comprensorio San Salvi, Via Fontebuoni.

In questo caso i residenti temono maggiormente di essere aggrediti verbalmente o di subire molestie verbali (23% di risposte), subire un furto o una rapina in pubblica via (21%) ed essere aggrediti fisicamente (19%).

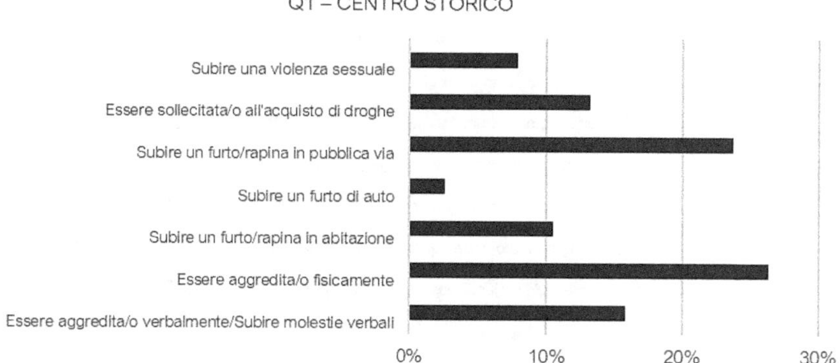

Grafico 51 - Risposte dei residenti del quartiere Q1 - Centro Storico alla domanda: "Cosa pensi ti potrebbe accadere in queste aree?"

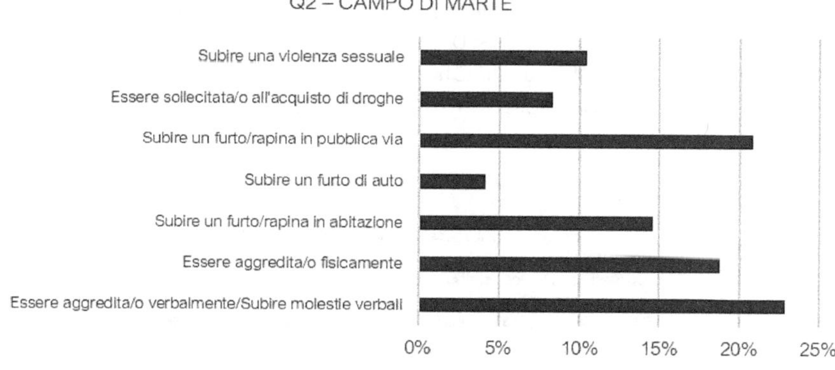

Grafico 52 - Risposte dei residenti del quartiere Q2 - Campo di Marte alla domanda: "Cosa pensi ti potrebbe accadere in queste aree?"

L'aggressione verbale e le molestie verbali (*cat calling*) non trovano un riscontro nella letteratura scientifica analizzata, né tantomeno nell'analisi dei reati. La scelta di inserirli ugualmente nell'indagine deriva dall'ipotesi che possano avere un certo impatto nella percezione di paura e nel senso di insicurezza.

Si ritiene pertanto importante che anche questo tipo di fenomeni siano inclusi in questo tipo di ricerche, confidando in futuri approfondimenti sul tema.

Andando ad analizzare i risultati del Quartiere 3, i luoghi citati dagli intervistati sono il ponte da Verrazzano, i percorsi per accedere al parco pubblico sul lungarno e in generale le aree verdi buie.

In questi posti i residenti temono maggiormente di poter essere aggrediti fisicamente (26% di risposte) e verbalmente (21% di risposte) e di poter subire un furto o una rapina in abitazione (21% di risposte).

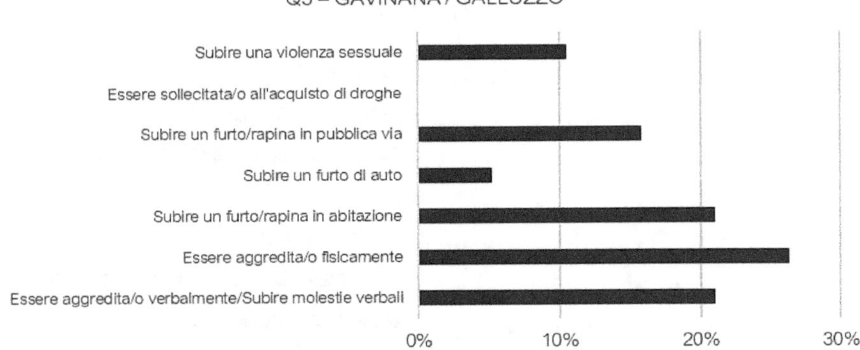

Grafico 53 - Risposte dei residenti del quartiere Q3 - Gavinana/Galluzzo alla domanda: "Cosa pensi ti potrebbe accadere in queste aree?"

Per quanto riguarda il Quartiere 4, invece, sono stati citati: Parco delle Cascine (il più diffuso nei risultati), zona Montagnola, Viale Talenti, Isolotto Vecchio, Via Canova, Sottopasso pedonale sotto il Ponte all'Indiano, zona del golf. In queste aree gli intervistati temono soprattutto le aggressioni fisiche (26% di risposte) e di subire un furto o una rapina in pubblica via (19% di risposte).

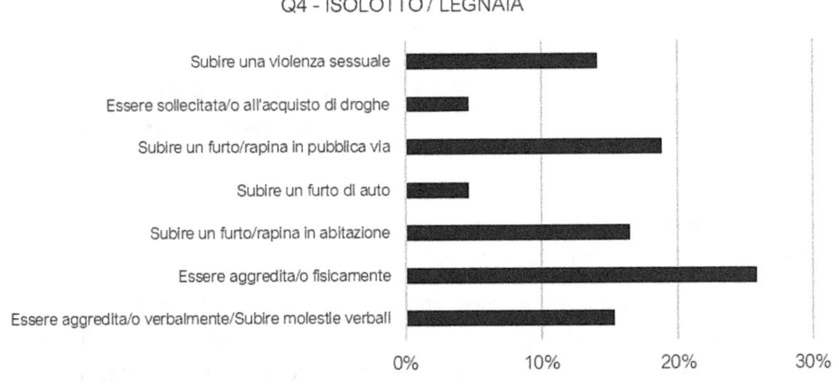

Grafico 54 - Risposte dei residenti del quartiere Q4 - Isolotto alla domanda: "Cosa pensi ti potrebbe accadere in queste aree?"

Infine, nel Quartiere 5 i luoghi in cui gli intervistati affermano di sentirsi meno sicuri sono: Piazza Leopoldo, sottopasso di Romitino, sottopasso Stazione Rifredi, Piazza Dalmazia, Viale Guidoni, Via Forlanini, Via Mariti, Viale Corsica e il parcheggio in fondo alla strada, via Baracca, via Pistoiese, area verde della Coop. In questi posti i residenti temono in particolar modo aggressioni fisiche e furti o rapine in pubblica via (23% di risposte).

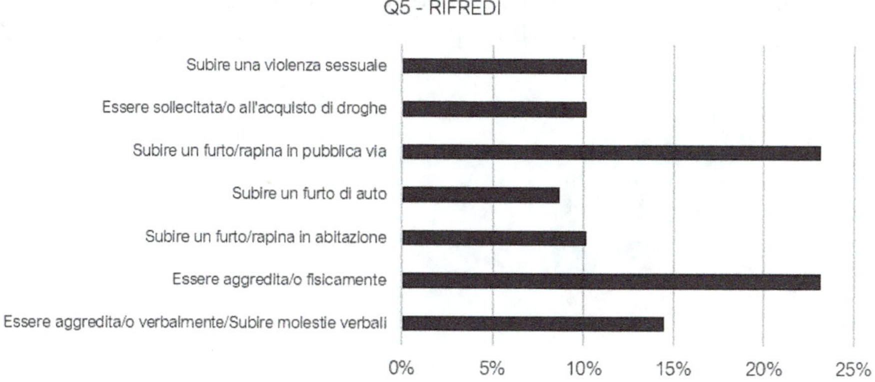

Grafico 55 - Risposte dei residenti del quartiere Q5 - Rifredi alla domanda: "Cosa pensi ti potrebbe accadere in queste aree?"

Complessivamente, i partecipanti al sondaggio temono soprattutto di essere vittime di aggressioni fisiche e verbali, nonché i furti e rapine in pubblica via.

Per approfondire la ricerca è stato chiesto successivamente agli intervistati se avessero mai subito un reato nel proprio quartiere di residenza.

La maggior parte degli utenti ha risposto “no” (57,8%), sebbene la percentuale di persone che sono state vittime di reati nel proprio quartiere sia abbastanza elevata (42,2%).

Si riportano di seguito i risultati suddivisi per quartieri.

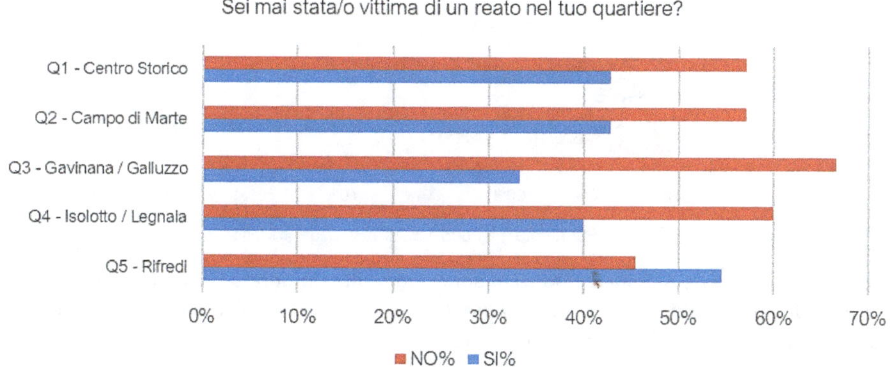

Grafico 56 - Risposte dei partecipanti al sondaggio alla domanda “Sei mai stata/o vittima di un reato nel tuo quartiere?” suddivise per quartieri di residenza.

Tra i quartieri in cui sono presenti più vittime vi è il 5 - Rifredi, dove il 54% dei residenti intervistati ha dichiarato di aver subito un reato. Questo può essere un fattore che ha contribuito a rendere il Quartiere 5 la zona di Firenze in cui gli abitanti si sentono meno sicuri[111].

Infine, l'ultimo aspetto indagato a scala di quartiere è stata la percezione della presenza (o dell'assenza) di sistemi di sorveglianza (personale delle forze dell'ordine, telecamere, etc.) nelle proprie zone di residenza.

La maggior parte dei residenti ha risposto "poco" (39,8%) o "per niente" (32%).

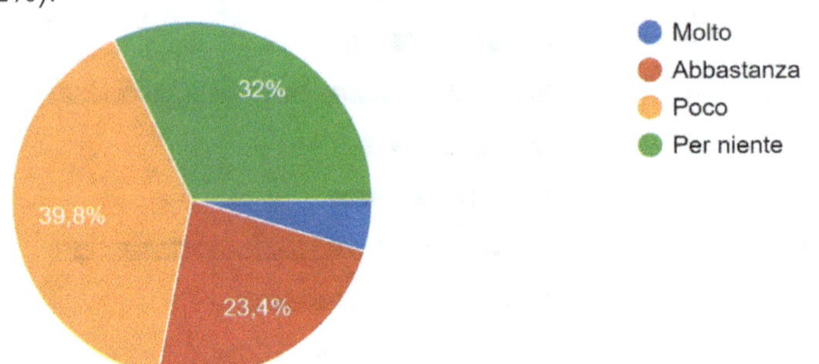

Grafico 57 - Risposte dei partecipanti al sondaggio alla domanda "Avverti la presenza di sistemi di sorveglianza (personale delle forze dell'ordine, telecamere, etc.) nel tuo quartiere?"

Si riportano i risultati suddivisi per zone della città.

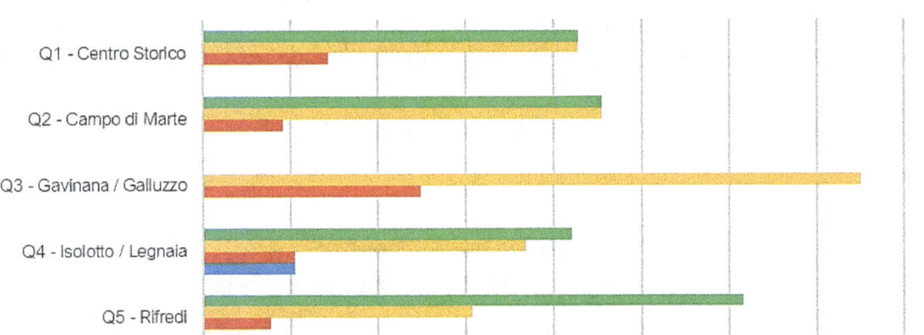

Grafico 58 - Risposte dei partecipanti al sondaggio alla domanda "Avverti la presenza di sistemi di sorveglianza (personale delle forze dell'ordine, telecamere, etc.) nel tuo quartiere?" suddivise per quartieri di residenza.

---

[111] Si ricorda che alla domanda *"Quanto ti senti sicuro/a camminando per strada quando è buio e sei da solo/a nel tuo quartiere?"* il 39% degli intervistati del Quartiere 5 ha risposto dichiarando di sentirsi poco sicuro e il 30% per niente sicuro.

Come emerge chiaramente dal grafico, tra i quartieri in cui i residenti percepiscono meno i sistemi di sorveglianza vi è il 3 - Gavinana/Galluzzo, con il 75% di persone che hanno risposto "poco".
Si registrano valori simili anche per il quartiere di Rifredi, dove oltre il 60% ha risposto "per niente" e oltre il 30% "poco".
Solo i residenti del quartiere Isolotto hanno specificato "molto" come risposta, sebbene in piccola percentuale (circa il 10%).
Una volta terminata l'indagine sui quartieri di residenza si è passati ad alcune domande riguardanti il contesto generale di Firenze e quindi la percezione di paura e il senso di insicurezza che i residenti provano in tutta la città.
Alla domanda: "in una scala da 1 a 10, quanto ti senti sicuro nella tua città?" più della metà degli intervistati hanno dato valutazioni medio-alte (quasi il 30% ha dato un punteggio pari a 7 e circa il 20% pari a 8).

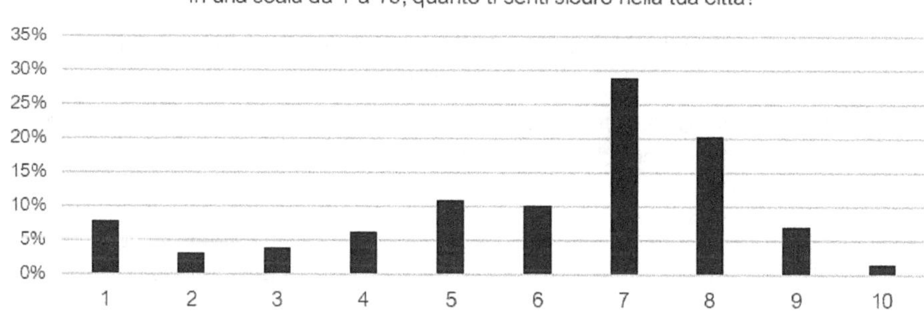

Grafico 59 - Risposte dei partecipanti al sondaggio alla domanda "In una scala da 1 a 10, quanto ti senti sicuro nella tua città?"

Successivamente è stato chiesto ai residenti quali fossero, secondo loro, i tipi di reati più diffusi in città. Nella percezione collettiva dei partecipanti al sondaggio, i crimini che si verificano di più sono i furti e le rapine in pubblica via e lo spaccio di sostanze stupefacenti (circa il 20% di risposte), seguiti dai furti/rapine in abitazione (18,4%), i danneggiamenti (14,3%) e le aggressioni personali (10,2%).

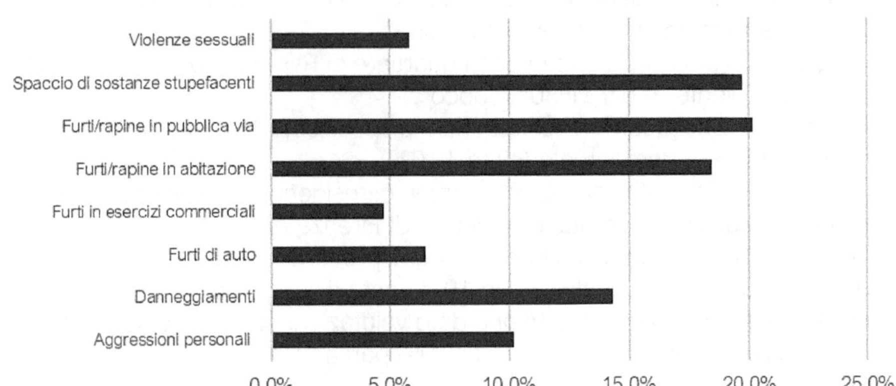

Grafico 60 - Risposte dei partecipanti al sondaggio alla domanda "Quali tra questi tipi di reati pensi siano maggiormente diffusi nella tua città?"

Si riporta di seguito la tabella con i dati dei crimini verificatisi a Firenze nel 2019, raggruppati secondo le categorie sottoposte agli intervistati nel sondaggio.

TIPO DI REATO	n. (2019)
Furti/rapine in pubblica via[112]	5602
Danneggiamenti	3360
Furti/rapine in abitazione[113]	2134
Furti in esercizi commerciali	1562
Aggressioni personali[114]	689
Spaccio di sostanze stupefacenti	495
Furti di auto	329
Violenze sessuali	62

Comparando i risultati riportati nel Grafico 60 con i valori della tabella, è possibile affermare che vi è una chiara corrispondenza tra la percezione degli intervistati e la reale presenza di furti e rapine in pubblica via; vale lo stesso anche per i furti in abitazione e le aggressioni personali.

Risulta invece distante dalla realtà la percezione del reato di spaccio di sostanze stupefacenti, particolarmente sentito da parte degli intervistati, ma che nella tabella dei dati reali si trova al terz'ultimo posto per illeciti verificati nel 2019.

---

[112] Somma dei reati di furto con strappo, furto con destrezza e rapina in pubblica via.

[113] Somma dei reati di rapina e furti in abitazione.

[114] Somma dei reati di lesioni dolose e percosse.

Al contrario, i danneggiamenti sono un tipo di reato poco percepito dai partecipanti al sondaggio rispetto al numero di illeciti compiuti; dalla tabella infatti emerge che i danneggiamenti sono il secondo tipo di reato più diffuso a Firenze.

Dopo questa indagine più ampia sulla percezione della diffusione dei vari tipi di reati in città, è stato chiesto ai partecipanti al sondaggio in quali zone, secondo la loro opinione, fosse più o meno possibile essere vittime dei tipi di reati maggiormente percepiti.

Si riportano di seguito i risultati emersi.

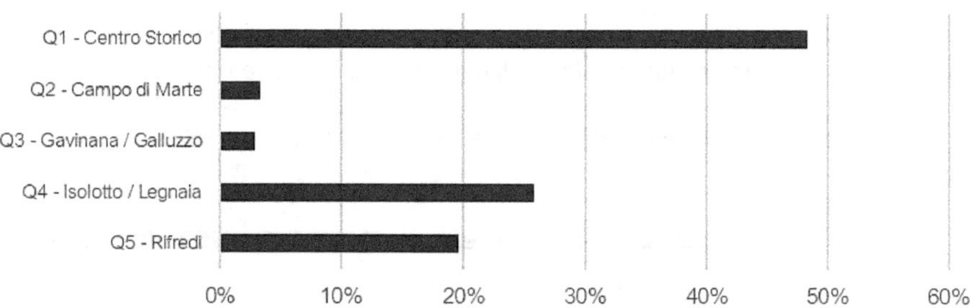

Grafico 61 - Risposte dei partecipanti al sondaggio alla domanda "Dove pensi di poter essere più soggetto/a a furti/rapine in pubblica via?"

Dove pensi siano maggiormente diffusi i furti (o le rapine) in abitazione?

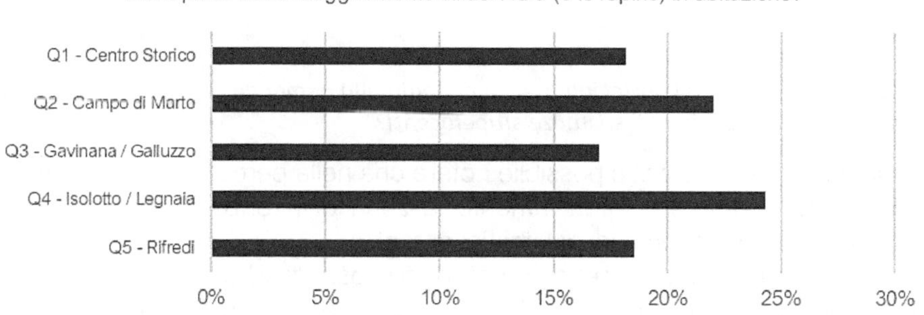

Grafico 62 - Risposte dei partecipanti al sondaggio alla domanda "Dove pensi siano maggiormente diffusi i furti (o le rapine) in abitazione?"

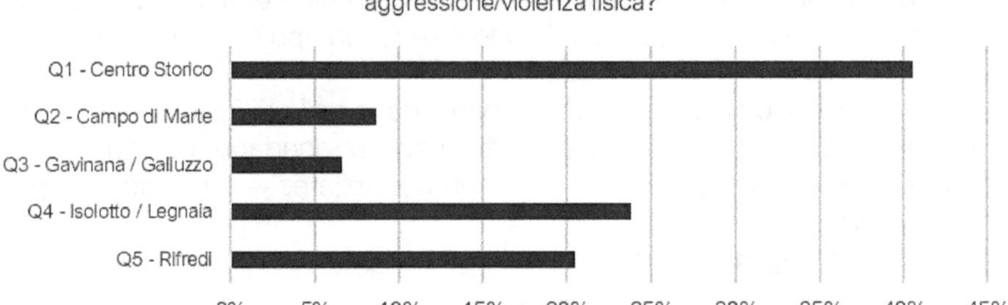

Grafico 63 - Risposte dei partecipanti al sondaggio alla domanda "Dove pensi di essere più soggetto/a ad una qualsiasi tipologia di aggressione/violenza fisica?"

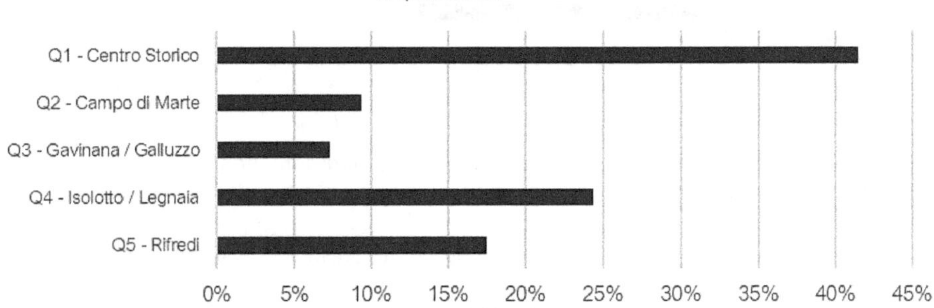

Grafico 64 - Risposte dei partecipanti al sondaggio alla domanda "Dove pensi di essere più sollecitato all'acquisto di sostanze stupefacenti?"

Osservando i vari grafici è possibile notare che nella percezione globale della città, il centro storico è effettivamente la zona di Firenze in cui si avverte maggiormente la presenza di diversi tipi di reati.

I quartieri in cui invece l'aspetto percettivo si scosta di più dalle reali dinamiche sono quelli di Rifredi e Isolotto. Per quanto riguarda queste zone infatti, le percentuali di risposte che individuano il Quartiere 4 come sede di un reato piuttosto che un altro sono più alte di quelle ricevute per il Quartiere 5.

In tutti e quattro i casi approfonditi[115] il quartiere dell'Isolotto presenta invece numeri più bassi di reati verificati nel 2019 rispetto a quello di Rifredi.

---

[115] Furti/rapine in pubblica via, furti/rapine in abitazione, aggressioni/violenze fisiche e spaccio di sostanze stupefacenti (2019).

		Q4 - Isolotto/Legnaia	Q5 - Rifredi
Furti e rapine in pubblica via	Reati [116]	412	434
	Risposte	26%	20%
Furti e rapine in abitazione	Reati [117]	312	474
	Risposte	24%	19%
Aggressioni e violenze fisiche	Reati [118]	58	155
	Risposte	24%	20%
Spaccio di sostanze stupefacenti	Reati	42	73
	Risposte	24%	17%

Successivamente è stato chiesto agli intervistati se ci fossero delle aree della città (strade, piazze, parchi, giardini, locali, etc.) in cui evitano di andare e/o in cui provano senso di insicurezza.

Tra i più menzionati emerge il Parco delle Cascine e le stazioni ferroviarie, in particolare quella di Santa Maria Novella.

Altri luoghi specifici citati sono: Santo Spirito, sottopasso delle Cure, via dei Serragli e le strade dell'Osmannoro di sera.

Più in generale, viene fatto riferimento a strade buie, non illuminate o poco frequentate e ai parchi pubblici di notte.

È stato poi domandato ai residenti cosa pensano che gli possa accadere in questi luoghi. Le risposte che hanno ricevuto percentuali maggiori sono le stesse ottenute nella parte di sondaggio suddivisa per quartieri, ovvero: il timore di essere aggredito/a fisicamente (24% di risposte), di subire un furto o una rapina in pubblica via (19%) e di essere aggredito/a verbalmente (19%).

Grafico 65 - Risposte dei partecipanti al sondaggio alla domanda "Cosa pensi ti potrebbe accadere in queste aree?"

[116] Somma dei reati di furto con strappo, furto con destrezza e rapina in pubblica via (2019).
[117] Somma dei reati di rapina e furti in abitazione (2019).
[118] Somma dei reati di lesioni dolose, percosse e violenze sessuali (2019).

La parte seguente del questionario è stata dedicata ad un'indagine di vittimizzazione.

Quasi il 54% degli intervistati ha affermato di essere stato vittima di un reato a Firenze, per la maggior parte furti e rapine in abitazione (34% di risposte) e furti/rapine in pubblica via (25%), seguiti da aggressioni personali (10%) e danneggiamenti (8%).

Le zone della città in cui sono avvenuti tali illeciti sono in prevalenza il Q1 - Centro storico (34% di risposte) e il Q4 - Isolotto/Legnaia (30%).

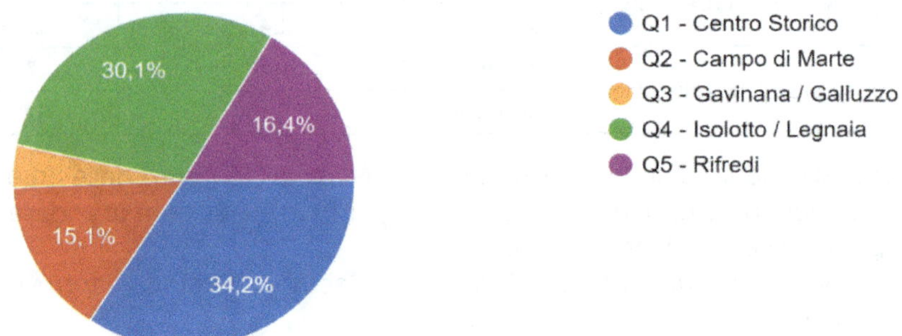

Grafico 66 - Risposte dei partecipanti al sondaggio alla domanda "Se sì, in che zona della città?" relativa alla domanda precedente.

Sempre in merito alla parte del questionario dedicata al senso di insicurezza in tutta la città, è stata indagata la percezione degli abitanti riguardo agli andamenti della criminalità.

Secondo il 39% degli intervistati il tasso di criminalità della città è aumentato, circa il 27% pensa che sia rimasto invariato, mentre quasi il 23% sostiene che sia aumentato drasticamente.

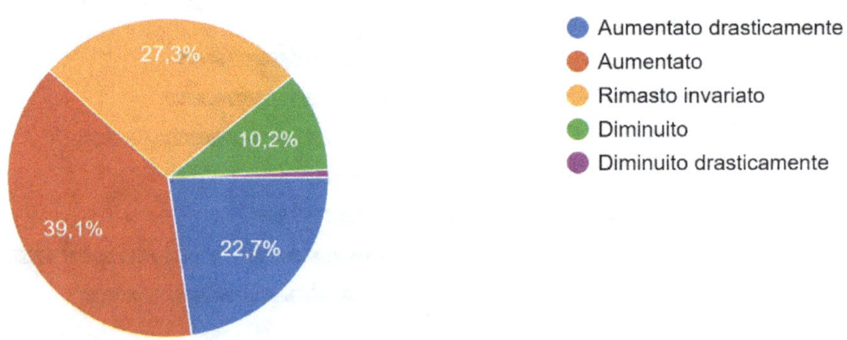

Grafico 67 - Risposte dei partecipanti al sondaggio alla domanda "Il tasso di criminalità negli ultimi anni a Firenze pensi che sia..."

Un altro aspetto che è stato approfondito riguarda la percezione della presenza dei sistemi di sorveglianza in città (personale delle forze dell'ordine, telecamere, etc.). Quasi la metà dei partecipanti al sondaggio (45%) avverte poco la presenza di tali sistemi.

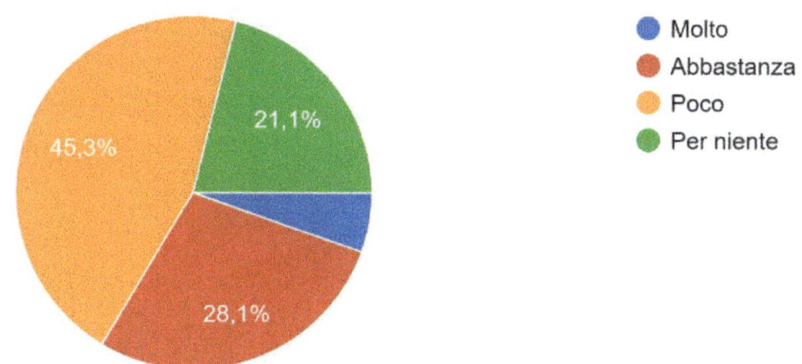

Grafico 68 - Risposte dei partecipanti al sondaggio alla domanda "Avverti la presenza di sistemi di sorveglianza (personale delle forze dell'ordine, telecamere, etc.) nella tua città?"

Il questionario termina con una domanda con la domanda "Cosa andrebbe fatto per aumentare il senso di sicurezza nella sua città?"

La maggior parte degli intervistati vede come soluzione più efficace l'aumento della presenza di forze dell'ordine sul territorio. Viene poi sollecitato l'aumento di telecamere e di sistemi di illuminazione pubblica.

Prevalentemente quindi, si ritiene che la sicurezza si possa aumentare con incrementando il controllo della città.

Un'altra parte di intervistati, ritiene che questo tipo di approccio non sia il migliore da seguire.

A tal proposito, si riporta la risposta di un intervistato:

"Non aumentare le telecamere, l'esercito e la polizia, già anche troppo presente in centro e in particolare in S. Ambrogio dove abito [...]. Paradossalmente, la loro presenza mi mette in soggezione e mi istiga delle paure che altrimenti avrei in misura minore. Credo che la microcriminalità sia comunque presente – con o senza presidi armati – e che semplicemente in questo modo si sposti fuori dai riflettori. Posso sentirmi sicuro solo se c'è un militare in vista? Mi piacerebbe che la municipalità comprendesse che non tutti i cittadini gradiscono vivere tra telecamere e camionette dell'esercito, e che l'abuso di personale appartenente alle forze dell'ordine [...] sembra più una grottesca operazione di facciata finalizzata a dare un (irreale) senso di sicurezza che non una reale strategia per combattere la criminalità (o il terrorismo)."

Una minoranza quindi, ritiene che per aumentare la sicurezza sarebbe importante sostenere e investire nell'associazionismo di quartiere, nella creazione di luoghi di aggregazione che rendano gli spazi urbani vivi h24, nonché nell'educazione civica.

Viene proposto inoltre di: "riqualificare i luoghi degradati e/o abbandonati, dotare ogni quartiere di servizi socio-culturali adeguati ad ogni fascia d'età, avviare una politica mirata alla fornitura di alloggi a prezzi calmierati per giovani e meno abbienti, interrompere immediatamente il processo di gentrificazione del centro storico e dei tessuti urbanistici limitrofi".

Conclusioni

Questo lavoro è il frutto di un percorso di ricerca della durata di tre anni.
In questo arco di tempo, lo studio è stato sottoposto a numerose modifiche e variazioni di percorso a causa delle vicissitudini di volta in volta rilevate e descritte di seguito.
La natura fluida di questa ricerca ha permesso, nonostante le numerose difficoltà, di giungere ad un prodotto finale.
Il lavoro si propone come base di partenza per ulteriori riflessioni e affinamenti di studio sotto il profilo metodologico e conoscitivo.
Dal punto di vista metodologico, lo studio arricchisce la letteratura accademica a livello sperimentale e può costituire un riferimento in più per le future ricerche sul principale tema d'indagine, ovvero le relazioni che intercorrono tra la presenza di reati, la struttura urbana e la percezione di paura.
Dal punto di vista conoscitivo, l'elaborato delinea un inquadramento approfondito e completo del contesto fiorentino, prefigurandosi come base di future ricerche che avranno come caso studio la città di Firenze.

Considerazioni sul percorso di ricerca

Considerando la tesi di dottorato come il pezzo di un puzzle scientifico spazio-temporale ben più ampio, mi ritengo soddisfatta del lavoro complessivo, in particolare per la struttura e per la natura applicativa del lavoro.
Tenevo particolarmente all'idea di sviluppare una tesi in cui potessi dare il mio contributo con delle elaborazioni personali.
Il testo è stato strutturato in tre parti.
La prima consiste in una raccolta sistematizzata dello stato dell'arte del tema d'indagine ed è stata suddivisa in quattro capitoli, che illustrano:

1. la definizione del concetto di sicurezza urbana e dei principali approcci al tema (ordine pubblico, sociale, ambientale), seguiti da un quadro storicizzato delle metodologie d'indagine e delle risposte che si è cercato di dare alle problematiche di sicurezza riscontrate in ogni fase storica, dagli albori fino a oggi. Gli studi nazionali e internazionali più recenti (circa gli ultimi dieci anni) sono stati fondamentali per strutturare l'impostazione metodologica della ricerca, in particolare per la scelta delle variabili da considerare nelle diverse analisi (caratterizzazione dei tessuti urbani, questionario sulla percezione di paura, etc.);
2. una rassegna dei principali riferimenti teorici riguardanti gli studi sulla percezione con un focus specifico sulla paura. A tal proposito è stato trattato il tema dell'influenza dei *mass media* nella costruzione della paura collettiva. Anche in questo caso il quadro teorico è stato molto utile per definire gli aspetti da approfondire nell'indagine sulla reputazione dei luoghi;

3. un'analisi comparativa di tre casi studio europei di progettazione urbana in cui sono stati considerati gli aspetti legati alla sicurezza: La Duchère a Lione, Oud Oefenplein a Mechelen e Divis Flats a Belfast. Quest'ultima parte mi ha aiutata a riflettere su quali caratteristiche dello spazio urbano influiscono o meno - direttamente o indirettamente - sull'aumento dei livelli di sicurezza reale e percepita;
4. alcune considerazioni sul quadro teorico e i principali suggerimenti emersi.

La maggior difficoltà riscontrata nella realizzazione della prima parte del lavoro è stata la gestione della quantità di materiale a disposizione. Se da una parte la presenza di innumerevoli contributi scientifici sul tema ha assicurato la costruzione di un quadro teorico soddisfacente, dall'altra ha reso molto complicata la sistematizzazione della letteratura stessa, in termini di:

- scelta e selezione dei contributi più significativi per la tesi;
- ordine e linearità nella ricostruzione storica delle principali teorie;
- organizzazione della bibliografia in *cluster* tematici.

La seconda parte dell'elaborato è stata dedicata alla presentazione e all'inquadramento del caso studio: Firenze.

La città scelta si è effettivamente rivelata idonea per questo tipo di ricerca, poiché:

- è stato possibile reperire gran parte dei dati e delle informazioni necessarie alla redazione degli elaborati di analisi;
- le caratteristiche dell'insediamento (struttura, dimensione, etc.) hanno permesso di svolgere agevolmente le analisi tematiche prefissate;
- approfondire lo studio su una città già conosciuta ha permesso di comprendere meglio i fenomeni analizzati.

Questa parte è stata strutturata in quattro capitoli, che riguardano:

1. il quadro normativo di riferimento, in cui sono state raccolte e sistematizzate circa venti tra le principali norme europee e nazionali in materia di sicurezza urbana dal 1995 a oggi;
2. le tendenze evolutive della criminalità, sia su scala nazionale, che a livello di dettaglio sul caso specifico di Firenze; sia questo capitolo che quello precedente sono stati fondamentali per conoscere in maniera chiara il contesto in cui si è operato;
3. lo studio della morfologia urbana, con cui sono stati individuati ventuno tessuti urbani, di cui otto storici, dieci contemporanei, tre specialistici. I tessuti sono stati mappati in una cartografia e descritti dettagliatamente in un abaco. La stesura di questo capitolo è stata molto articolata poiché l'individuazione dei morfotipi urbani è stata fatta totalmente attraverso l'analisi interpretativa delle caratteristiche dello spazio urbano;

4. la caratterizzazione dei tessuti urbani, nonché una raccolta di analisi tematiche delle varie parti della città (aspetti socio-demografici, sistema della mobilità, funzioni e attività, valori immobiliari, presenza di sistemi di videosorveglianza). Le elaborazioni riportate nel settimo e nell'ottavo capitolo hanno costituito la base di lavoro dell'indagine sulle correlazioni, nonché le variabili con cui mettere in relazione la distribuzione dei reati. In questa parte, l'aspetto più complesso del lavoro è stato proprio la selezione e la scelta delle variabili da considerare. A tal fine ha avuto un ruolo determinante la *survey* bibliografica riguardante le ricerche nazionali e internazionali in materia di sicurezza urbana, riportate nel quadro teorico della tesi.

La terza e ultima parte costituisce il cuore della ricerca, nonché l'indagine vera e propria sulle correlazioni tra le variabili individuate. È stata organizzata in due capitoli, che riportano:

1. l'analisi e la mappatura dei crimini. In accordo con la Prefettura sono stati scelti 16 tipi di reati predatori sulla base della loro relazione con gli aspetti spaziali della città. Si tratta di reati contro la persona, contro il patrimonio o inerenti la detenzione di sostanze stupefacenti. L'analisi della distribuzione spaziale dei crimini è stata elaborata sia attraverso la redazione di mappe di concentrazione dei reati, che mediante l'utilizzo di grafici sulla ripartizione degli illeciti per chilometro quadrato in ogni tessuto urbano;
2. lo studio della relazione tra la reale presenza di reati e la reputazione dei luoghi in termini di sicurezza. In questo capitolo sono stati riportati i risultati ottenuti dall'analisi quali-quantitativa della rassegna stampa locale (2019), dall'analisi qualitativa della documentazione comunale (2019) e la sintesi delle 128 risposte ottenute con la somministrazione del questionario online rivolto agli abitanti (2021).

La stesura di questa parte del lavoro è stata molto complessa.

In primo luogo, nonostante la disponibilità a collaborare dimostrata dagli enti locali - in particolare la Prefettura di Firenze - vi sono state notevoli difficoltà nell'accesso ai dati che, in quanto sensibili, sono soggetti a numerose restrizioni.

In secondo luogo, una volta ottenute le informazioni (circa un anno e mezzo dopo aver avanzato la prima richiesta), la parte più complessa del lavoro è stata la gestione della quantità di dati ottenuti.

Nell'indagine di correlazione tra le caratteristiche della città, la presenza di reati e la reputazione dei luoghi si è dovuto tener conto di una complessità di fattori che in diversi step della ricerca ha creato un grande disorientamento, con il rischio costante di allontanarsi dall'obiettivo di ricerca prefissato.

A tal proposito, è stato fatto un enorme sforzo di riorganizzazione dei materiali, con la realizzazione di molte rielaborazioni personali (mappature e restituzioni cartografiche, analisi tabellari e grafici).

In terzo luogo, un ulteriore fase complicata è stata quella che ha riguardato la struttura degli esiti della ricerca. Molti dei risultati ottenuti in questa fase sono stati diversi da quelli attesi inizialmente, in alcuni casi anche sorprendenti. Mi sono interrogata molto sul perché, su quali aspetti avessi tralasciato e su cos'altro avrei potuto fare.

Sono arrivata alla conclusione che i fenomeni analizzati sono molto meno evidenti di quanto si possa pensare e che alcune ipotesi iniziali sono state decisamente più difficili da indagare di quanto potessi immaginare.

È stato quindi arduo formulare altre ipotesi, principalmente per due ragioni.

La prima è la complessità dei fattori che incidono sulla presenza di reati.

La seconda è l'impossibilità di verificare alcuni fatti per la mancanza di disponibilità di dati strutturati (abitanti non residenti, flussi pendolari, etc.), oppure perché si tratta di fenomeni non ancora misurabili e quantificabili empiricamente, come per esempio distribuzione di alcuni tipi di reati[119].

In merito ai risultati ottenuti sul confronto tra la presenza di reati e la reputazione dei luoghi in relazione alla sicurezza urbana, si riscontrano alcuni limiti della ricerca:

- scarsi mezzi a disposizione per svolgere l'indagine sugli aspetti percettivi;
- mancanza di risorse (economiche e umane) per realizzare una vera e propria indagine statistica;
- limitate possibilità di svolgere sopralluoghi e interviste in loco di persona agli abitanti a causa della pandemia da Covid-19 durante gli ultimi due anni del percorso di dottorato;
- limitati strumenti per la diffusione del questionario online (social network e mail).

Un'ulteriore considerazione riguarda la parte conclusiva della tesi e la possibilità di integrare il lavoro con ulteriori approfondimenti.

La necessità di fornire un documento inquadrato all'interno delle logiche temporali dettate dal percorso di dottorato e le risorse materiali e immateriali a disposizione hanno portato alla scelta di concludere la ricerca escludendo approfondimenti relativi a potenzialità progettuali applicabili al caso studio.

Le evidenze raccolte e riportate all'interno della sezione dedicata ai risultati, in questo senso, rappresentano un punto di partenza per future ricerche focalizzate maggiormente sugli aspetti progettuali relativi alla sicurezza urbana.

Il lavoro, svolto con approccio inter-scalare, guarda alla città nella sua complessità e non aspira a raggiungere quel livello di dettaglio necessario alla progettazione urbana.

---

[119] Uno tra questi è la prostituzione, poiché il luogo in cui viene commesso il reato generalmente è diverso da quello in cui le persone stazionano in attesa di clienti.

In coerenza con l'approccio adottato, avanzare delle linee guida o proposte progettuali basandosi sul quadro emerso da questa ricerca non sarebbe stato soddisfacente, con il rischio di proporre risposte usuali a fenomeni molto complessi. Un lavoro progettuale solido e innovativo avrebbe richiesto tempi molto più lunghi di quelli a disposizione al termine della ricerca svolta.

Ciò non consiste in un passo indietro di fronte alla sfida più grande di proporre soluzioni, ma definisce il perimetro coerente di un contributo scientifico che intende fornire al futuro progettista una base solida da cui partire.

A tal proposito si rimanda all'ultimo paragrafo riguardo i possibili sviluppi futuri.

Riflessioni sui risultati ottenuti

Alla luce del percorso di ricerca affrontato, vorrei sintetizzare i principali aspetti emersi. È importante specificare che tali risultati sono strettamente legati al contesto analizzato e quindi alla città di Firenze.

È possibile affermare che in questo studio sono stati individuati tre livelli di correlazione tra la presenza di reati e le caratteristiche della città: significativa, relativa e nulla.

Si definisce **significativa** una correlazione in cui le variabili considerate presentano importanti relazioni di causa-effetto. Fanno parte di questo livello i furti in abitazione, i furti di auto e le rapine in esercizi commerciali.

Infatti, nel primo caso è stato dimostrato che il reato domestico viene commesso generalmente in aree residenziali costituite prevalentemente da edifici in linea di grandi dimensioni.

Inoltre, dal punto di vista demografico i furti in abitazione sono maggiormente diffusi in zone della città abitate dalla classe media e da una popolazione più anziana (over 60).

Nel caso dei furti d'auto, è stato osservato che i reati si verificano laddove la superficie coperta degli isolati è più alta, ovvero in zone con isolati privi di cortili interni, garage o pertinenze private per i residenti; le aree di sosta delle auto sono quindi prevalentemente lungo-strada.

Infine, è stato dimostrato che le rapine in esercizi commerciali si verificano principalmente in quei fondi la cui disposizione interna presenta nello stesso punto l'ingresso, la cassa e l'uscita. Tale configurazione interna è tipica delle zone più storiche della città, dove le attività commerciali si sono dovute adattare ad un tessuto edilizio preesistente in cui si trovano 'inglobati' senza avere la possibilità di cambiare la distribuzione interna del locale.

Si parla invece di correlazione **relativa**, nel caso in cui le caratteristiche spaziali, sociali e funzionali della città incidono solo in parte sulla distribuzione di una specifica tipologia di reati. È questo il caso dei furti con destrezza e con strappo, le rapine in pubblica via e lo spaccio di sostanze stupefacenti.

Per quanto riguarda la microcriminalità di strada (furti e rapine in pubblica via) è stato dimostrato che i reati si verificano laddove vi è un numero elevato di possibili vittime e dove il criminale può commettere il reato e allontanarsi senza essere notato, disperdendosi nella folla.

Questo dipende dalla presenza di molte attività e funzioni urbane, da un sistema della mobilità variegato (presenza di stazioni, fermate, etc.), ma non è strettamente legato a queste caratteristiche.

La correlazione con i fattori ambientali quindi è presente, ma tali aspetti non sono determinanti.

In merito allo spaccio di sostanze stupefacenti, è stato osservato che questo tipo di reato si verifica in zone in cui sono presenti luoghi di passaggio (per esempio le stazioni) o attività legate alla vita notturna (discoteche, pub), in cui sono presenti molte vie di fuga (aree verdi di grande dimensione non recintate, ampi viali, etc.) e spesso buie.

Questo tipo di crimine rientra nel livello di correlazione relativa poiché è un tipo di reato che è strettamente legato alla domanda, quindi alla presenza di possibili clienti e, secondariamente, alle caratteristiche delle zone in cui vengono commessi.

Infine, si considera **nulla** una correlazione in cui la presenza di reati non dipende dalle caratteristiche della città, piuttosto è strettamente legata al tipo di vittima scelta o alla presenza di altre dinamiche non analizzabili empiricamente.

Rientrano in questo livello di correlazione i danneggiamenti, le lesioni dolose e le percosse.

Passiamo ora a definire i risultati ottenuti in merito alla correlazione tra la reale presenza di reati e la reputazione dei luoghi.

Partendo da quanto emerso dall'analisi della rassegna stampa, è possibile affermare che la correlazione con i dati reali sui crimini è pressocché nulla.

L'immagine della città che deriva dalla lettura dei quotidiani locali è quindi distorta rispetto a quella reale.

I media locali giocano un ruolo fondamentale nell'illustrazione dei fatti e delle dinamiche che si verificano in città e un uso distorto dei dati può portare alla costruzione di paure collettive ingiustificate.

Alcuni quartieri, come l'Isolotto per esempio, presentano numeri e tipologie di reati simili a quelli di altre zone della città (se non inferiori talvolta), ma nella percezione collettiva se ne ha un'immagine negativa in termini di sicurezza.

La stessa percezione distorta della realtà avviene anche dalla lettura della documentazione comunale, da cui era emerso un senso di insicurezza collettivo nelle zone della città in cui sono presenti i 'luoghi della povertà' (mense cittadine, dormitori, centri accoglienza, etc.).

La tesi ha voluto dare risposta a questa ipotesi indagandone la correlazione con la reale presenza di reati e dimostrando che l'esistenza di questi servizi non influisce sulla presenza di reati.

La nascita di sensazioni negative ingiustificate di fronte alla presenza di alcune categorie di persone che abitano la città è il riflesso di una società che teme il diverso e soprattutto, che non conosce il diverso.

Le amministrazioni locali dovrebbero collaborare con gli enti del terzo settore per mettere in campo un percorso di scambio e, perché no, di scoperta reciproca tra la popolazione residente e quelle categorie di persone più stigmatizzate dalla società (senzatetto, nuovi immigrati, ex detenuti, etc.). Partendo dalle scuole, dove ogni classe costituisce 'la proiezione in una stanza' di una micro-società, educare alla diversità costituirebbe il primo passo per conoscere 'gli invisibili', combattere la paura e ridurre la nascita di sensazioni di insicurezza ingiustificate.

Passando all'indagine percettiva svolta con il questionario online, è emerso che molte persone si sentono meno sicure in luoghi isolati e/o più bui.

È possibile affermare quindi che gli abitanti si sentano più sicuri nelle zone più vive e movimentate della città.

A conferma di ciò, vi è un altro risultato interessante: i residenti del centro storico sono quelli che si sentono più sicuri nel proprio quartiere, pur essendo la zona della città in cui si verificano più reati.

Un altro risultato della ricerca è che i reati più temuti sono quelli di strada rivolti alla persona (aggressioni fisiche, furti e rapine, etc.)[120], maggiormente diffusi nelle zone più frequentate dai flussi di persone e nel caso di Firenze, nel centro storico.

Riassumendo, da un lato i reati contro la persona (i più temuti) si verificano prevalentemente nelle zone più frequentate, dall'altro sono proprio queste le aree in cui i residenti si sentono più sicuri (i tessuti storici). Ciò potrebbe dipendere dal fatto che essere circondati da altre persone ci fa sentire meno soli e quindi più sicuri.

Infine, un altro risultato che si evidenzia in maniera chiara riguarda la richiesta di aumentare la presenza di forze dell'ordine e di telecamere sul territorio come soluzione più efficace ai problemi di sicurezza urbana.

Questa soluzione è stata proposta dalla maggioranza degli intervistati, sebbene i sistemi di videosorveglianza pubblica siano più diffusi proprio nel quartiere storico in cui si verificano più reati.

Solo una minoranza crede nell'importanza di agire sulla riqualificazione urbana, sulla creazione di luoghi di aggregazione che diano vita allo spazio pubblico, nonché sull'educazione civica.

In tal senso, sarebbe importante fare un'attività di comunicazione e divulgazione scientifica che mostri alle persone i risultati positivi ottenuti con interventi di progettazione urbana e coesione sociale e che valorizzi questo tipo di soluzioni.

Una possibile azione potrebbe essere quella di avviare un percorso di conoscenza della città, mettendo in campo politiche e pratiche capaci di rendere lo spazio urbano più familiare ai suoi abitanti. Ciò ridurrebbe quella che Lipps definì 'empatia negativa'.

---

[120] Questo risultato è emerso anche dai residenti dei quartieri in cui questi tipi di crimini si verificano con valori bassi rispetto alle altre zone della città.

E l'urbanistica? Quale ruolo in tutto questo? La progettazione urbana potrebbe contribuire a ridurre la presenza di reati e/o sentimenti di insicurezza con interventi che, oltre a favorire la presenza di persone negli spazi pubblici, incoraggino a fermarsi, a sostare. L'occhio sulla strada della Jacobs non può sorvegliare in modo naturale lo spazio se il soggetto che lo pone è solo di passaggio. La micro-criminalità è presente laddove ci sono molti flussi di persone e dove il criminale può agire nella massa senza essere individuato, poiché nella folla nessuno è individuo.

L'obiettivo dovrebbe quindi essere quello di creare spazi che favoriscano la familiarità, la socialità, in cui ogni persona possa identificarsi e allo stesso tempo essere riconoscibile. Ciò ridurrebbe anche la necessità di ricorrere a sistemi di videosorveglianza. Lo scopo del progettista quindi, dovrebbe essere quello di pensare e realizzare spazi pubblici in cui tutti possano essere i soggetti protagonisti di una incredibile scenografia urbana.

Possibili sviluppi futuri

Sebbene il mio percorso di dottorato sia volto al termine, la ricerca mantiene comunque una finestra aperta presentando diverse opportunità di sviluppo.

In merito alla più complessiva indagine delle correlazioni esistenti con la presenza di reati, la ricerca potrebbe proseguire con lo sviluppo di una Analisi delle Componenti Principali (PCA), con l'obiettivo di dare - a seconda del contesto in cui si opera - un sistema di 'pesi' alle variabili analizzate.

La PCA fu proposta per la prima volta nel 1901 da Karl Pearson e sviluppata poi da Harold Hotelling nel 1933.

È una tecnica per la semplificazione dei dati che fa parte dell'analisi fattoriale ed è utilizzata nell'ambito della statistica multivariata.

Lo scopo di questa tecnica è appunto quello di ridurre il numero delle variabili che descrivono un insieme di dati, limitando il più possibile la perdita di informazioni (Tuffèry, 2011).

Questo passaggio permetterebbe di 'asciugare' la quantità di dati da tenere in considerazione e di ottenere risultati più precisi.

Dal punto di vista urbanistico, come anticipato precedentemente, la tesi non propone possibili soluzioni, ma pone le basi per poter proseguire con un lavoro finalizzato alla progettualità degli spazi.

Il quadro conoscitivo raccolto in questo lavoro, sia dal punto di vista delle caratteristiche della città (spaziali, sociali, economiche, etc.) che dal punto di vista delle dinamiche criminali, può aiutare il progettista a 'muoversi all'interno della città' in maniera più consapevole.

Il lavoro potrebbe quindi proseguire con una scelta mirata di alcune aree campione su cui approfondire la ricerca in diversi modi:

1. attraverso l'osservazione diretta con sopralluoghi quotidiani, finalizzata alla redazione di un report fotografico sugli usi degli spazi.

Particolare attenzione potrebbe essere data ai momenti e agli spostamenti a cui corrispondono il maggiore e il minore afflusso di persone in un tempo definito (giorno, settimana, mese). A tal fine, la ricerca potrebbe avvalersi della realizzazione di filmati *time-lapse* al fine di redigere uno studio su come i luoghi analizzati siano realmente vissuti;
2. con il coinvolgimento diretto degli *stakeholder* locali, attraverso la realizzazione di interviste in profondità e tavoli di lavoro volti alla co-progettazione;
3. strutturando la fase progettuale in step temporali, partendo da una prima individuazione di interventi temporanei seguiti da una progettazione più strutturale. Questo permetterebbe una trasformazione più flessibile degli spazi e dei relativi usi, favorendone la capacità di adattamento alle esigenze e alle condizioni che si presenteranno nel corso del tempo.

Dal punto di vista percettivo, lo studio della reputazione dei luoghi rispetto alla reale presenza di pericolo potrebbe essere arricchita con una *sentiment analysis* dei *social network*.

Queste piattaforme sono oggi la sede più utilizzata per la comunicazione informale e sarebbe interessante vedere il quadro che emerge da uno studio mirato di questi strumenti.

Sempre in merito agli aspetti percettivi, un altro spunto di ricerca potrebbe essere l'indagine sul ruolo che hanno le aggressioni e le molestie verbali sul senso di insicurezza e i relativi effetti sugli usi dello spazio pubblico.

In altri Paesi, come in Francia per esempio, fenomeni come il *catcalling* (molestie di strada) sono considerati reati. Ciò si traduce nella possibilità di trattare questo tipo di molestie come tutti gli altri reati, non solo dal punto di vista legale con una maggior tutela delle vittime, ma anche con un miglior controllo dei fenomeni, grazie alla possibilità di avere dati certi su cui basare studi sulle dinamiche in atto.

Sebbene in Italia le molestie verbali non costituiscano ancora reato, porre i riflettori sul tema, approfondirlo in diverse discipline (tra cui quella urbanistica), e analizzarne le dinamiche con i mezzi e gli strumenti a disposizione, potrebbe contribuire a comprenderne sempre di più gli effetti e contrastarne la diffusione.

La ricerca potrebbe poi trovare un ulteriore sviluppo in un'indagine sulla percezione di paura degli 'invisibili', ovvero proprio di quelle persone che nell'immaginario collettivo generano erroneamente sensazioni di insicurezza.

Ciò potrebbe essere un'occasione per approfondire anche aspetti non trattati in questa tesi, ovvero tutti quei fattori che possono infondere sensazioni di insicurezza ma che non sono strettamente legati ai fenomeni criminali.

Partendo da una ricerca etnografica, la tesi potrebbe sviluppare una sorta di racconto, e perché no di testimonianza degli '*others*', capace di ribaltare il più consueto punto di vista degli abitanti della città, dando luce alla Firenze più sommersa.

Bibliografia

Sicurezza urbana

Acierno A. (2003), *Dagli spazi della paura all'urbanistica per la sicurezza*, Alinea, Firenze

Acierno A., Mazza A. (2011), *Progetto urbanistico e sicurezza*, XIV Conferenza SIU, Torino, 24-26 marzo, disponibile su *www.societaurbanisti.it*

Aebi M., Linde A. (2012), *Crime Trends in Western Europe according to official statistics from 1990 to 2007*. In van Dijk J., Tseloni A., Farrell G. (a cura di), *Cloing Doors: New Perspectives on the International Crime Fall*, Pallgrave MacMillan, New York

Andresen M. A., Brantingham P. J., Kinney B. (2010), *Classics in Environmental Criminology*, CRC Press Taylor & Francis Group, Boca Raton, London, New York

Angel S. (1968), *Discouraging Crime through City Planning*, University of California Center for Planning and Development Research, Berkeley, CA

Arriagada I, Godoy L. (2000), Prevenir o reprimir: falso dilema de la seguridad ciudadana, Revista de la Cepal 70, Aprile 2000

Balestrieri M. (2011), *Marginalità e progetto urbano*, FrancoAngeli, Milano

Bandini T., Gatti U., Gualco B., Malfatti D., Marugo M.I., Verde A. (2004), *Criminologia. Il contributo della ricerca alla conoscenza del crimine e della reazione sociale*, Giuffrè, Milano, vol. II

Barbagli M. (1998). *Reati, Vittime, Insicurezza dei Cittadini Istat*, Roma

Bauman Z. (1999), *La società dell'incertezza*, Il Mulino, Bologna

Bauman Z. (2008), *Paura liquida*, Laterza, Bari

Bianchini E., Sicurella S. (2012), *Progettazione dello spazio urbano e comportamenti criminosi*, Rivista di Criminologia, Vittimologia e Sicurezza – Vol. VI – N. 1 – Gennaio-Aprile 2012

Bisi R. (2013), *Evoluzione degli studi criminologici*, in Balloni A., Bisi R., Sette R., *Manuale di criminologia. Le teorie*, Bologna, CluebEdizioni Entro le Mura, vol. I

Boggs S.L. (1965), *Urban Crime Patterns*, in American Sociological Review, Washington, DC

Braga A.A. (2002), *Problem-Oriented Policing and Crime Prevention*, Criminal Justice Press, Monsey, New York, U.S.A

Bravo F. (2014), *L'efficacia del crime mapping per la sicurezza urbana: il caso di Enfield (Londra)*, Rivista di Criminologia, Vittimologia e Sicurezza – Vol. VIII – N. 1

Caldeira T. (1996), *Fortified Enclaves. The New Urban Segregation*, Public Culture, vol. 8, n. 2

Caldeira T. (2000), *City of Walls. Crime, Segregation, and Citizenship in São Paulo*, University of California Press, Berkeley/Los Angeles

Caneppele S. (2009), La tolleranza zero: tra palco e realtà. I molti perché della riduzione della criminalità a New York, Franco Angeli, Milano

Cardia C., Bottigelli C. (2011), *Progettare la città sicura. Pianificazione, disegno urbano, gestione degli spazi pubblici*, Hoepli, Milano

Chiesi L. (2004), *Le inciviltà: degrado urbano e insicurezza*, in Selmini R., *La sicurezza urbana*, Il Mulino, Bologna

Chiodi S. (2013), *Spazio pubblico e sicurezza. Le relazioni tra la pianificazione urbanistica e la prevenzione del crimine*, Planum The Journal of Urbanism, n. 27, vol. 2

Clarke R.V. (1997), *Situational Crime Prevention: Successful Case Studies*, 2nd Edition, Albany, Harrow & Heston, New York

Clarke R.V. (2009), *Situational Crime Prevention: Theoretical Background and Current Practice*, in *Handbook on Crime and Deviance*, edited by Marvin D. Krohn, Alan J. Lizotte, and Gina Penly Hall, Springer, New York

Cohen L., Felson M. (1979), *Social Change and Crime Rate Trends: A Routine Activity Approach*, American Sociological Review, Vol. 44, n. 4

Coleman A. (1985), *Utopia on Trial. Vision and Reality in Planned Housing*, Hilary Shipman, London (UK)

Commissione Europea (2007), *Safepolis, Pianificazione, disegno urbano, gestione degli spazi per la sicurezza*, COST

Comune di Forlì (2018), *Linee guida sulle buone pratiche di sicurezza urbana*, Servizio Urbanistica e Edilizia Privata

Corbellini G. (2007), *Dis/connessione: le infrastrutture come strumento di controllo sociale*, in Trasporti e cultura, n. 19

Cornish D.B., Clark R.V. (1986), *The reasoning criminal: rational choice perspectives on offending*, Springer, New York

Cornish D.B., Clarke R.V. (2003), *Opportunities, Precipitators and Criminal Decisions: A Reply to Wortley's Critique of Situational Crime Prevention*. In *Theory for Practice in Situational Crime Prevention*, edited by Martha J. Smith and Derek B. Cornish. Vol. 16 *of Crime Prevention Studies*. Monsey, Criminal Justice Press, NY

Crime Commission U.S.A. (1967), *Task Force Report: Crime and Its Impact -- an Assessment*, Task Force on Assessment, the President's Commission on Law Enforcement and Administration of Justice, U.S. Government Printing Office, Washington

Crowe T. (2000, ed.or. 1991), *Crime Prevention Through Environmental Design*, II edition, Butterworth-Heinemann, Oxford (UK)

COST Action TU 1203 (2016), *Situational prevention in Lyon – a pioneering policy, From a controversial, taboo subject to an integrated approach in urban design and planning projects*, URL: < *http://www.costtu1203.eu/situational-prevention-in-lyon-a-pioneering-policy/*>

Davis M. (1998), *Ecology of Fear: Los Angeles and the Imagination of Disaster*, Metropolitan Books, New York

Davis M. (2006), *Planet of slums*, Verso, London (UK), New York (USA)

Demons & Pi in Demons & Pi (2005), *Osservatorio sul capitale sociale degli italiani. La paura e le paure. Rapporto novembre 2005* (url: http://www.demos.it/)

De Cesaris A., Mandolesi D. (2015), *Rigenerare le aree periferiche. Ricerche e progetti per la città contemporanea*, Quodlibet srl, Macerata

Di Nicola A., Espa G., Bressan S., Dickson M.M. (2014), *eSecurity Indagine sulla sicurezza Oggettiva e soggettiva nel comune di Trento: principali risultati della prima rilevazione. Vittimizzazione, senso di insicurezza e percezione del disordine urbano dei cittadini di Trento da ottobre 2012 a settembre 2013*, eCrime Working Papers, Trento

Di Nicola A., Espa G., Bressan S., Dickson M.M. (2015a), *eSecurity e le nuove frontiere della sicurezza urbana. Un sistema informativo per forze dell'ordine e amministrazioni locali,* eCrime Working Papers, Trento

Di Nicola A., Espa G., Bressan S., Dickson M.M. (2015b), *eSecurity Indagine sulla sicurezza Oggettiva e soggettiva nel comune di Trento: i quattro round a confronto. Vittimizzazione, senso di insicurezza e percezione del disordine urbano dei cittadini di Trento da ottobre 2012 a marzo 2015,* eCrime Working Papers, Trento

Dughera L., Melis G., Peroglio M. (a cura di) (2008), *La città sicura. L'approccio di genere alla sicurezza urbana: manuale di interventi sulla città per la sicurezza delle donne e delle persone più vulnerabili*, Melting Lab Piemonte

Ellin N. (1996), *Postmodern Urbanism*, Blackwell, Cambridge

Ellin N. (1997), *Architecture of fear*, Princeton Architectural Press, New York

Eck J.E. (2006), *Preventing Crime at Places*, in *Evidence-Based Crime Prevention,* rev. ed., edited by Lawrence W. Sherman L.W., Farrington D.P., Welsh B.C., MacKenzie D.L., Routledge, New York

Fasolino I., Coppola F., Grimaldi M. (2018), *La sicurezza urbana degli insediamenti*, FrancoAngeli, Milano

Felson M., Clarke R.V. (1998), *Opportunity Makes the Thief: Practical Theory for Crime Prevention*, Home Office, Policing and Reducing Crime Unit, Research, Development and Statistics Directorate, London, UK

Forester J. (1989), *Planning in the Face of Power*, University of California Press, Berkeley/Los Angeles

Forum Italiano per la Sicurezza urbana (2008), *100 idee per la sicurezza*, Datacomp, Imola (www.fisu.it)

Foucault M., Pierrot M. (1983), *Jeremy Bentham, Panopticon ovvero la casa d'ispezione*, Marsilio, Venezia

Gayraud J.F., Ruta C. (2014), *Colletti criminali: l'intreccio perverso tra mafie e finanze*, Castelvecchi

Goldsmith W., Blakely E. (1992/2010), *Separate Societies. Poverty and Inequality in U.S. Cities*. Second Edition, Temple University Press, Philadelphia

Graham S. (a cura di) (2004), *Cities, War, and Terrorism. Towards an Urban Geopolitics*, Blackwell, Malden/Oxford/Carlton

Grassi P., Fava F. (2020), *Violence and space. A comparative ethnography of two Italian "badlands"*, ANUAC, Vol. 9, n. 1

Guidicini P. (1998), *Nuovo manuale per le ricerche sociali sul territorio*, FrancoAngeli, Milano

Harding R. (1998), *Private Prisons*, in Tonry, M. (a cura di), *The Handbook of Crime and Punishment*, Oxford University Press, New York

Harvey D. (1993), *Class Relations, Social Justice and the Politics of Difference*, in Keith M., Pile S. (a cura di), *Place and the Politics of Identity*, Routledge, London

Hindelang M.G., Gottfredson M.R., Garofalo J. (1978), *Victims of personal crime: an empirical foundation for a theory of personal victimization*, Ballinger Pub. Co.

Hunter A. (1978), *Symbols of Incivilities. Annual Meeting of the American Society of Criminology*, Dallas, Texas

Lefebvre H. (1970, ed. or. 1968), *Il diritto alla città*, Marsilio editore, Padova

Le Goix R. (2004), *Are Gated Communities an Innovation in Suburban Growth Context?*, in GeolNova, n.10

Libertun de Duren N. R. (2009), *Urban Planning and State Reform: From Industrial Suburbs to Gated Communities*, Journal of Planning Education and Research, vol. 28, n. 3

Lind A.W. (1930), *Some Ecological Patterns of Community Disorganization in Honolulu*, in American Journal of Sociology, 1930, n. 36

Lombardi M. (a cura di; 2007), *Le nuove sfide del terrorismo metropolitano*, FrancoAngeli, Milano

Lottier (1938), *Distribution of Criminal Offences in Metropolitan Regions*, in Journal of Criminal Law and Criminology, and Police Science, n. 29, Northwestern University Pritzker School of Law, Chicago

Lovecraft H. P. (1973, ed. or. 1927), *Supernatural Horror in Literature,* Dover Publication, Inc.m New York

Low S. (2003), *Behind the Gates. Life, Security, and the Pursuit of Happiness in Fortress America*, Routledge, New York

Jacobs J. (1969, ed. or. 1961), *Vita e morte delle grandi città. Saggio sulle metropoli americane*, Einaudi, Torino

Jeffery C. R. (1971), *Crime Prevention Through Environmental Design*, Sage Publications, Beverly Hills, CA

Killias M., Aebi M. (2000), *Crime Trends in Europe from 1990 to 1996: How Europe Illustrates the Limits of the American Experience*, European Journal of Criminal Policy and Research, 8

Macchione C. (2006), *Abusi contro gli anziani*, Rubbettino Editore, Soveria Mannelli (CZ)

Marotta G. (2004), *Teorie criminologiche. Da Beccaria al postmoderno*, Led, Milano

Mayhew H., Binny J. (2018, ed. or. 1862), *The Criminal Prisons of London*, and Scenes of Prison Life, Franklin Classics Trade Press

May J. (2010), *Zombie Geographies and the Undead City*, in Social and Cultural Geography, vol.11, n. 3

Mazza A. (2009), *Le politiche di sicurezza urbana integrate ai processi di rigenerazione urbana partendo dai nuovi strumenti della pianificazione partecipata*, in *Quali periferie? Atti del convegno "Territori e Città del Mezzogiorno, Quante Periferie? Quali politiche di Governo del Territorio"*, Roma, Edizioni Planum Association.

Mazzoccoli A. (2003), *Il dibattito sul tema della sicurezza*, in Appunti di politica territoriale, n. 10

Mela A. (a cura di; 2003), *La città ansiogena*, Liguori Editore, Napoli

Melossi D. (2002), *Stato, controllo sociale, devianza*, Mondadori, Milano

Morris T. (1958), *The Criminal Area*, Routledge & Kegan, Londra (UK)

Newman O. (1972), *Defensible Space; Crime Prevention through Urban Design*, Macmillan, New York

Oza R. (2007), *Contrapuntal Geographies of Threat and Security: The United States, India, and Israel*, in Environment and Planning D, vol. 25

Palsky G. (2008), *Connections and exchanges in European thematic cartography. The case of 19th century choropleth maps*, Belgio

Park R. E., Burgess E. W., McKenzie R. A. (1925), *The city*, The University of Chicago Press, Chicago

Petrillo A. (1996), *L'insicurezza urbana in America*, Aut Aut, n.275

Petti A. (2007), *Arcipelaghi e enclave. Architettura dell'ordinamento spaziale contemporaneo*, Mondadori, Milano

Petti A. (2007), *Architettura del Muro*, Domus, n. 900

Phillips D. (2009), *Minority Ethnic Segregation, Integration and Citizenship: A European Perspective*, Journal of Ethnic and Migration Studies, vol. 36, n. 2

Pitch T., Ventimiglia C. (2001), *Che Genere di Sicurezza: Donne e Uomini in Città*, F. Angeli, Milano

Pitch T. (2001), *Sono possibili politiche democratiche per la sicurezza?*, Rassegna Italiana di Sociologia, XLII(1): 137-157

Quételet A. (1996, ed. or.1869), Il mito dell'uomo medio, Il Segnalibro, Torino

Ragonese M. (2007), *L'insicurezza si fa strada*, Trasporti e cultura, n. 19

Rosen G., Razin E. (2008), *Enclosed Residential Neighborhoods in Israel: from Landscapes of Heritage and Frontier Enclaves to New Gated Communities*, Environment and Planning A, vol. 40

Sandercock L. (2000), *When Strangers Become Neighbours: Managing Cities of Difference*, Planning Theory and Practice, vol. 1, n. 1

Shaw C. R. et. al. (1929), *Delinquency Areas*, The University of Chicago Press, Chicago

Shevky E., Bell W. (1955), *Social area analysis; theory, illustrative application and computational procedures*, Stanford University Press, Stanford

Sibley D. (1995), *Geographies of Exclusion: Society and Difference in the West*, Routledge, London

Somers B. (2017), *The Mechelen Model: an inclusive city*, in: Local example and best practices , Colecciòn Monografías, CIDOB

Somma P. (1996), *La città sicura. Archivio di Studi Urbani e Regionali*, n. 57

Sutherland E.H. (1949), *White Collar Crime*, Social Forces, Volume 28, Issue 2, The Dryden Press, New York

Taylor R.B. (1995), *The Impacts of Crime on Communities*, in *Annals of the American Academy of Political and Social Science*, 539

Tedesco E. (2000), *Sicurezza urbana e convivenza civile. L'esperienza di Napoli*, in Archivio di studi urbani e regionali, 68

Trémon A. C. (2013). *Publicizing insecurity, privatizing security, Chinese wholesalers ' surveillance cameras in a Paris suburb*, Anthropology Today, 29 (4)

Tufféry S. (2011), *Factor analysis*, in Data mining and statistics for decision making, Wiley

Ummarino A. (2013), *Una introduzione ai software per il crime mapping*, Rivista di Criminologia, Vittimologia e Sicurezza – Vol. VII – N. 1 – Gennaio-Aprile 2013

Valentine G. (1992), *Image of Danger: Women's Sources of Information about Spatial Distribution of Male Violence*, Area, 24

Wartell G., McEwen J.T. (2001), *Privacy in the Information Age: A Guide for Sharing Crime Maps and Spatial Data*, National Institute of Justice

Weisburd D., Green L. (1995), *Policing Drug Hot Spots: The Jersey City Drug Market Analysis Experiment*, Justice Quarterly 12(4)

Weisburd D., Bernasco W., Bruinsma G. J.N. (2009), *Putting Crime in its Place, units of Analysis in Geographic Criminology*, Springer, New York

White C. (1932), *The Relation of Felonies to Environmental Factors in Indianapolis*, in Social Forces, n. 10

Wilson J.Q., Kelling G.L. (1982), *The Police and Neighbourhood Safety "Broken Windows",* The Atlantic Monthly, 3

Yiftachel O. (2009), *Theoretical Notes on 'Gray Cities': The Coming of Urban Apartheid?*, Planning Theory, vol. 8, n.1

Young I. M. (1990), *Justice and the Politics of Difference*, Princeton University Press, Princeton

Percezione di paura

Albanesi C. (2003), *La Costruzione del Senso di Insicurezza: Opinioni ed Esperienze di Gruppi di Adolescenti*, in Zani B. (a cura di) *Sentirsi In/sicuri in Città*, Il Mulino, Bologna

Altheide D., Michalowski S. (1999), *Fear in the News: A Discourse of Control*, The Sociological Quarterly, 40(3)

Amendola G. (1997). *La città postmoderna. Magie e paure della metropoli contemporanea*, Laterza, Roma

Amendola G. (a cura di; 2003), *Paure in città: strategie ed illusioni delle politiche per la sicurezza urbana*, Liguori Editore, Napoli

Amendola G. (a cura di; 2008), *Città, Criminalità, Paure: Sessanta parole chiave per capire e affrontare l'insicurezza urbana*, Liguori Editore, Napoli

Amerio P., Roccato M. (2005), *A Predictive Model for Psychological Reactions to Crime in Italy: An Analysis of Fear of Crime and Concern about Crime as a Social Problem*, in Journal of Community & Applied Social Psychology, 15

Arnold H. (1991), *Fear of Crime and its Relationship to Directly and Indirectly Experienced Victimisation: A Binational Comparison of Models*, in Sessar K. & H.J. Kerner, *Developments in Crime and Crime Control Research: German Studies on Victimism*, Springer Verlag, New York.

Aydin-Yonet N., Yirmibesoglu F. (2009), *Gated communities in Istanbul: security and fear of crime*, Current Urban Studies, Vol. 6, n.1

Baba Y., Mark Austin D. (1989). *Neighbourhood environmental satisfaction, victimization and social participation as determinants of perceived neighbourhood safety,* Environment and Behaviour, 21

Bannister J., Fyfe N. (2001), *Introduction: Fear and the City*, Urban Studies, vol. 38, n. 5/6

Bakratsa F. (2011), *The perception of fear conditioning urban space*, ERSA conference papers

Bauman Z. (2005), *Fiducia e paura nella città*, Mondadori, Torino

Bellauti M. (2004), *L'in/sicurezza dei quartieri. Media, territorio e percezioni d'insicurezza*, Milano, Franco Angeli

Bursik R.J., Grasmick, H.G. (1993). *Neighborhoods and crime: The dimensions of effective community control*, Lexington Books, New York

Castel R. (2003), *L'insicurezza sociale. Che significa essere protetti?*, Einaudi, Torino

Cennamo A., Veratti D. (2012), *L'organizzazione dello spazio e la percezione della paura nelle politiche della sicurezza urbana. Il muro nei processi di inclusione (ed esclusione) sociale in Brasile e in Italia*, Rivista di criminologia, Vittimologia e Sicurezza, Vol. VI, n. 1

Coluccia A., Ferretti F., Lorenzi L., Buracchi T. (2008), *Media e percezione della sicurezza. Analisi e riflessioni*, Rassegna italiana di Criminologia, anno II, n.2

Condon S., Leber M., Maillochon F. (2007), *Feeling Unsafe in Public Places: Understanding Women's Fears*, Cairn. Info International Edition

Costa M. (2010). *Psicologia ambientale e architettonica Come l'ambiente e l'architettura influenzano la mente e il comportamento*, Franco Angeli, Milano

Davis M. (1998). *Ecology of fear: Los Angeles and the imagination of disaster*, Metropolitan Books, New York

Day K. (2006), *Being feared: masculinity and race in public space*, Environment and Planning, vol. 38

De Seta C., Le Goffe J. (1989), *La città e le mura*, Laterza, Bari

Denkers A.J. M., Winkel F.W. (1998), *Crime victims, well-being, and fear in prospective and longitudinal study*, International Review of Victimology, 5

Douglas M. (1991), *Come percepiamo il pericolo: antropologia del rischio*, Feltrinelli, Milano

England M.R. Simon S. (2010), *Scary cities: urban geographies of fear, difference and belongin,* Social & Cultural Geography, Vol. 11, n. 3

Evans D.J., Fletcher M. (2000), *Fear of crime: testing alternative hypotheses*, Applied Geography, 20

Fanghanel A. (2015), *The trouble with safety: Fear of crime, pollution and subjectification in public space*, SAGE Theoretical Criminology 1–18

Ferraro K. F. (1995), *Fear of crime: Interpreting victimization risk*, State University of New York Press, Albany, NY

Felson M. (1994), *Crime and Everyday Life. Insight and Implications for Society*, Thousands Oaks: Pine Forge Press, California

Franklin T.W. et al (2008), *A multilevel analysis of the vulnerability, disorder and social integration models of fear of crime*, Social Justice Research, 21

Franzini E., Mazzocut-Mis M. (2003), *Breve storia dell'estetica*, Pearson Italia, Milano

Friedmann J. (2002), *City of Fear or Open City?*, in Journal of the American Planning Association, vol. 68, n. 3

Furstenberg F.F. (1971). *Public Reaction to Crime in the Streets* , in *American Scholar*, 40

Gerbner G., Gross L. (1976), *Living With Television: The Violence Profile*, Journal of Communication, 26

Glassner B. (1999), *The Culture of Fear. Why Americans are Afraid of the Wrong Things*, Basic Books, New York

Gold J. R., Revill G. (2003), *Exploring Landscapes of Fear: Marginality, Spectacle and Surveillance*, in Capital and Class, vol. 27, n. 2

Hale C. (1996), *Fear of Crime: A Review of the Literature In International Review of Victimology*, 4

Heath L., Gilbert K. (1996), *Mass Media and Fear of Crime*, American Behavioral Scientist, vol. 39, n. 4

Hubbard P. (2003), *Fear and loathing at the multiplex: Everyday anxiety in the post industrial city*, in *Capital and Class*, vol. 27, n. 2

Hutta S. (2009), *Geographies of Geborgenheit: Beyond Feelings of Safety and the Fear of Crime*, Environment and Planning D, n. 27

Kanizsa G., Caramelli N. (1988), *L'eredità della psicologia della Gestalt*, Il Mulino, Bologna

Karakus O. et al (2010). *Fear of crime among citizens of turkey*, Journal of Criminal Justice, 38

Kern L. (2010), *Selling the 'Scary City': Gendering Freedom, Fear and Condominium Development in the Neoliberal City*, Social and Cultural Geography, vol. 11, n. 3

Kitchen T. (2002), *Crime Prevention and the British Planning System: New Responsibilities and Older Challenges*, Planning Theory and Practice, vol. 3, n. 2

Kohn S.A. (2009). *Spatial dimensions of fear in a high-crime community: fear of crime or fear of disorder?*, Canadian Journal of Criminology and Criminal Justice

Lane J., Meeker J.W. (2000), *Subcultural Diversity and the Fear of Crime and Gangs*, in *Crime and Delinquency*, 46

Lipps T. (1995), *Le modificazioni del bello*, in Scaramuzza G. (a cura di), *Il brutto nell'arte*, Il Tripode, Napoli

Lovercraft H.P. (1973, ed. or. 1927), *Supernatural Horror in Literature*, Dover Pubns, New York

Lynch K., Rodwin L. (1958), *A Theory of Urban Form*, Journal of the American Institute of Planners

Lynch K. (1990), *Progettare la città. La qualità della forma urbana*, Etas Libri, Milano, ed. or. 1981 *A theory of good city form*, MIT Press, Cambridge, Massachusetts

Lynch K. (2006, ed. or. 1960), *L'immagine della città*, Marsilio, Venezia

Lupton D. (2003), *Il Rischio. Percezione, Simboli, Culture*, Il Mulino, Bologna

Maffei L., Fiorentini A. (2008), *Arte e cervello*, Zanichelli, Bologna

Mallgrave H. F. (2015), *L'empatia degli spazi. Architettura e neuroscienze*, Raffaello Cortina Editore, Milano

Matei S., Ball-Rokeach S.J., Linchuan Q.J. (2001), *Fear and Misperception of Los Angeles Urban Space A Spatial-Statistical Study of Communication-Shaped Mental Maps*, SAGE, Vol. 28, Issue 4

McClain P. (2001), *Urban Crime in the USA and Western Europe. A Comparison*, in Paddison R. (a cura di), *Handbook of Urban Studies*, Sage, London

Metzger W. (1971), *I fondamenti della psicologia della gestalt*, Giunti, Firenze

Naldi A. (2004), *Mass media e insicurezza*, in Selmini R. (a cura di), *La sicurezza urbana*, Bologna, il Mulino

Norberg-Schulz C. (1980, ed. or. 1979), *Genius loci: towards a phenomenology of architecture*, Academy Editions, London

Ohmer M.L., Coulton C., Freedman D.A., Sobeck J.L., BoothMetzger W.J. (2018), *Measures for Community and Neighborhood Research*, SAGE Publications, New York

Oksan T., Bige S.I. (2016), *Fear of Crime in Public Spaces: From the View of Women Living in Cities,* Elsevier Procedia Engineering 161

Okunolaa S., Amoleb D. (2012), *Perception of Safety, Social Participation and Vulnerability in an Urban Neighbourhood, Lagos, Nigeria*, Elsevier Procedia - Social and Behavioral Sciences, 68

Padovan D., Vianello F. (1999), *Criminalità e paura: la costruzione sociale dell'insicurezza*, Rivista DEI DELITTI E DELLE PENE, vol 1-2, Edizioni Scientifiche Italiane, Napoli

Pain R. (2001), *Gender, Race, Age and Fear in the City*, SAGE publication, Urban Studies, Vol. 38

Pain R. (2010), *The New Geopolitics of Fear*, Geography Compass 4, n.3

Pain R. (2015), *Social geographics of women's fear of crime*, Jstor The Royal Geographical Society

Pinotti A. (2011), *Questione di carattere. Empatia, espressione, analogia*, Rivista di estetica, OpenEdition, URL: <https://journals.openedition.org/estetica/1543>

Reiner R. (2007), *Media Made Criminality. The Representation of Crime in the Mass Media*, in Maguire M., Morgan R., Reiner R., The Oxford Haudbook of Criminology, Oxford, Oxford University Press

Rezvan M., Sadra Y. (2017), *Sociological Explanation of Fear of Crime In Public Spaces Case Study Mashhad*, Social Crimonol 7:202

Roberts J., Stalans L. (1998), *Crime, Criminal Justice, and Public Opinion*, in Tonry, M. (a cura di), *The Handbook of Crime and Punishment*, Oxford University Press, New York

Sandercock L. (2002), *Difference, Fear, and Habitus: A Political Economy of Urban Fear*, Urbanistica, n.119

Santinello M., Gonzi P., Scacchi L. (1998), *Le Paure della Criminalità. Aspetti Psicosociali e di Comunità*, Giuffré, Milano

Schermans N., De Maesschalck F. (2010), *Fear of Crime as Political Weapon: Explaining the Rise of Extreme Right Politics in the Flemish Countryside*, Social and Cultural Geography, vol. 11, n. 3

Schneier B. (2003), *Beyond Fear: Thinking Sensibly About Security in a Uncertain World*, Copernicus Books, New York

Setha M.L. (2001), *The Edge and the Center: Gated Communities and the Discourse of Urban Fear*, Jstor The Royal Geographical Society

Shirlow P., Pain R. (2003), *The Geographies and Politics of Fear*, Capital and Class, vol. 27, n. 2

Sica P. (1970/1991), *L'immagine della città da Sparta a Las Vegas*, Laterza, Bari/Roma

Siti R.., Noraini J., Mohd N. (2012), *The Relationship between Crime Prevention through Environmental Design and Fear of Crime*, Elsevier Procedia - Social and Behavioral Sciences 68

Sitte C. (1980, ed. or. 1889), *L'arte di costruire le città. L'urbanistica secondo i suoi fondamenti artistici*, Jaka Book, Milano

Suerette R., Otto, C.W. (2002), *A test of crime and justice infotainment measure*, Journal of Criminal Justice 30

Triventi M. (2008), *Segni di inciviltà sul territorio e "paura" del crimine,* Quaderni di sociologia, 48 (3)

Triventi M. (2008), *Vittimizzazione e senso di insicurezza nei confronti del crimine: un'analisi empirica sul caso italiano*, Rivista di Criminologia, Vittimologia e Sicurezza Anno II - n. 2

Tulumello S. (2015), *From 'spaces of fear ' to 'fearscapes': Mapping for re-framing theories about the spatialization of fear in urban space*, in Space and Culture, 18 (3)

Tulumello S. (2015), *Fear and Urban Planning in Ordinary Cities: From Theory to Practice*, Planning Practice and Research 30, n.5

Tulumello (2017*), Fear, Space and Urban Planning. A Critical Perspective from Southern Europe*, Springer Nature

Volli U. (2004), *La schiuma metropolitana o il senso dell'indistinzione*, in Bonomi A., Abruzzese A. (a cura di), *La città infinita*, Mondadori, Torino

Will J., Mc Grath J. (1995), *Crime, neighborhood perceptions, and the underclass: the relationship between fear of crime and class position*, Journal of Criminal Justice, 23, 2

Williams R. J. (2004), *The anxious city. English urbanism in the late twentieth century*, Routledge, London

Wolf M. (2000), *Gli Effetti Sociali dei Media*, Bompiani, Milano

Wolfflin H. (2010), *Psicologia dell'architettura*, et. al edizioni, Milano

Worringer W. (2008, ed. or. 1908), *Astrazione e empatia. Un contributo alla psicologia dello stile*, Einaudi, Torino

Documentari e sitografia

Documentario

Presadiretta, *"Mechelen, un nuovo modello di sicurezza"*, 2018/19, URL: < https://www.raiplay.it/video/2018/09/Presadiretta-Mechelen-un-nuovo-modello-di-sicurezza--17092018-577a0d28-02a6-4e9f-b29c-d94c32610a03.html>

Sitografia

www.andrelemos.info
www.azioniurbane.it
www.camera.it
www.census.gov
www.cops.usdoj.gov
www.costtu1203.eu
www.crimemapping.com
www.demos.it
www.disit.org
www.ecrime.unitn.it
www.efus.eu
www.esri.com
www.fisu.it
www.istat.it
www.km4city.org
www.labqus.net
www.mechelen.be
www. nij.ojp.gov
www.opendata.comune.fi.it
www.societaurbanisti.it

Allegati

A1. Schedatura di sintesi dei contributi descritti nel Capitolo I

Si riporta di seguito la schedatura di sintesi dei contributi descritti.

	TITOLO	AUTORE/I	ANNO	LUOGO	RIVISTA/EDITORE	MACRO-TEMI	PRINCIPALI CONTENUTI	ASPETTI METODOLOGICI RILEVANTI	RIFERIMENTI BIBLIOGRAFICI UTILI
1	L'organizzazione dello spazio e la percezione della paura nelle politiche della sicurezza urbana. Il muro nei processi di inclusione (ed esclusione) sociale in Brasile e in Italia	Cennamo A. Veratti D.	2012	Brasile e Italia	Rivista di Criminologia, Vittimologia e Sicurezza	*vittimizzazione* *sorveglianza spontanea* *porosità* *gated communities* *autosegregazione* *privatizzazione*	Gli effetti urbani della paura in Sud America: *le gated communities*		
2	Perception of Safety, Social Participation and Vulnerability in an Urban Neighbourhood, Lagos, Nigeria	Okunolaa S. Amoleb D.	2012	Lagos, Nigeria	Elsevier Procedia Social and Behavioral Sciences 35	*percezione* *partecipazione* *senso di comunità*	Percezione di sicurezza o paura del crimine nei *neighborood* in Nigeria	Somministrazione di questionari (circa 700) in diversi *neighborood*, una parte volta ad individuare il senso di sicurezza, l'altro il senso di comunità (per capirne le relazioni). La ricerca punta a dimostrare la relazione tra percezione di sicurezza e partecipazione attiva. Misurazione fatta con la scala Linkert, attraverso l'uso di quattro variabili. Sono stati utilizzati dei modelli di regressione.	Foster, S. et al (2010). Neighbourhood design and fear of crime: a social-ecological examination of the correlates of residents' fear in new suburban housing developments, Health and Place, 16, 1156-1165. Franklin, T.W. et al (2008). A multilevel analysis of the vulnerability, disorder and social integration models of fear of crime. Social Justice Research
3	The Relationship between Crime Prevention through Environmental Design and Fear of Crime	Md Sakipa S. R. Joharia N. Najib M. Sallehb M.	2012	Putrajaya e Bandar Baru Bangi, Malesia	Elsevier Procedia - Social and Behavioral Sciences 68	*defensible space* *gated communities*	Confronto tra le quattro dimensioni delle pratiche CPTED (territorialità, sorveglianza, manutenzione e controllo degli accessi) e quelle della percezione della paura del crimine (FOC): ambiente fisico, ambiente sociale e vittimizzazione indiretta.		
4	Fear of Crime in Public Spaces: From the View of Women Living in Cities	Oksan T. Bige S. I.	2016	Turchia	Elsevier Procedia - Engineering	*spazio pubblico* *gender (donne)*	Studio sulla percezione di paura delle donne negli spazi pubblici urbani.	Indagine svolta con questionari somministrati ad un elenco di amiche degli autori di questo articolo via Internet. 300 donne in totale sono state invitate a compilare il questionario/sondaggio tramite e-mail. In totale, 252 donne hanno risposto al sondaggio. In base a ciascuna domanda, le risposte sono state valutate in termini di distribuzione di frequenza e percentuale.	Ferraro, K.F. and LaGrange, R.L. (1987). The Measurement of Fear of Crime. Sociological Inquiry, 57, 70-101.
5	Social geographies of women's fear of crime	Pain R.H.	2015	Edimburgo, Scozia	JSTOR	*crime mapping* *spazio pubblico* *gender (donne)*	Indagine sulla distribuzione geografica della paura del crimine delle donne in ambito urbano.	L'indagine è stata duplice: 1. un questionario postale, impiegato come mezzo efficace in termini di costi e tempi per esaminare un campione rappresentativo, consentendo l'anonimato e la privacy; 2. 600 questionari inviati a donne campionate casualmente dalle liste elettorali di tre circoscrizioni di Edimburgo. Viene proposto un diverso metodo per individuare le "classi sociali".	Pain R H 1993, Crime, social control and spatial con- straint: a study of women's fear of sexual violence Unpubl. PhD thesis, Department of Geography, Uni- versity of Edinburg

	TITOLO	AUTORE/I	ANNO	LUOGO	RIVISTA/EDITORE	MACRO-TEMI	PRINCIPALI CONTENUTI	ASPETTI METODOLOGICI RILEVANTI	RIFERIMENTI BIBLIOGRAFICI UTILI
6	The Edge and the Center: Gated Communities and the Discourse of Urban Fear	Setha M. L.	2001	New York. U.S.A. Sant'Antonio, Texas	JSTOR	*gate communities* *autosegregazione* *defensible space* *paura degli 'others'*	Comparazione di due *gate communities*, indagine sulle motivazioni che spingono le persone a vivere in questo tipo di quartieri.	Indagine svolta con interviste aperte ai residenti, osservazione degli abitanti all'interno e intorno alle comunità, interviste con informatori chiave come sviluppatori e agenti immobiliari e raccolta di documenti di marketing, vendita e pubblicità (analisi tematica).	
7	Segni di incivilità sul territorio e "paura" del crimine	Triventi M.	2008	Milano, Italia	Quaderni di Sociologia, 48(3)	*incivilities* *defensible space*	Studio della correlazione tra presenza di *incivilities* e percezione di insicurezza.	Vengono analizzati i tre indicatori della paura del crimine: reazione emotiva, percezione cognitiva, comportamento.	
8	Gender, Race, Age and Fear in the City	Pain R.H.	2001	Gran Bretagna, Nord America	SAGE publication, Urban Studies	*gender (donne)* *esclusione sociale* *vittimizzazione* *paura degli 'others'*	Contributo teorico sulla relazione tra le varie categorie di soggetti e la paura del crimine in ambito urbano. Sulla paura delle donne: hanno diversi modi di negoziare con il pericolo e di leggerne i segnali. Sanno impossessarsi dello spazio urbano e usare il potere su di esso: le donne mostrano "competenza spaziale". Ciò dimostra che le pratiche spaziali quotidiane delle donne possono essere pratiche di resistenza.		
9	Sociological Explanation of Fear of Crime in Public Spaces Case Study Mashhad	Rezvani M. Sadra Y.	2017	Mashhad, Iran	Cornell University	*spazio pubblico* *vittimizzazione* *gender* *paura degli 'others'*	Studio su come la paura del crimine influisce sull'accesso e l'uso degli spazi pubblici	Indagine svolta con la somministrazione di questionari. Viene utilizzato il metodo di campionamento dell'intervallo probabile (PPS). La popolazione campione era costituita da 2000 famiglie selezionate casualmente in cinque gruppi categorici della città di Mashhad. Il metodo di campionamento è stratificato non proporzionato, ovvero, considerando il campione (2250 famiglie), sono stati selezionati casualmente 50 blocchi (ogni blocco è considerato un quartiere) in 5 diversi cluster di rango nella città di Mashhad e in ogni blocco 450 nuclei familiari. I blocchi sono stati inoltre selezionati con metodo stratificato e probabilità proporzionale al metodo dimensionale. Per l'analisi dei dati vengono utilizzati il coefficiente di contingenza di Pearson e il modello lineare generale multivariato.	

	TITOLO	AUTORE/I	ANNO	LUOGO	RIVISTA/EDITORE	MACRO-TEMI	PRINCIPALI CONTENUTI	ASPETTI METODOLOGICI RILEVANTI	RIFERIMENTI BIBLIOGRAFICI UTILI
10	Feeling Unsafe in Public Places: Understanding Women's Fears	Condon S. Lieber M. Maillochon F.	2007	Francia	Cairn. Info International Edition	*vittimizzazione* *spazio pubblico* *gender (donne)*	Lo studio indaga i tipi le correlazioni tra la paura delle donne di trovarsi in luoghi pubblici e i reali attacchi o altri comportamenti aggressivi subiti dalle intervistate nei dodici mesi precedenti.		
11	Vittimizzazione e senso di insicurezza nei confronti del crimine: un'analisi empirica sul caso italiano	Triventi M.	2008		Rivista di Criminologia, Vittimologia e Sicurezza	*vittimizzazione* *spazio pubblico*	Dalle indagini di vittimizzazione è emerso che il numero di persone che si sentono insicure camminando da sole nel proprio quartiere è superiore al numero delle vittime dei reati; in altre parole, la paura della criminalità eccede la diffusione dei crimini stessi. L'obiettivo generale del lavoro è analizzare se ed in quale misura aver subito una vittimizzazione influisce sul senso di insicurezza degli italiani.	Per l'analisi dei dati sono stati utilizzati dei modelli di regressione logistica. L'obiettivo è quello di esprimere la probabilità di occorrenza di un evento come funzione dei valori assunti da un insieme di variabili. I modelli di regressione logistica non stimano direttamente la probabilità di occorrenza di un evento, bensì una sua funzione chiamata logit (L). Il logit corrisponde al logaritmo naturale del rapporto tra le proporzioni di due eventi tra loro complementari (per esempio la proporzione di individui che provano insicurezza e quelli che non la provano).	
12	Being feared: masculinity and race in public space	Day K.	2006	Irvine, California	Environment and Planning	*gender (uomini)* *spazio pubblico* *costruzionismo sociale*	Questo articolo esamina dal punto di vista dell'uomo l'esperienza di essere temuto negli spazi pubblici.	Sono state svolte 82 interviste a studenti maschi dell'Università della California, Irvine. La scelta di selezionare studenti universitari maschi è dovuta a due ragioni: 1. sono una categoria facilmente accessibile; 2. nei media e nelle statistiche sulla criminalità gli studenti delle scuole superiori e delle università sono tipicamente collegati al pericolo; secondo le ricerche esistenti, sono loro i più temuti.	Garofalo J, Laub J,1978, ``The fear of crime. Broadening our perspective'' Victimology: an International Journal 3 242^253 SkoganW G, Maxfield M G,1981Coping with Crime (Sage, Beverly Hills, CA) Pastore A L, Maguire K (Eds), 2000, ``Sourcebookof criminal justice statistics'', http://www.albany.edu/sourcebook/
13	Spazio pubblico e sicurezza. Le relazioni tra la pianificazione urbanistica e la prevenzione del crimine.	Chiodi S.	2013		Planum	*defensible space* *congifurazioni spaziali*	Inquadramento delle esperienze di applicazioni più diffuse di prevenzione del crimine attraverso la progettazione architettonica e urbanistica in Europa.		
14	The perception of fear conditioning urban space	Bakratsa F.		Hampstead (Londra), Psychiko (Atente)	University of Thessaly, Greece	*gated communities* *autosegregazione* *defensible space* *sorveglianza spontanea* *panopticon*	Studio su come la percezione di paura influisce sulle caratteristiche e sull'aspetto dell'ambiente urbano.	Aspetti considerati per lo studio delle correlazioni: dell'interrelazione paura: morfologia urbana, piano della mobilità, aree pedonali, presenza di vegetazione, sistemi di sicurezza domestica, elementi di design abitativo e valori immobiliari.	

	TITOLO	AUTORE/I	ANNO	LUOGO	RIVISTA/EDITORE	MACRO-TEMI	PRINCIPALI CONTENUTI	ASPETTI METODOLOGICI RILEVANTI	RIFERIMENTI BIBLIOGRAFICI UTILI
15	Scary cities: urban geographies of fear, difference and belongin	Marcia R.E. Stephanie S.	2010	Seattle, USA	Social & Cultural Geography	*geografie della paura* *gender (donne)* *paura degli 'others'*	Riflessioni su come la percezione di paura influenza la mappa mentale delle persone e gli spostamenti in città.		
16	Gatedi communities in Instabul: security and fear of crime	Aydin yönet N. Yirmibeşoğlu F.		Instabul, Turchia		*gated communities*	Indagine sulla sicurezza e la paura del crimine nelle gate communities. Tra 20 diverse gate communities (10 gruppi a reddito alto e 10 a reddito medio-alto) selezionate casualmente a Istanbul, sono state intervistate 67 famiglie.	Le domande del questionario sono state preparate in sei diverse sezioni: 1. Struttura socio-demografica (sesso, età, luogo di nascita, stato civile, titolo di studio, occupazione): 2. Reddito (lavoro, casa, auto di proprietà); 3. Mobilità familiare (periodo di residenza a Istanbul, provenienza, anno di trasferimento nel complesso abitativo); 4. Trasporti (mezzo preferito e distanza casa-lavoro); 5. Soddisfazione (la ragione per trasferirsi nel complesso abitativo, disponibilità a trasferirsi in un'altra zona, problemi del complesso abitativo) 6. Sicurezza (sicurezza del complesso abitativo e dei dintorni, passato criminale delle persone).	
17	The trouble with safety: Fear of crime, pollution and subjectification in public space	Fanghanel A.	2015	south-east of England	Theoretical Criminology SAGE	*gender (donne)* *geografie della paura*	Riflessioni sugli aspetti che generano paura negli spazi pubblici urbani.	Tra il 2009 e il 2011 sono state intervistate 45 donne di 17 anni provenienti da tre siti nel sud-est dell'Inghilterra sulla loro conoscenza ed esperienza di appartenenza ed esclusione negli spazi pubblici delle loro città d'origine. Sono state svolte interviste in profondità. Utilizzando un approccio induttivo alla domanda su come è emersa, costruita e diffusa la conoscenza degli spazi pubblici, sono statee chieste ai partecipanti impressioni sugli spazi pubblici che percepivano come familiari. Il metodo prevedeva che i partecipanti annotassero le loro riflessioni su una mappa, nota come mappatura delle emozioni.	
18	Fear and Misperception of Los Angeles Urban Space	Matei S. Ball-Rokeach S.J. Linchuan Qiu J.	2001	Los Angeles	COMMUNICATION RESEARCH	*etnia* *paura degli 'others'*	Le analisi statistiche-spaziali rivelano che le percezioni di paura dello spazio urbano di Los Angeles non sono associate a cause comunemente previste, come l'elevata probabilità di vittimizzazione del crimine. La principale fonte di disagio sembra essere la presenza di popolazioni non bianche e non asiatiche. Gli intervistati che accedono facilmente ai canali di comunicazione e alla televisione sono relativamente più timorosi di quelli che vi accedono meno.		

A2. Questionario online

QUESTIONARIO ONLINE - INDAGINE SULLA PERCEZIONE DI PAURA E SENSO DI INSICUREZZA NELLA CITTÀ DI FIRENZE

Il presente questionario rientra in una ricerca di dottorato della Scuola di Architettura dell'Università degli studi di Firenze ed è volto ad indagare la percezione di paura e il senso di insicurezza degli abitanti nella città di Firenze. L'indagine, da effettuarsi **in forma anonima**, è suddivisa in tre parti: la prima dedicata ad informazioni di carattere generale dell'utente, la seconda è incentrata sulla percezione di paura nel proprio quartiere di residenza, mentre la terza riguarda tutta la città.

Rispondendo al questionario in pochi minuti potrai dare un grande contributo allo sviluppo di questa ricerca.

PRIMA PARTE: **Per iniziare...alcune informazioni generali su di te**

1. **Età**
   - 14-18 anni
   - 19-24 anni
   - 25-39 anni
   - 40-59 anni
   - 60-65 anni
   - >65 anni

2. **Sesso**
   - Maschio
   - Femmina

3. **Tipo di utente**
   - Studente/ssa
   - Impiegato/a nel settore privato
   - Impiegato/a nel settore pubblico
   - Libero/a professionista
   - Commerciante di vicinato (negozi di quartiere)
   - Proprietario/gestore di pubblici esercizi (bar, ristoranti, pub, etc.)
   - Imprenditore/ice (altre categorie non elencate)
   - Casalingo/a
   - Pensionato/a
   - Disoccupato/a
   - Altro

4. Titolo di studio
- Dottorato di ricerca, specializzazione post-laurea o master
- Laurea magistrale o quinquennale
- Laurea triennale
- Diploma di scuola media superiore
- Licenza media inferiore
- Licenza elementare
- Nessun titolo conseguito

5. Stato civile
- Celibe/nubile
- Coniugato/a coabitante con coniuge
- Coniugato/a non coabitante con il coniuge/separato/a di fatto
- Separato/a legalmente
- Divorziato/a
- Vedovo/a

6. Nazionalità
- Italiana
- Europea (altri Paesi)
- Africana
- Americana
- Asiatica
- Oceanica

7. Numero componenti familiari conviventi
- 1
- 2
- 3
- 4
- 5
- > 5

8. Dove abiti?
- Q1 - Centro Storico
- Q2 - Campo di Marte
- Q3 - Gavinana / Galluzzo
- Q4 - Isolotto / Legnaia
- Q5 - Rifredi

9. In che tipo di abitazione vivi?

- Villa, villino
- Signorile
- Civile (appartamento in condominio)
- Economica, popolare
- Rurale
- Abitazione impropria (prefabbricati, container ...)
- Altro (specificare)

SECONDA PARTE: La percezione del tuo quartiere

10. Nella zona in cui abiti con che frequenza ti capita di vedere:

	SPESSO	TALVOLTA	RARAMENTE	MAI
Persone che si drogano	□	□	□	□
Persone che spacciano sostanze stupefacenti	□	□	□	□
Prostitute in cerca di clienti	□	□	□	□
Atti di vandalismo contro i beni pubblici (cabine rotte, cassonetti, bruciati, etc.)	□	□	□	□
Vagabondi, persone senza fissa dimora (nomadi)	□	□	□	□

11. Nella zona in cui abiti ci sono:

	NO	SI
Aree degradate, come ad esempio edifici abbandonati o decadenti, zone verdi abbandonate, automobili abbandonate o bruciate	□	□
Scarsa illuminazione delle strade	□	□

12. In generale, quanto ritieni sicuro il tuo quartiere?

Poco sicuro 0 1 2 3 4 5 6 7 8 9 10 Molto sicuro

13. Quanto ti senti sicuro/a camminando per strada quando è buio e sei da solo/a nel tuo quartiere?

- Molto sicuro/a
- Abbastanza sicuro/a
- Poco sicuro/a
- Per niente sicuro/a
- Non esco mai da solo/a
- Non esco mai

14. Quanto hai pensato alla possibilità di essere vittima di un crimine nel tuo quartiere?

Poco 0 1 2 3 4 5 6 7 8 9 10 Molto

15. Quali tra questi tipi di reati temi maggiormente di subire nel tuo quartiere?

- Aggressioni personali (percosse, lesioni dolose)
- Furti (scippi, furti con destrezza)/rapine in pubblica via
- Furti/rapine in abitazione
- Furti/rapine in esercizi commerciali
- Furti di auto
- Spaccio
- Violenze sessuali
- Danneggiamenti
- Altro: ____________

16. Ci sono delle aree in particolare del tuo quartiere (strade, piazze, parchi, giardini, locali, etc) che cerchi di non frequentare o nelle quali ti sei sentito/a insicuro/a?

____

17. Cosa pensi ti potrebbe accadere in queste aree?

- Essere aggredita/o verbalmente o subire molestie verbali
- Essere aggredita/o fisicamente
- Subire un furto o una rapina in abitazione
- Subire un furto di auto
- Subire un furto/rapina in pubblica via
- Essere sollecitata/o all'acquisto di droghe
- Subire una violenza sessuale

18. Sei mai stata/o vittima di un reato nel tuo quartiere?

- Sì
- No

19. Se sì, che tipo di reato?
- Aggressione personale (percosse, lesioni dolose)
- Furto (scippo, furto con destrezza)/rapina in pubblica via
- Furto/rapina in abitazione
- Furto/rapina in esercizi commerciali
- Furto di auto
- Spaccio
- Violenza sessuale
- Danneggiamento
- Altro: ____________

20. Avverti la presenza di sistemi di sicurezza (forze dell'ordine, telecamere, etc.) nel tuo quartiere?
- Molto
- Abbastanza
- Moderatamente
- Poco
- Per niente

TERZA PARTE: La percezione della tua città

21. In generale, quanto ritieni sicura la tua città?
Poco sicuro 0 1 2 3 4 5 6 7 8 9 10 Molto sicuro

22. Quali tipi di reati pensi siano maggiormente diffusi nella tua città?
- Aggressioni personali (percosse, lesioni dolose)
- Furti (scippi, furti con destrezza)/rapine in pubblica via
- Furti/rapine in abitazione
- Furti/rapine in esercizi commerciali
- Furti di auto
- Spaccio
- Violenze sessuali
- Danneggiamenti
- Altro: ____________

23. Dove pensi di essere più soggetto/a a furti/rapine in pubblica via?
- Q1 - Centro Storico
- Q2 - Campo di Marte
- Q3 - Gavinana / Galluzzo
- Q4 - Isolotto / Legnaia
- Q5 - Rifredi

24. Dove pensi siano maggiormente diffusi i furti (o le rapine) in abitazione?
- Q1 - Centro Storico
- Q2 - Campo di Marte
- Q3 - Gavinana / Galluzzo
- Q4 - Isolotto / Legnaia
- Q5 - Rifredi

25. Dove pensi di essere più soggetto/a ad una qualsiasi tipologia di aggressione/violenza fisica?
- Q1 - Centro Storico
- Q2 - Campo di Marte
- Q3 - Gavinana / Galluzzo
- Q4 - Isolotto / Legnaia
- Q5 - Rifredi

26. Dove pensi di poter essere più sollecitato all'acquisto di droghe?
- Q1 - Centro Storico
- Q2 - Campo di Marte
- Q3 - Gavinana / Galluzzo
- Q4 - Isolotto / Legnaia
- Q5 - Rifredi

27. Ci sono delle aree della città (strade, piazze, parchi, giardini, locali, etc) che cerchi di non frequentare o nelle quali ti sei sentito/a insicuro/a?

____

28. Cosa pensi ti potrebbe accadere in queste aree?
- Essere aggredita/o verbalmente o subire molestie verbali
- Essere aggredita/o fisicamente
- Subire un furto o una rapina in abitazione
- Subire un furto di auto
- Subire un furto/rapina in pubblica via
- Essere sollecitata/o all'acquisto di droghe
- Subire una violenza sessuale

29. Sei mai stata/o vittima di un reato nella tua città?
- Sì
- No

30. Se sì, che tipo di reato?
- Aggressione personale (percosse, lesioni dolose)
- Furto (scippo, furto con destrezza)/rapina in pubblica via
- Furto/rapina in abitazione
- Furto/rapina in esercizi commerciali
- Furto di auto
- Spaccio
- Violenza sessuale
- Danneggiamento
- Altro: ____________

31. Se sì, in che zona della città?
- Q1 - Centro Storico
- Q2 - Campo di Marte
- Q3 - Gavinana / Galluzzo
- Q4 - Isolotto / Legnaia
- Q5 - Rifredi

32. Il tasso di criminalità negli ultimi anni a Firenze pensi che sia:
- Aumentato drasticamente
- Aumentato
- Rimasto invariato
- Diminuito
- Diminuito drasticamente

33. Avverti la presenza di sistemi di sicurezza (forze dell'ordine, telecamere, etc.) nella tua città?
- Molto
- Abbastanza
- Moderatamente
- Poco
- Per niente

34. Cosa andrebbe fatto per aumentare il senso di sicurezza nella sua città?

____

A3. Mappa degli attori a cui è stato inviato il questionario

CONSIGLI DI QUARTIERE
Quartiere 1
Quartiere 2
Quartiere 3
Quartiere 4
Quartiere 5

SOCIALE
Croce Rossa Firenze
Auser Firenze

MOBILITÀ
Federazione Ciclistica Italiana - Comitato toscano
UISP Comitato territoriale Firenze
Bicisport Firenze
CAI Firenze
AICS CICLISMO ASSOCIAZIONE SPORTIVA DILETTANTISTICA FIRENZE
KILOMETRO INVERSO - Trekking Toscana
Trekking Italia - sez Toscana

AMBIENTE
ARPAT Toscana
Fiorentina Ambiente
Toscana Energia
Publiacqua

CONFEDERAZIONI SINDACALI
CGIL Firenze
CISL Firenze
UIL Firenze

ECONOMIA
Confindustria
Confcommercio
Confesercenti
Confartigianato
Coldiretti

Informazioni sull'autrice

Marina Visciano nasce a Livorno il 14/09/1990.

Nel 2015 consegue la laurea magistrale in Pianificazione e Progettazione della Città e del Territorio presso l'Università degli studi di Firenze dove, nello stesso anno, ottiene l'abilitazione all'esercizio della professione.

Dopo la laurea svolge per diversi anni attività professionale e di ricerca nel campo della pianificazione urbana e territoriale, delle valutazioni ambientali, nonché di assistenza alla didattica presso la Scuola di Architettura dell'Università degli studi di Firenze.

Dal 2017 collabora per tre anni con una società di consulenza specializzata nella progettazione e nella gestione di processi partecipativi, dibattiti pubblici e mediazione dei conflitti, supportando le attività dal punto di vista metodologico, logistico e organizzativo. Parallelamente conduce attività di ricerca presso l'Università degli studi di Firenze in qualità di borsista e assegnista di ricerca.

Nel 2022 consegue il titolo di dottore di ricerca in Architettura presso l'Università degli studi di Firenze.

Attualmente è docente di disegno e progettazione architettonica presso la Scuola Statale.

È autrice e curatrice di pubblicazioni accademiche e non accademiche.

È operatrice sociale della Croce Rossa Italiana dal 2020 e svolge prevalentemente attività di volontariato rivolte ai detenuti e ai migranti.

Finito di stampare nel mese di settembre 2024
con Amazon KDP.

www.ingramcontent.com/pod-product-compliance
Lightning Source LLC
LaVergne TN
LVHW050410160826
845677LV00002BA/318

* 9 7 9 1 2 2 1 0 7 0 8 2 8 *